THELMA ASSIS

Com a colaboração de Bianca Caballero

QUERER, PODER, VENCER

Copyright © Thelma Assis, 2021
Copyright © Editora Planeta do Brasil, 2021
Todos os direitos reservados.

Preparação: Denise Morgado
Revisão: Diego Franco Gonçales e Laura Folgueira
Diagramação: Márcia Matos
Capa: Rafael Brum
Fotografia de capa: Iude Richele
Fotografias de caderno de imagens: acervo pessoal de Thelma Assis

Dados Internacionais de Catalogação na Publicação (CIP)
Angélica Ilacqua CRB-8/7057

Assis, Thelma
　　Querer, poder, vencer / Thelma Assis. - São Paulo: Planeta, 2021.
　　240 p.

ISBN 978-65-5535-518-5

1. Assis, Thelma - Biografia I. Título

21-3701　　　　　　　　　　　　　　　　　　CDD 920.72

Índice para catálogo sistemático:
1. Assis, Thelma - Biografia

 Ao escolher este livro, você está apoiando o manejo responsável das florestas do mundo

2021
Todos os direitos desta edição reservados à
EDITORA PLANETA DO BRASIL LTDA.
Rua Bela Cintra, 986 – 4º andar
01415-002 – Consolação
São Paulo-SP
www.planetadelivros.com.br
faleconosco@editoraplaneta.com.br

SUMÁRIO

Prefácios — 9

1. Duas casas no bairro do Limão — 17

2. "Criança é igual passarinho" — 33

3. Do quintal aos palcos, dos palcos à avenida — 43

4. "Você vai embora, minha filha?" — 63

5. "Pessoas negras só servem para praticar esportes" — 77

6. Meu primeiro paciente — 97

7. Ponto de encontro — 111

8. Uma nova médica, uma nova mulher — 131

9. Libertação capilar — 151

10. Meu investimento de risco — 159

11. Xeque-mate — 179

12. Vitória histórica — 199

13. O poder da representatividade — 217

Agradecimentos — 237

PREFÁCIOS

Comecei a ver o BBB 20 por insistência do Lázaro. Fazia anos que não acompanhava o programa. Era início da pandemia, eu estava muito desestabilizada emocionalmente, e o Lázaro, percebendo, insistiu que seria bom ver o programa para relaxar, alegando que as pessoas que estavam nele eram muito interessantes: tinha o Babu, que é uma pessoa de quem a gente gosta muito e pela qual temos um carinho imenso, e pela primeira vez o programa estava juntando pessoas famosas e não famosas. Bom, assisti à primeira noite com ele e não parei mais! Fiquei vidrada! Ria, brigava com as pessoas lá de dentro, fiquei completamente envolvida. Por razões óbvias de representatividade, a Thelma tomou meu coração, mas não foi de imediato, e sim aos poucos e de uma maneira muito profunda. A cada programa, eu me interessava mais por ela, por seus posicionamentos, sua firmeza, sua lealdade. Eu amava o fato de ela ser médica e passista! Ficava encantada por ela ter a coragem de expor seu amor ao Carnaval. Você que mora em Marte pode achar estranho, mas aqui no planeta Terra, mais precisamente no Brasil, se você tiver qualquer profissão que lhe traga status e for negra, quanto mais longe da cultura negra estiver, mais respeitada você será. Lembro que demorei uma vida para admitir que amava pagode, ficava citando bossa-nova para ser aceita. Ainda bem que a gente amadurece!

Fiquei vendo a história da Thelma cada vez mais encantada por ela, por seu amor pela mãe. Quando ela disse que era adotada, corri até a internet para procurar o rosto da mãe dela e, quando vi que era uma senhora negra, fiquei muito emocionada. Mais uma vez a representatividade mostrando sua força. Torcia a cada prova para que ela ganhasse a liderança, morria de rir com ela, a Manu e a Rafa, e morria de amor também, novamente me identificando com ela. Fui criada em ambientes muito brancos; consequentemente, tinha e ainda tenho muitas amigas brancas, e também tenho um trio no qual a única negra sou eu. Via na relação dela com as meninas muito do que vivi e ouvi na minha vida. A relação dela com Denis me encantava! Amo uma história de amor...

Assisti à final como se fosse o fim da minha novela preferida. Quando o Tiago disse que a doutora Thelma, a Thelma, a Thelma Regina, era a campeã do BBB 20, eu chorei. Chorei como se fosse eu, como se fosse alguém muito próximo a mim, porque de fato era, de fato é. A Thelma representa a mulher negra brasileira, aquela que já foi classificada e chamada de uma série de impropérios, que já foi zoada, que já foi desqualificada, que já teve suas conquistas desmerecidas, aquela que contrariou as estatísticas, aquela que enverga, mas não quebra, aquela que venceu! A vitória da Thelma era dela, mas também de todas nós!

Assim que ela saiu, alguns programas me chamaram para dar entrevista e falar dela. Fiz um comentário no Twitter sobre sua vitória e a Viola Davis repostou! Foi um sucesso! Peguei o telefone dela e mandei uma mensagem, parabenizando-a e agradecendo por tudo o que tinha feito lá dentro. Acho que, naquele momento, ela não tinha a menor noção do bem que fizera a mim e a milhões de mulheres negras deste país...

Bem, começamos a nos falar com certa frequência, mas nunca havíamos nos encontrado, até hoje: 26 de julho de 2021. Época de pandemia, né, minha gente? Conseguem imaginar esse encontro? Pelo telefone, a gente fala sobre tudo, mas muito sobre carreira e os próximos passos. É muito importante que a Thelma continue brilhando, primeiro porque ela é uma excelente comunicadora, uma mulher inteligente, e segundo porque o Brasil precisa de mulheres como ela na televisão. Thelma é um excelente exemplo e inspiração para nós e nossas meninas.

Quando ela me chamou para escrever sobre seu livro, eu prontamente respondi: "Manda!". Posso dizer a vocês que o li em três dias, no meio de uma gravação: eu abria e lia. Lia e ria, lia e chorava, lia e ficava indignada, lia e me identificava, lia e ficava boquiaberta com a resiliência dessa mulher.

A você que vai embarcar nesta viagem que é a vida da Thelminha, aperte o cinto e se prepare para viver fortes emoções e aprender que a vida pode não ser fácil, mas que vale a pena batalhar por cada sonho seu. Vale!

Thelma Assis, muito obrigada, preta! Muito obrigada por cada palavra dita dentro e fora do programa. Por suas colocações, por dividir sua inteligência e sabedoria com a gente e por ser essa mulher que representa divinamente e de forma tão digna as mulheres negras do nosso país.

Taís Araújo,
atriz

Vamos "thelmear"?

Oi, espero que seu dia esteja bom. Antes de você mergulhar de fato nas páginas a seguir, recomendo uma garrafinha de água e celular no modo silencioso. Assim como eu, você será sugado para um universo de verdades esplêndidas e inconvenientes que serão capazes de alterar sua perspectiva sobre inúmeros assuntos.

Sinto muito orgulho de ter a Thelma como minha irmã e amiga. Feliz por ter a honra de ser contemporâneo do "cometa Thelma", que irradia sua luz negra por onde passa e tem formas singelas de demonstrar afeto e carinho. Carinho como esse de me chamar para escrever em seu livro. Foi a maneira generosa que ela encontrou de me colocar na história. Não sou digno disso – não porque eu seja pouca coisa, mas porque Thelma é mais. Ela é muita e muita coisa ao mesmo tempo! Eu disse a ela que quem deveria estar escrevendo aqui era Barack Obama ou Jay-Z, mas ela é teimosa e insistiu que eu escrevesse. Então vou aproveitar: tenho certeza de que na próxima edição serei substituído por um dos dois, mas até lá vou dar o meu papo.

Antes de tudo quero dizer que a Thelma está enganando você. Talvez você realmente acredite que vai ler o livro da moça que ganhou o BBB, de uma médica, de uma mulher negra de São Paulo etc. Mas volto a pedir que se prepare, porque vai ser outra parada. A Thelma empresta a vida dela como duto para nos levar a um Brasil que não foi documentado, mas que é determinante para que você esteja lendo estas linhas. Na árvore do improvável, Thelma conseguiu ser o fruto mais doce e macio, e juro que não sei como isso foi possível – não por ela ou pelas mulheres que você vai conhecer nestas páginas – elas são dignas de toda vitória –, mas porque elas contrariaram a gravidade e fizeram Thelma voar. E ela voou tão alto que chegou a nós em linhas traçadas e *frames* de vídeo. A riqueza das próximas horas de leitura será tão grande que seus filhos vão se orgulhar de saber que você leu este livro. Saca o peso de personalidades como Chiquinha Gonzaga, Lélia Gonzalez, Angela Davis, Carolina de Jesus, Maria Firmina dos Reis, entre outras? Pois é. Thelma Assis é a da nossa geração. Ela vai entrar para a história negra brasileira como uma abolicionista intuitiva, um ser destinado à liberdade de viver, uma pessoa que ensinou nossa geração não somente a buscar a felicidade, mas a escolher qual felicidade quer para si. Converso bastante com a Thelma, coisa de ligação de duas horas, no mínimo, mas nunca a tinha visto como vi nestas páginas. Ao conhecer sua história, senti que ela fica em um lugar misterioso, que tem tintas de Harriet Tubman, Dandara dos Palmares, Chica da Silva, e um verniz de Jesse Owens.

    Impossível ler este livro e não sair mais inteligente, culto, surpreso, mas acima de tudo convencido de que você pode vencer. Ela o convencerá disso, e não com teorias de motivação, e sim despertando em você o que talvez o mundo tenha tentado apagar, mas ainda queima aí dentro. Médica, passista, ex-BBB, apresentadora de TV e escritora são somente títulos que ela usa para transmitir sua mensagem, uma mensagem que será, em pouco tempo, ramificada para cinema, teatro, série de streaming e televisão. Mas, ao ler este livro, você verá tudo isso e dirá: ainda é pouco. Thelma é o néctar da nossa geração. Sua história é um sopro de esperança na humanidade, que é devorada a cada dia. Ela se arrisca, se entrega, faz movimentos de vida que a olhos conservadores beiram a irresponsabilidade, mas que no fim são dignos de aplausos e admiração.

Ela é "thelmosa", "thelmagnífica", "thelmaluca", "thelmeteórica". Thelma não é nome, é verbo, e este livro é um convite a "thelmear" pela vida.
Vamos?

Manoel Soares,
aquele rapaz da TV

CAPÍTULO 1

Duas casas no bairro do Limão

Durante os últimos dias na casa do Big Brother Brasil, o clima era de celebração, nostalgia e tédio, tudo ao mesmo tempo. Celebração porque, afinal de contas, estávamos na final. Entre as vinte pessoas que entraram no reality show, éramos as três que haviam chegado mais longe. A produção caprichava nas refeições especiais e garrafas de champanhe, então a sensação já era de vitória. Nostalgia porque, depois de mais de noventa dias confinadas naquela casa, tudo ali carregava uma memória. Cada ambiente, cada objeto, cada canto que a gente via pela última vez estava impregnado de histórias. E tédio porque o assunto tinha acabado há tempos. A gente já tinha conversado sobre tudo o que havia para conversar. Na casa do BBB, vinte e quatro horas parecem quarenta e oito, e naqueles últimos dias era impossível preenchê-las quando não se tinha mais jogo em que pensar, provas ou dinâmicas com as quais se preocupar.

Eu não via a hora de estar sentada no sofá, aquele mesmo onde havia passado os últimos noventa e oito dias, usando meu vestido azul e vendo o Tiago Leifert anunciar a campeã na televisão. Desde a reta final da seleção, eu pensava nesse momento e não conseguia me imaginar não fazendo parte dele. Antes mesmo de ter minha ida para o programa confirmada, fui atrás de um vestido que estivesse à altura da ocasião, à altura da final do Big Brother Brasil. Tinha de ter brilho, eu pensava, tinha de ser um vestido de artista. Com isso em mente, fui pesquisar estilistas que já tivessem vestido a Iza, cantora que é uma das minhas muitas inspirações. Cheguei ao VJ Júnior, de Uberlândia, e ele pediu que eu enviasse minhas medidas ainda naquela tarde, senão o vestido não seria entregue em São Paulo a tempo. Estava em um plantão de doze horas no Hospital do Servidor Municipal e, durante o horário de almoço, saí procurando comércios que pudessem me emprestar ou vender uma fita métrica. Fui bem-sucedida em uma sapataria, e as pessoas ali nem imaginavam o que estava planejando aquela mulher que tirava as medidas sozinha, no meio da loja. Deu certo, enviei as informações, fiz o pagamento e, alguns dias depois, chegou até mim um vestido de 2,5 quilos, com mais de 20 mil pedras bordadas à mão. O fato de eu ter pagado por esse vestido em um momento no qual já acumulava algumas dívidas e estava prestes a largar meus empregos para, provavelmente, participar de um reality show – nada estava confirmado ainda – mostra que a autoconfiança não era pouca. É curioso que muita gente tenha levado roupas especiais para a final e usado antes, por temor de ser eliminada sem mostrar. Eu, a Manu e a Rafa, as três finalistas, fomos das poucas que não cederam à tentação, deixando as roupas guardadas até o último dia.

Ao longo dos mais de três meses que passamos confinadas na casa, os vinte participantes iniciais foram sendo eliminados aos poucos pelos votos do público. Colocados no paredão por meio, principalmente, da indicação de outros jogadores, a saída ou permanência dependia da vontade dos brasileiros que acompanhavam o programa – e que no ano de 2020, em meio a uma pandemia, foram mais de 165 milhões. Nós três, eu, a Manu e a Rafa, havíamos estado nessa situação – eu por quatro vezes, e cada uma delas por três –, mas agora, na final, o jogo era um pouco diferente. Os votos do público definiriam quem de nós ganharia. Eu olhava para as duas, mulheres por quem eu nutria um carinho e uma admiração muito grandes e genuínos, e tinha todos os motivos do mundo para achar que elas podiam vencer.

Ao mesmo tempo, reconhecia minhas chances também. Eu sabia como era importante para muita gente ver uma mulher preta naquela posição, e tinha muito orgulho de tudo o que eu havia mostrado durante mais de três meses de programa – seja toda a minha força quando passei vinte e seis horas em pé em uma prova de resistência, seja a vulnerabilidade das tantas vezes em que me vi sozinha na casa; a honestidade com os meus princípios, chamando "macho escroto" de "macho escroto" quando tinha de chamar e também defendendo um dos meus quando o via ser pré-julgado pela casa. Ao mesmo tempo, havia a lealdade com quem estava do meu lado e a alegria, a alegria de quem, em uma festa, com uma música, com uma dança, conseguia esquecer um pouco tudo isso e se sentir muito feliz por estar ali. No fim, digam o que quiserem, mas um reality show é sobre mostrar verdadeiramente quem você é e receber a validação do público por isso.

Eu pensava que, se ganhasse 50 mil reais, teria o suficiente para pagar o empréstimo que fiz antes de entrar no programa. Se ganhasse 150 mil, poderia até recomeçar minha vida financeira. Se ganhasse 1,5 milhão? Aí eu não conseguia nem imaginar!

O terceiro lugar da Manu foi anunciado e, antes que eu absorvesse o choque de estar entre as duas primeiras colocadas, o Tiago voltou e nos chamou para a área externa da casa. Era tudo muito diferente do que sempre havíamos imaginado: sem plateia, sem show, sem família, sem os ex-participantes. A pandemia fez com que toda essa festa fosse suspensa e, por fim, estávamos só nós quatro ali, as três finalistas e o apresentador. De mãos dadas com elas, ouvi o discurso do Tiago e a forma como ele falou da minha história foi muito impactante. Ele relembrou o momento em que, no início do programa, caiu o muro que dividia a casa do BBB em duas, separando participantes anônimos e famosos. A presença de pessoas públicas no jogo era uma novidade, e, enquanto a maioria dos anônimos se viu ameaçada por elas estarem ali, eu não temi. Afinal, como ele bem colocou, a vida inteira eu joguei contra as estatísticas.

Nessa final, eram duas personalidades famosas que disputavam o prêmio comigo, eu completamente anônima até o dia em que entrei na casa. Ainda assim, eu sabia que podia ganhar. Quando o Tiago anunciou o ganhador, quando disse: "E uma temporada histórica como essa não podia terminar sem uma vitória histórica. Então, o BBB 20 só pode ser seu, ele tem de ser seu, Thelma!", foi como se eu estivesse de volta ao quarto Céu, sonhando. Aquela cena, ainda que tão esperada, não parecia real. Fui tomada por uma alegria enorme, um verdadeiro êxtase. Mais do que ganhar um prêmio, eu sentia que tinha ganhado a aprovação das pessoas. Elas gostavam de mim, elas gostavam de quem eu realmente era.

Toda essa euforia saía de dentro de mim em forma de gritos e lágrimas. Em meio a alguns "obrigada" e "não acredito", veio o grito de "mãe". Eu havia acabado de me tornar campeã do Big Brother Brasil e agradecia a ela. Era mais uma vitória à qual eu sabia que minha mãe assistia, ainda que dessa vez, por conta da pandemia, não pudesse estar ali na primeira fila, de onde sempre me dirigiu seu olhar e seu aplauso.

Mais uma vez eu havia conseguido me destacar em um espaço no qual desde o princípio não havia muitas pessoas como eu. Assim como eu não me enxergava nos meus colegas da escola particular, do balé, da faculdade, da residência de medicina e dos hospitais onde trabalhei, ali também prevalecia a diferença, ali também eu era o corpo estranho. A única mulher negra retinta entre os vinte participantes da edição, de origem pobre, médica, passista de escola de samba e, a partir daquele momento, campeã do reality show mais disputado do Brasil. O grito de "mãe", que saiu de mim repetidas vezes, poderia ter vindo acompanhado por "eu venci aqui também". Desde criança, desde os primeiros anos na escola, ela dizia que eu deveria ser a melhor. Com amor, e também exigência, cuidou para que o meu caminho fosse diferente daquele que, em geral, está traçado para garotas como eu, que vêm de onde eu vim. Em todos aqueles espaços ocupados por pessoas brancas, de alguma forma, eu me destaquei; de alguma forma, eu venci. E no Big Brother Brasil não havia sido diferente. Como era importante para ela – para nós – mais essa vitória.

Toda a história que me levou até aquele momento, e que eu decidi contar agora, começa com dona Yara Maria, minha mãe. Ou, para ser mais exata, por aqueles que a antecederam, meus avós.

Meu avô materno, Oswaldo, era de Jaú, e minha avó, Ordalina, de Bauru, mas os dois se mudaram para São Paulo para trabalhar. Ele era do tipo multitarefas: atuava como pedreiro e eletricista, e ela era dona de casa. No começo da vida de casados e durante a infância da minha mãe, filha única, eles moravam em um barracão de madeira construído por ele no bairro do Limão, na periferia de São Paulo. Nessa casa passaram por situações muito difíceis, como uma enchente que levou embora todas as suas roupas. Apesar de tudo, decidiram que teriam sempre como prioridade a educação da minha mãe. Mesmo morando em um barracão de madeira, ela estudaria em escola particular. O colégio escolhido foi o Padre Moye, o colégio em que ela me matricularia da primeira à quarta série.

Quando a minha mãe fez 10 anos, meu avô conseguiu comprar outro terreno – no mesmo bairro do Limão – e construiu ali duas casas, nas quais eu viveria várias fases da minha vida. Na casa maior, de dois quartos, moravam os três, e a menor alugavam para ter mais uma fonte de renda. Foi assim que eles conseguiram sair de uma situação de muita pobreza para algo um pouco melhor. Entre os orgulhos da época, o primeiro carro, um fusca cinza-claro, e a possibilidade de pagar para minha mãe um curso de acordeão, que eles diziam ser símbolo de status na época.

Ela fez também cursos de cabeleireira e de manicure, mas decidiu seguir o caminho apontado pela minha avó como ideal para ser uma mulher bem-sucedida: fazer um concurso público. Mal imaginava dona Ordalina que, anos depois, sua neta abandonaria a segurança de um cargo público para arriscar tudo, participando de um reality show do qual sairia campeã (as definições do que é ser bem-sucedida foram atualizadas com sucesso). Minha mãe prestou concurso, passou e se tornou auxiliar administrativa no Tribunal de Justiça de São Paulo, trabalhando no imponente prédio da Praça João Mendes por mais de vinte anos. Ela conta que levava processos de uma sessão a outra e que estava sempre em contato com juízes e advogados, o que exacerbou seu perfil já vaidoso e fez com que ela passasse a andar sempre muito arrumada, algo que faz até hoje e que eu herdei dela. Entre as histórias do Tribunal, ela diz que, uma vez, ao levar processos para funcionários de cargos superiores, solicitaram a ela que servisse café a todos. Pois fez questão de deixar claro qual era a função para a qual tinha sido admitida no concurso. Esse tipo de atitude – não permitir que nos subestimem nos ambientes que frequentamos – é algo que ela também passou para mim.

Esses são só alguns dos muitos traços que eu herdei de dona Yara. Ela também gostava muito de dançar. Conta que sua família era bastante unida e festeira e que se divertia em celebrações como Natal e Ano-Novo. Gostava também de ir a bailes e matinês, e foi em uma delas que conheceu meu pai. Estava dançando em cima da mesa, ela conta, e ele, três anos mais novo, olhava para aquele mulherão como um moleque bobo.

Meus avós paternos eram de São Paulo, do bairro do Bixiga, uma família também muito simples. Meu pai fez curso de gráfico e trabalhou nessa profissão a vida inteira, até ser diagnosticado com câncer, em 2010.

Eles namoraram durante dois anos, se casaram e moraram em diferentes lugares, mas acabaram indo viver naquela casa menor que meu avô construiu. Foi ali, naquele terreno no bairro do Limão, entre a casa da frente e a dos fundos, que eu cresci. A primeira, onde eu vivia com meus pais, tinha uma cozinha, um banheiro e um quarto. Subindo a escada do quintal, chegava-se à segunda, onde moravam meus avós. Ela era maior, tinha uma sala, uma cozinha, um banheiro, um quarto grande e um pequeno. Como eles só precisavam de um, nesse segundo fizeram um quarto de brinquedos, onde eu passava horas e horas. Meus avós eram do tipo que deixam a neta fazer de tudo: desde rabiscar as paredes até brincar de dentista na boca deles. Então, todo o tempo que eu passava sob seus cuidados era muito especial.

Vestindo um clássico *tailleur*, minha mãe saía de manhã para trabalhar e passava o dia fora, por isso meus avós foram peça-chave na minha criação. Sempre estudei no período da tarde e nunca funcionei bem pela manhã. Minha mãe conta que, ainda criança, eu mal falava depois de acordar, tamanho o mau humor, e só começava a interagir de verdade depois do almoço. Quando bebê, ela arrumava uma mochilinha e subia para me deixar na casa da minha avó. Quando criança, me colocava para ver desenho até que dona Ordalina viesse fazer o almoço, me arrumar e me deixar na escola.

No fim do dia, era também minha avó quem me buscava, e chegávamos em casa a tempo da hora da oração. A reza ecoava do rádio e era acompanhada de um café da tarde com chá, bolo ou pão com manteiga. Até que minha mãe voltava do trabalho e eu, tomada de alegria, pulava no colo dela. Logo descíamos para nossa casa, onde ela cozinhava o jantar enquanto eu fazia lição de casa. Apesar das inúmeras vezes em que não pagou contas de água e luz, meu pai nunca deixou faltar comida em casa, e o nosso costume era ter sempre uma refeição completa à noite: arroz, feijão, carne ou frango, uma verdura ou legume.

Minha mãe conta que, quando me perguntava o que eu queria comer, a resposta era sempre a mesma: macarrão com frango. "Minha filha, eu não sei se você só conhecia essa comida", é o que ela diz até hoje quando relembra essa história. Outra passagem que ela gosta de repetir é a do pudim de leite condensado, que eu comia quente, apesar dos protestos dela, sofrendo de dor de barriga depois. O que ninguém sabia na época é que isso acontecia porque eu já era intolerante à lactose, algo que só fui descobrir quando adulta. A incapacidade de digerir produtos à base de leite também me fazia sofrer quando as vizinhas criavam simpatias para supostamente acabar com a minha asma. Misturas que envolviam, entre outras coisas, ovo, leite condensado e Biotônico Fontoura me rendiam sempre uma diarreia.

Minha avó, apesar de todo o amor que sentia por nós, era uma mulher muito sisuda, não tinha o costume de abraçar e beijar. Eu sinto que, como não tinha isso em sua relação com ela, minha mãe depositou todo seu carinho na relação comigo, de modo que sempre fomos muito apegadas uma à outra. À noite, eu pedia para dormir com as costas coladas nas dela, para sentir o que eu chamava de "seu quentinho". Ela conta também que muitas vezes acordava comigo olhando para o seu rosto. Recentemente, ouvi dizer que isso é comum, algo que as crianças fazem para checar se as mães estão respirando.

Minha mãe trouxe da criação dela a importância de que eu fosse muito estudiosa, o que fazia com que combinasse todo seu afeto com um lado mais firme e exigente. Além de me matricular em uma escola particular, a mesma na qual se formou, ela me enchia de brinquedos educativos. Achava, por exemplo, que quebra-cabeças eram uma ótima forma de estimular o raciocínio. Começou me dando alguns de poucas peças e foi aumentando, até o dia que em montei sozinha um de mil peças e ela se encheu de orgulho.

Eu costumo dizer que a minha mãe saía com o peito estufado das reuniões de pais da escola, já que os professores sempre elogiavam meu desempenho. Em casa, ela dizia: "Quando a professora estiver falando, nem uma mosca pode tirar a sua atenção, nada pode te distrair. No seu boletim eu não quero menos que oito". Por um lado, eu posso dizer que gostava de estudar e que me esforçaria para ir bem independentemente do que ela dissesse. Por outro, hoje percebo que isso entrava na minha cabeça e me fazia entender a necessidade de me destacar naquele espaço, de provar que eu merecia estar ali. Aquele grito no BBB, querendo ou não, foi também uma forma de dizer que eu tinha sido aprovada mais uma vez.

A escola foi um dos primeiros ambientes predominantemente brancos que frequentei – entre muitos em que eu ainda adentraria. Minha mãe havia passado pela mesma coisa, sabia o que significava e deixava bem claro quando via uma ou no máximo duas outras crianças negras ali. Ela falava: "Que bom! Outra pretinha". Se ela reforçava o fato de que eu deveria ser a mais inteligente e precisava estar sempre impecável, não era só porque esses eram seus valores mas também porque queria que eu traçasse um caminho diferente daquele que as estatísticas reservavam para mim.

Fui uma das primeiras a aprender a ler e isso fez com que fosse escolhida oradora na formatura da pré-escola. Segundo minha mãe, eu dizia que só leria o texto que me fora designado se ela estivesse lá na minha frente. Já naquela época, as minhas conquistas tinham muito mais valor se ela estivesse presente, me olhando e me aplaudindo com orgulho.

Sempre gostei muito de palco e deixava isso transparecer nas brincadeiras da infância. Os fundos da minha casa davam para uma rua sem saída que vivia cheia de crianças de todas as idades, e era lá que eu me divertia. Além de jogos clássicos, como queimada, taco e bonecas – sempre brancas, já que era o que tinha disponível –, eu liderava meus amigos na hora de inventar brincadeiras mais artísticas. Pegava a história de um livro que estava lendo, por exemplo, e criava peças de teatro ou coreografias com base nela. Especialmente depois que passei a estudar balé, inventava os passos e queria que todo mundo os fizesse junto comigo, no tempo certo. No fim, chamávamos os adultos e nos apresentávamos para eles. Todo o meu amor por performar, dançar, assumir papéis de destaque e ser aplaudida por isso começava a desabrochar ali.

Outra alegria eram as festas de aniversário da minha família, quando brincava e dançava com as minhas primas no nosso quintal. Não eram grandes eventos, mas, independentemente das dificuldades, sempre havia pelo menos um bolinho. Eu me lembro bem das batatas em conserva, pequenas e mergulhadas no vinagre, que as pessoas espetavam com palito de dente para comer. Os sanduíches de "carne louca" e as coxinhas também faziam parte do cardápio, além de doces como beijinho, cajuzinho, brigadeiro e bala de coco. Eu ia com a minha avó comprar forminhas para os brigadeiros, que a gente enrolava juntas, e aquele papel cheio de franjinhas para as balas. Minha mãe me conta que tive até festa de 1 ano – por coincidência, a decoração foi de balé, algo que se tornaria parte tão essencial da minha vida.

Essas festas eram a diversão da minha mãe também, que não tinha muitas opções de lazer. Assim como a minha avó, o que ela fazia era encontrar as amigas e passar o tempo conversando, fofocando e dando risada, e hoje eu entendo que herdei delas a facilidade em fazer amizades. Às vezes, minha mãe buscava fontes de renda extra; por exemplo, chegou a se aventurar comprando roupas no Brás para revender entre as vizinhas.

Outra válvula de escape na vida das duas era a religião, de modo que elas sempre participavam das atividades da igreja, como missas, grupos de oração, novenas e procissões. Elas me levavam junto, então eu fiz catequese, crisma e participei do grupo de jovens. É marcante para mim a imagem de um quadro grande do Sagrado Coração de Jesus que, desde que eu me entendo por gente, ficava pendurado bem no meio da sala da minha avó.

Já a rotina do meu pai era bem diferente. Apesar de ele sempre ter sido amoroso e de hoje eu falar dele com carinho, era um homem muito boêmio, responsável pelos momentos mais conturbados da rotina da minha casa. Ele saía bastante, muitas vezes demorava para voltar, fazendo com que em dias mais tensos chegássemos a procurá-lo até mesmo no IML. Além disso, era irresponsável com dinheiro, de modo que os cortes de água e luz eram frequentes, e os banhos de caneca, uma lembrança clássica.

As brigas entre ele e minha mãe sempre respingavam em mim e marcaram muito a minha infância. Uma das ocasiões de que eu me recordo mais claramente – talvez porque memória de criança é bem seletiva – aconteceu quando ele não comprou meu presente de Natal porque não queria gastar dinheiro com aquilo. Minha mãe, que fazia questão de me dar tudo que estivesse ao seu alcance, ficou enfurecida por eu ter passado a data sem ganhar nada.

Desde cedo eu me questionava sobre o porquê de, apesar de ser uma mulher tão forte e moderna em diversos aspectos, minha mãe optar por manter aquele casamento. A imagem que eu tinha era a de que ela estava sempre indo para a frente, mas sendo puxada por ele para trás. Acho que ela herdou da minha avó a ideia de que casamento é realmente "até que a morte os separe".

Quando completaram vinte e cinco anos de casados, minha mãe quis fazer uma festa de bodas de prata e também uma missa, na qual entrou vestida de noiva. Eu, como adolescente de 14 anos que era, fiz questão de ficar emburrada o tempo inteiro para deixar clara minha revolta com a celebração, que para mim era uma farsa.

Eles foram um grande exemplo do tipo de relacionamento que eu não queria ter, e isso surtiu efeito nas minhas escolhas futuras. Apesar de muito tempo guardando mágoas, fui obrigada a confrontar minhas dores e aprender a perdoar meu pai quando, anos depois, ele foi diagnosticado com câncer e eu passei a cuidar dele.

Foi também a sua irresponsabilidade que fez com que eu tivesse de sair do Colégio Padre Moye, onde estudei da primeira à quarta série. As minhas principais lembranças de lá são o uniforme arrumadinho, azul e branco, os corredores escuros e o fato de que, sendo um colégio de freiras, rezávamos todos os dias. Não me esqueço também de quando caí no pátio e quebrei um pedacinho do dente da frente, que só fui consertar depois de adulta, por não ter dinheiro para isso na época. Eu tinha uma melhor amiga, a Priscila, loira e de olhos azuis, e meu maior terror eram as aulas de educação física. Apesar de sempre ter dançado, eu era horrível em esportes e todos tiravam muito sarro de mim, além de sempre me escolherem por último na hora de formar os times.

Como meu pai se enrolava para pagar a mensalidade, eu precisei sair de lá e ir para o Colégio 14 de Julho, localizado em frente ao Cemitério da Cachoeirinha, num bairro vizinho ao Limão. Ele era também particular, mas mais barato e, por isso, tinha mais pessoas negras. Na minha sala só havia quatro meninas, contando comigo: uma era loira; outra, descendente de bolivianos, e a terceira, oriental, e nós éramos bem próximas. Foi lá que eu comecei a fazer minhas primeiras apresentações solo de balé, em festas de final de ano, de Dia das Mães e dos Pais. Também não me esqueço do professor Cícero, de matemática, de quem eu gostava muito por ter nos ensinado a jogar xadrez.

Depois de dois anos, meu pai deixou de pagar a mensalidade corretamente e uma situação que me doía muito começou a se repetir. Todo mês recebíamos apostilas de estudo e, conforme a mensalidade não era paga, passaram a não entregar as minhas. Na época, sendo pré-adolescente, ter de me sentar em dupla para acompanhar as aulas pelo material das minhas amigas me fazia morrer de vergonha. Além disso, a situação gerava muitas brigas em casa, já que minha mãe zelava pela minha educação e não via meu pai fazer o mesmo.

Na sétima série, ele não fez minha rematrícula e eu fui para uma escola estadual. Se ir do Padre Moye para o 14 de Julho já tinha sido impactante, nessa mudança o choque foi total. Quase nunca tinha aula e as brigas entre alunos eram frequentes. Lembro que as garotas usavam aquele prendedor de cabelo bico de papagaio para fazer ameaças e até se cortar. Sendo muito estudiosa, era difícil estar em uma escola assim. Então, após um ano, convenci meus pais a me colocarem de volta no 14 de Julho.

Eu ainda consigo sentir a felicidade que foi estar lá de novo, mesmo que as frustrações continuassem fazendo parte do caminho. Nesse ano, os alunos fariam uma viagem de formatura para Porto Seguro, e eu, obviamente, queria muito participar. Minha mãe chegou a ir à agência de viagens e começou a pagar os boletos, mas, entre a displicência do meu pai e as brigas entre eles, os pagamentos não foram feitos e eu não pude ir. Acontece que, quando eu não consigo algo que quero muito, deixo anotado numa espécie de "lista mental" como pendência a ser resolvida. Quando eu já tinha 18 anos, um programa de rádio anunciou uma promoção que daria como prêmio uma viagem com acompanhante para qualquer lugar do Brasil. Eu liguei, liguei, liguei e ganhei. Fiz, então, minha primeira viagem de avião: fui para Porto Seguro com minha mãe.

Terminada a oitava série, meu pai não tinha feito a minha rematrícula. Sempre que eu perguntava a respeito, dizia que ia ver e mencionava uma data aleatória na qual supostamente teria dinheiro. Conforme o mês de janeiro chegou, percebi que poderia perder um ano de estudo por não estar matriculada em lugar algum. Então peguei uma lista telefônica e comecei a ligar para várias escolas públicas da região, perguntando se tinham vaga. No fim, consegui uma em outra escola estadual onde havia estudado por um tempo antes de ir para o Padre Moye. Fiz minha matrícula e lá completei o colegial. Eu me orgulho muito de ter resolvido essa situação sozinha, como ainda teria de fazer em muitos momentos da minha vida.

No começo, era difícil estar em uma escola pública novamente e sabendo que minhas amigas do 14 de Julho recebiam uma educação muito melhor que a minha. A realidade era outra e parecia que tudo naquele ambiente – desde as bombas sendo estouradas no portão ao barulho das motos ostentadas do lado de fora – me pressionava a deixar as aulas em segundo plano. A impressão era de que na escola particular tudo dava certo e na pública, errado. Não posso ser injusta e deixar de reconhecer que tive professores bons, inclusive meu primeiro professor negro, o Johnny, de geografia. Em relação aos colegas, como era de se esperar, havia muito mais pessoas negras.

Apesar de, com meu interesse pelos estudos e a disciplina imposta pela minha mãe, eu sentir que estava sempre nadando contra a corrente, fazer amigos e saber que havia outras pessoas passando por aquilo junto comigo fez com que esses três anos fossem mais fáceis. Conforme o tempo passou, enxerguei ainda mais sentido naquilo: se não tivesse feito o ensino médio em uma escola pública, não teria conseguido uma bolsa para o curso de medicina em uma faculdade particular anos depois.

Uma das coisas que me influenciou a buscar a carreira de médica foi sempre ter tido de lidar com muitas mortes na família. Uma das primeiras foi a do meu avô Oswaldo, quando eu tinha 8 anos. Ele tinha diabetes e morreu por complicações da doença, de modo que perdeu o rim, teve de fazer diálise, amputar a perna e passar por muito sofrimento até morrer. Apesar de ser pequena, eu me lembro de como foi difícil assistir a tudo, e tenho muito carinho pelo fato de que uma das últimas coisas que ele disse antes de nos deixar foi "cuidem da Thelma".

Depois disso, fomos morar com a minha avó na casa dela, muito grande para que ficasse sozinha, e voltamos a alugar a casa de baixo, que passou a ser novamente uma fonte de renda. Eu, minha mãe e meu pai ocupávamos o quarto maior, e minha avó, o menor, aquele mesmo que um dia fora meu quarto de brinquedos.

No ano de 1997, quando eu tinha 13 anos, tive de lidar no mesmo mês de outubro com a morte das minhas duas avós. A mãe do meu pai tinha uma saúde debilitada e acabou falecendo por causa de um AVC, o que nos deixou fragilizados e ainda menos preparados para o que viria a seguir.

Era um domingo e eu estava com minha mãe e minha avó em um ponto de ônibus no bairro da Cachoeirinha, vindo embora de um almoço de família na casa da minha tia. Minha avó desmaiou, mas logo recobrou os sentidos. Então, apesar do susto, não demos grande importância àquilo. Passado mais ou menos um mês, em outro domingo, estávamos assistindo à televisão em casa – minha avó adorava ver o programa do Silvio Santos – e ela disse que estava com vontade de comer pipoca. Minha mãe falou: "Thelma, faz pipoca para a sua avó". Quando eu disse "Já vou", ela respondeu "Aproveita enquanto você tem sua avó para comer pipoca com você".

A noite continuou, eu fiz a pipoca e minha avó avisou que, no dia seguinte, iria ao médico porque estava com dor de cabeça. Hoje eu olho para trás e, talvez por ser médica, me arrependo de não ter perguntado mais a respeito, de não ter questionado por que não íamos ao médico logo, mas sei que aos 13 anos não havia muito o que perceber naquela situação.

Na madrugada de domingo para segunda-feira, minha avó roncou muito, bem mais alto do que roncava normalmente. Quando eu me levantei pela manhã, a casa estava silenciosa e a porta dela, fechada. Comecei a fazer faxina e coloquei uma música no volume bem alto, como sempre fazia na hora da limpeza. Brava, minha mãe disse: "Abaixa essa música, a sua avó está dormindo", e eu respondi: "Não tá, não! Ela ia ao médico hoje". Então, minha mãe me olhou e disse: "Não, a sua avó está aí". Um buraco começou a se formar no meu estômago. Desligamos a música e, quando abrimos a porta do quarto, ela estava desmaiada. Também teve um AVC. Já eram dez horas da manhã e ela havia começado a passar mal quando ouvimos aqueles roncos de madrugada.

Saímos correndo, pedindo ajuda aos vizinhos, até que um deles colocou minha avó no carro e a levou, com a minha mãe, para o hospital. Eu me lembro de passar horas na casa de uma vizinha, tomada por uma angústia que nunca tinha sentido antes, ouvindo-a rezar diante da vela que acabara de acender. Quando a minha mãe voltou para casa, foi com uma amiga para a cozinha e chorou muito. Da sala, eu a ouvia dizer: "O médico disse que foi um AVC e que é muito grave". No mesmo dia, à noite, o telefone tocou. Era do hospital, e avisaram que ela havia falecido. Os gritos da minha mãe ao telefone ecoaram na minha cabeça por muito tempo.

Foi tudo muito marcante. Até alguns dias antes, ela estava com a gente, saudável, e de uma hora para a outra tinha ido embora. A mulher que ajudou a me criar por treze anos. Depois de médica, eu juntei as peças e entendi que o desmaio no ponto de ônibus já era sinal de obstrução na oxigenação do cérebro, assim como a dor de cabeça que ela sentia. Por muito tempo, me perguntei: "Por que não fiz isso? Por que não fiz aquilo?".

Superar a morte dela foi muito difícil para a minha mãe. Até hoje, em alguns momentos, tenho a impressão de que ela sente esse luto como se tivesse acontecido ontem. A nossa família sempre foi marcada por muitas mortes, e todo o trauma fez com que ela tivesse muita dificuldade para lidar com essas situações. Entre as muitas histórias que nem parecem reais, minha mãe perdeu dois tios no mesmo dia, porque um morreu e o outro sofreu um infarto ao saber da notícia.

As pessoas morriam cedo, não só na minha família, mas em muitas de pessoas negras. Nossa expectativa de vida é menor que a dos brancos, de modo que envelhecer – direito tão simples – vira praticamente uma vitória. Conforme estudava medicina, refleti muito sobre como a falta de acesso a uma saúde de qualidade foi uma das coisas que fez minha família encolher tão rapidamente. Com 70 anos, hoje minha mãe é uma das únicas pessoas idosas que restou, e ela carrega o peso de todo o luto com que precisou lidar. Os Natais, por exemplo, se tornaram melancólicos pela lembrança das reuniões que, com o passar do tempo, foram se esvaziando. Depois do falecimento do meu pai, em 2019, eu entendi melhor o que ela sentia, e mesmo antes disso sempre tive de lidar com um medo muito grande de perder as pessoas que amava. Por isso acho que, em algum momento, a ideia de poder cuidar delas influenciou a minha escolha pela medicina como profissão.

Crescer no bairro do Limão também contribuiu para que eu fosse uma criança muito medrosa. Não posso dizer que é um dos lugares mais violentos de São Paulo, mas era palco de situações que me assustavam muito. Havia uma delegacia no bairro na qual sempre aconteciam rebeliões e fugas, portanto as imagens dos carros de polícia e helicópteros percorrendo a região eram frequentes. Até hoje, ver helicópteros passando me traz um sentimento ruim e a certeza de que algo de errado aconteceu. Lembro-me também de ouvir pessoas andando sobre a laje da minha casa durante uma noite, do som de tiros e do barulho vindo das brigas que aconteciam no bar da esquina de casa.

Uma vez, andando de mãos dadas com o meu avô em uma avenida da região, eu o larguei e saí correndo quando vi um carro de polícia. Até hoje me lembro da bronca que levei da minha mãe depois disso e de tentar explicar o quanto aquela imagem me assustava. Esses medos todos eram agravados pelos sumiços do meu pai. Quando ele não chegava em casa à noite, era impossível não pensar no que podia ter acontecido.

Apesar dessa dificuldade para lidar com o luto, há duas mortes com as quais eu vejo que minha mãe tem uma relação de paz. Logo após se casar, ela engravidou de gêmeas e teve uma gestação muito conturbada. A gravidez já era de risco por ser gemelar, ela era hipertensa e precisava não apenas trabalhar, mas passar por poucas e boas pela falta de dinheiro. Ela conta, por exemplo, que chegou a voltar a pé do trabalho no centro de São Paulo, grávida de dois meses. Tudo isso somado ao estresse do casamento e à falta de um pré-natal adequado fez com que as bebês nascessem prematuras. Seus nomes eram Soraya Cristina Maria dos Santos Assis e Naya Cristina Maria dos Santos Assis. Uma delas viveu por dez dias e a outra, por vinte. Apesar da situação, quando minha mãe fala das gêmeas, não é com o sofrimento que carrega em relação às outras mortes. Das gêmeas, até hoje ela fala com doçura.

Mais de dez anos se passaram até que, com a minha adoção, ela se tornasse mãe novamente. Ela me deu o nome de Thelma Regina Maria dos Santos Assis. Thelma porque achava bonito, Regina porque significa "rainha" e Maria porque era o nome que estava em todas as mulheres da família. Dos Santos era seu sobrenome e Assis, o sobrenome do meu pai.

CAPÍTULO 2

"Criança é igual passarinho"

Eu tinha 14 anos e estava em casa, passando uma tarde de férias com meu primeiro namorado. De repente, uma criança vizinha apareceu na porta dizendo que tinha alguém me ligando lá no orelhão da rua. Estranhei, porque nessa época já tínhamos telefone em casa, mas fui atender.

A voz era de uma mulher e o que ela disse foi o seguinte: "Eu tô te ligando pra perguntar se você sabe que é filha adotiva. Que sua mãe não é sua mãe. Que sua avó não é sua avó. E que seu pai não é seu pai".

É até aí que a minha memória vai. Até as palavras dela. O que eu pensei na hora, a minha reação, se eu falei alguma coisa, se eu desliguei na cara, de nada disso eu me lembro. O impacto foi tão grande que é como se a minha mente tivesse sofrido um bloqueio. Eu entrei em estado de choque.

Chegando em casa, sem conseguir dizer a ninguém o que tinha acontecido, fui para o meu quarto e fiquei lá. Meu namorado, sentado do meu lado, não fazia ideia do que se passava comigo. "Minha mãe não é minha mãe? Tudo o que eu vivi foi uma mentira?", eu me perguntava, tentando entender o que aquilo significava. A sensação era de estranhamento, como se de repente eu não reconhecesse o que havia ao meu redor. Diante do estado catatônico em que me encontrava, dona Yara logo percebeu que tinha algo errado. Acho até que ela sabia exatamente o quê. Esperou meu pai chegar do trabalho, pediu para que meu namorado fosse embora e me chamou na sala para conversar.

Minha mãe não estava bem nessa época. Quando recebi o telefonema, fazia pouco mais de um ano que minha avó Ordalina havia falecido. Minha família materna tinha histórico de diabetes e era inevitável que ela desenvolvesse a doença em algum momento, mas eu acho que todo o impacto e o sofrimento causados pela perda da minha avó contribuíram para que o quadro tivesse início mais rápido. Ela perdeu muito, muito peso. O bumbum dela, sempre empinado, ficou só a pele. Os conhecidos se perguntavam se ela estava doente, se era câncer. Todo mundo sabia que ela não estava bem, e isso me faz acreditar que aquela ligação, naquele momento, tinha, antes de qualquer coisa, a intenção de atingi-la. De me fazer surtar, sumir de casa, o que acabaria com ela de vez.

Nós nos sentamos na sala. Minha mãe perguntou o que tinha acontecido e eu contei. Ela confirmou e disse: "Olha, eu sempre falei que você tinha nascido do meu coração". Meu pai só olhava e concordava, esse era o jeito dele, sempre quieto.

Não posso negar que essa história de ser "filha do coração" era verdade, e com o tempo percebi que era só uma das muitas dicas que ela, entre outras pessoas, já havia me dado. Talvez um dos exemplos mais engraçados e curiosos seja o fato de que, desde criança, eu aprendi a chamar uma das nossas vizinhas mais próximas, a Aída, de "minha cegonha". Como quem diz "minha mãe", "minha avó", "minha tia", eu a chamava de "minha cegonha". Foi a vizinha que um dia, ainda recém-nascida, me levou para a minha mãe, e eu fui educada a chamá-la assim. "Você vai ficar na casa da cegonha hoje, tá?", dizia minha mãe. Por que eu não questionava isso? Ou, melhor ainda, como a minha mãe, falando coisas desse tipo, achava que eu não descobriria nada até os 18 anos, quando ela pretendia me contar?

Da minha parte, posso dizer que juntava os pontos. Eu percebia que tinha algo errado, mas logo entrava em estado de negação porque não queria saber a verdade. Da parte dela, acho que existia um conforto em saber que, quando me contasse ou caso eu descobrisse, não poderia acusá-la de mentir. E admito que, no fim das contas, isso foi importante para o meu processo de aceitação.

Outro acontecimento que me deixou muito desconfiada foi quando, entre os meus 11 ou 12 anos, estava em uma festa na casa da minha tia Ordália, irmã da minha avó, e ouvi uma vizinha perguntar a ela enquanto olhava para mim: "É essa que a sua sobrinha pegou pra criar?". Eu me lembro de estar sentada no sofá e, por alguma razão, tenho clara na memória a imagem do vestido laranja que estava usando. Minha tia, desconcertada, logo respondeu: "Não, não, é outra", e deu algumas voltas para disfarçar. Eu fui embora pensando: *Ué, se não sou eu, quem pegaram pra criar nesta família?* Uma pulga surgiu atrás da orelha, mas, sem ter coragem de perguntar à minha mãe a respeito, logo fiz questão de tirá-la de lá.

Sempre me chamou atenção também o fato de eu ter nascido em casa, como constava na certidão de nascimento, e eles não terem histórias sobre isso para me contar. Como foi? Foi fácil? Foi difícil? Com parteira? Como uma pessoa nasce em casa e vocês não contam uma história? Eu perguntava e eles não inventavam uma anedota sequer que satisfizesse minha curiosidade. Minha mãe sempre foi uma contadora de histórias, e esse capítulo da vida dela parecia estar em branco. Para completar essa percepção, simplesmente não existiam fotos dela grávida.

Se eu fazia perguntas, a resposta era aquela que mencionei: "Você nasceu do meu coração". E eu, em um misto de ingenuidade e autoengano, pensava: *Nossa! Ela me ama tanto, mas tanto, que diz até que eu nasci do coração dela.* A desconfiança existia, mas desconversar era fácil. Percebo hoje que, considerando o pouco esforço deles em disfarçar, só mesmo o meu interesse menor ainda em descobrir para fazer com que esse segredo durasse tanto tempo.

Durante nossa conversa, minha mãe contou que eu cheguei em casa quando tinha três dias de vida. Ela sempre manifestou para as pessoas ao redor a vontade de adotar um bebê. Para ser mais específica, ela conta que desde os 9 anos de idade falava sobre esse desejo. Diz que "sempre quis pegar um serzinho e fazer dele uma pessoa de caráter, uma pessoa muito grande na vida, através da adoção". Ela estava na fila, mas o processo não andava, até que um dia a Aída – minha cegonha – disse que conhecia uma mulher, uma mulher muito pobre que estava grávida e não tinha condições de cuidar da criança que ia nascer. Ela já havia dito que, se não encontrasse alguém para ficar com a bebê, teria de abandoná-la. A Aída logo pensou na minha mãe e contou a ela a história. Prontamente, dona Yara começou a se preparar para a minha chegada.

Ela conta que me levaram para casa um pouco antes do esperado, toda suja e morrendo de fome, e que eles ainda não tinham tudo de que precisavam. Meu primeiro leite, por exemplo, ela diz que foi em uma daquelas garrafas de refrigerante antigas, de vidro, e que ela só colocava um biquinho para eu conseguir mamar. Logo as primas, tias e vizinhas começaram a aparecer com doações, então não foi preciso comprar muita coisa. Nessa casa do bairro do Limão, a gente tinha uma relação muito próxima com os vizinhos, sempre foi assim, como uma comunidade mesmo, e eles me acolheram e contribuíram como puderam naquele momento.

Minha mãe conta também que tentou achar uma mãe de leite para mim – o que hoje sabemos que não deve ser feito dessa forma – e que encontrou uma amiga que estava amamentando, mas que eu não quis mamar de jeito nenhum. Ela conta que eu era muito pequena e que dormia muito. Quando me levou à pediatra, como eu estava muito abaixo do peso, a recomendação foi de que mamasse de três em três horas, mesmo que fosse necessário me acordar para isso, porque era urgente ganhar peso logo. Minha mãe diz que, logo que cheguei, todo dia minha avó Ordalina e a irmã, Ordália, falavam para ela: "Yara, você sabe, né, criança é igual passarinho". Ela não entendia muito bem, mas respondia: "Sim, igual passarinho", e pensava no fato de que eu era pequenininha e exigia cuidados. Depois de um bom tempo, minha avó explicou que diziam aquilo toda hora porque tinham medo de que eu não vingasse. Eles me viam muito pequena, magra, fraca, e não sabiam se eu viveria. Por fim, vinguei.

Minha mãe deixou claro desde o princípio que não sabia nada sobre a minha família biológica. Ela conta que, junto comigo, veio somente um pedaço de papel do hospital, informando o dia e o horário em que eu nasci, rasgado no lugar onde deveria constar o nome da mãe. Depois de adulta passei a ter dúvidas se o dia era aquele mesmo, se o horário era aquele mesmo, e se o papel realmente já havia chegado rasgado. Meu pai e meu avô foram ao cartório me registrar e por isso consta na minha certidão "Local de nascimento: no lar". Foi assim que me tornei Thelma Regina Maria dos Santos Assis e que dona Yara se tornou minha mãe.

Hoje eu percebo que, considerando a forma ilegal como a adoção aconteceu, minha mãe tinha muito medo de que me tirassem dela. Logo, acho que a ideia de esperar eu ter 18 anos para me contar a verdade não era tanto porque eu estaria mais velha e seria capaz de entender e aceitar melhor a situação, mas porque, sendo maior de idade, ela não correria esse risco.

Nossa conversa terminou com minha mãe, emocionada, reforçando o tamanho do amor e do cuidado que meus pais, junto com meus avós, haviam sempre me dedicado. É inegável que eu fui uma criança amada e que eles se esforçaram ao máximo para me dar uma boa infância. Mesmo com o choque do momento, eu senti gratidão. Lembro-me muito vagamente de termos nos abraçado e de dizer a ela que ficaria tudo bem.

É claro que eu ainda passei alguns dias digerindo aquilo. Um lado meu sentia que, agora, se eu quisesse cometer uma loucura adolescente, fugir de casa ou o que quer que fosse, seria compreensível diante do baque pelo qual tinha passado. Mas um minuto depois pensava melhor e ficava claro que eu não tinha coragem para isso. Passei uns dias "fora da casinha", e o que eu quero dizer com isso é que me fechei, fiquei cabisbaixa, algo estranho para alguém sempre tão falante e animada, que vivia cantando e dançando pela casa.

Uma das pessoas com quem eu mais conversava na época era minha tia Silvana, irmã do meu pai. Eu lembro que ela me ligava e a gente passava um tempão ao telefone. Ela queria saber como eu estava, o que eu tinha entendido de toda aquela história, e era a pessoa com quem eu podia falar caso estivesse com raiva do meu pai e da minha mãe. Ela também dizia que tinha acompanhado o processo inteiro e que tudo aquilo que eu sabia agora era a verdade. Eu pensava muito no quanto queria conversar com a minha avó, e era muito difícil saber que ela não estava mais lá para isso.

Tirando essas conversas com a tia Silvana, o assunto não repercutiu muito na família, e ninguém falava sobre isso. A minha adoção era algo muito bem aceito entre todos, nunca fora um problema. Mas nesse momento os acontecimentos ficaram fechados entre nós quatro, e até alguns anos atrás minhas primas questionavam se eu sabia que era adotada. Minha mãe não queria que isso ficasse se desenrolando e quando, depois de alguns dias me vendo cabisbaixa, disse: "Assunto encerrado e vida que segue", a vida realmente seguiu. Acho que vivi uma espécie de luto diante de toda aquela história, mas a ficha caiu e eu consegui processar a descoberta. Eu entendi que tudo a partir daquele meu terceiro dia de vida era verdade, tinha acontecido mesmo. A vontade de adotar tinha sido da minha mãe, mas todos – que teriam o direito de não compartilhar desse desejo – me acolheram e me amaram com todas as forças. Aquelas pessoas ao meu redor não eram "estranhos". Minha mãe era minha mãe, meu pai era meu pai e minha avó era minha avó.

Se algo mudou na nossa relação depois disso, foi na verdade uma coisa boa. A todo o amor que eu sentia por eles se somou um sentimento de gratidão. Não uma gratidão desmedida, que me fizesse abaixar a cabeça ou tratá-los de forma diferente, mas uma espécie de reconhecimento a mais – eles tinham transformado a minha vida, afinal. Lembro da nossa primeira briga depois de tudo isso e do quanto ela foi importante para, de certa forma, quebrar o gelo. Tinha um lado meu que se perguntava se eu ainda poderia brigar com eles, se agora eu devia aos dois um respeito absoluto, e quando eu vi que a gente estava discutindo e logo depois se amando, como sempre, percebi que as coisas tinham entrado no automático de novo.

No que diz respeito à minha família biológica, eu achava difícil entender como uma mãe havia tido coragem de abandonar a filha. Eu pensava muito em como seria incapaz de fazer isso e, apesar de não querer colocar um julgamento na situação, o que prevaleceu para mim foi o sentimento de rejeição. Eu não pertencia a eles e eles não pertenciam a mim. Sendo assim, decidi desde o primeiro momento virar a página e deixá-la bem virada. A minha história havia começado quando cheguei à casa dos meus pais adotivos, daí para a frente. E essa opinião, essa posição que eu assumi logo nos primeiros dias, foi a que se manteve e se mantém comigo até hoje. Depois que eu passo a acreditar em algo, depois que aquilo está claro na minha cabeça, não é fácil mudar.

Mais de uma vez, quando contei essa história a alguém, seja para o meu marido, Denis, seja para as minhas melhores amigas, por exemplo, as pessoas tiveram o impulso de se oferecer para ir comigo atrás dessa família. Eu nunca quis, nunca tive interesse em descobrir nada a respeito e, quando entrei no Big Brother Brasil, quando decidi me expor, tinha muito medo de que novas informações viessem à tona e eu tivesse de mexer nessa página virada.

A única coisa que sempre me passou pela cabeça e tocou meu coração um pouco foi a possibilidade de ter irmãos. Como essa mulher era ainda jovem quando engravidou de mim, talvez ela tivesse tido outros filhos. Pessoas que não tinham nenhuma culpa ou influência no que havia acontecido comigo. Nesses possíveis irmãos ou irmãs já me peguei pensando algumas vezes. Ainda assim, sempre deixei essa história lá, afastada, onde a coloquei desde o começo.

Antes do Big Brother Brasil, em 2019, tive de revirar as páginas pela primeira vez em muito tempo. Uma das minhas primas tem uma amiga que é dona de um salão de beleza e um dia recebeu duas clientes com uma história, no mínimo, muito curiosa. Uma estava levando a outra, mais pobre, ao salão e pagando para que "dessem um jeito" no cabelo dela, com o discurso de que estava querendo ajudá-la. Enquanto a atendiam, essa mulher contou à amiga da minha prima que tinha uma filha chamada Thelma, que ela era médica e casada. Mencionou não só o meu bairro, mas especificamente o prédio em que eu morava. Chocada com a semelhança entre as histórias, ela foi perguntar à minha prima se eu era adotada e contou tudo o que tinha ouvido. Minha prima não tinha certeza ainda se eu sabia da adoção, mas, diante da situação, resolveu perguntar e falar sobre o que aconteceu.

O choque de ouvir essa história foi enorme. Quando eu afastei a minha família biológica do pensamento, eu a afastei de mim também fisicamente. Eu jurava que eles estavam longe, em outra cidade, não sei nem se vivos ou mortos. E de repente eu soube que não, que eles provavelmente estiveram sempre perto, muito perto, acompanhando a minha história. A mulher sabia detalhes da minha vida, informações que só gente próxima teria. Pensando um pouco a respeito, imaginamos que alguma amiga da minha mãe, alguma vizinha, repassava as notícias a ela.

O que eu mais senti diante de tudo isso foi medo. Medo de andar na rua, medo de estar sendo observada o tempo todo, de modo que, na época, até apagar minhas redes sociais eu apaguei. Mas acho que maior mesmo era o medo de ter de mexer naquelas páginas que sempre estiveram em branco e que assim deveriam permanecer. Eu tinha construído minha história dali para frente, a partir dos três dias de vida, e a ideia de que ao mesmo tempo minha família biológica vinha construindo a dela também era assustadora. Na minha cabeça, eles estavam congelados, lá atrás.

Logo comecei a pensar se minha mãe e meu pai adotivos realmente não conheciam aquela pessoa. Então, depois de um ou dois dias, eu me sentei com a minha mãe e contei toda a história. Aí quem surtou foi ela. No pânico que vi em seus olhos, tive certeza de que ela não tinha mentido para mim, de que não fazia ideia de quem era aquela mulher e de que também não imaginava que ela estivesse tão perto. Depois de muito choro e muita conversa, conseguimos, as duas, colocar a cabeça no lugar e focar o nosso amor, a nossa história, a nossa parceria. Minha mãe passou a tomar mais cuidado com algumas amizades e, após o falecimento do meu pai, mudamos de bairro.

Outro detalhe mencionado pela cabeleireira foi que essa mulher tinha um filho que cuidava dela. Ainda que eu não saiba se é verdade, isso me fez perceber que talvez aqueles irmãos biológicos nos quais eu pensava existam. Minha prima, como muitos fizeram tantas vezes, se ofereceu para ir atrás dela comigo, para destrinchar essa história, mas eu continuei não querendo saber. Entendo que muitas pessoas precisem buscar, precisem descobrir, precisem conhecer, mas no meu caso eu sei que o caminho não é esse, e eu me sinto bem assim.

Ao mesmo tempo, é importante dizer que eu nunca esqueci ou escondi minha adoção. Sempre a entendi como parte da minha história e como elemento formativo de quem eu sou hoje. É um assunto que faço questão de levantar e que considero muito relevante.

A adoção, primeiramente, me permitiu sobreviver. Se não tivesse ido para os braços da minha mãe, talvez eu não tivesse "vingado", como minha avó dizia lá atrás. Depois, transformou a minha vida. Mesmo sem muito dinheiro, o amor que a minha família me ofereceu bastou. Foi o carinho, o respeito e a orientação deles que me fizeram acreditar em mim, na minha força, e que me permitiram traçar um caminho de sucesso, mas, principalmente, de alegria. Se hoje eu falo sobre o tema abertamente, é por me sentir bem resolvida com ele e também para incentivar, para mostrar a quem tem medo, receio ou preconceito que deu tudo certo. Muito certo.

CAPÍTULO 3

Do quintal aos palcos, dos palcos à avenida

Como já disse aqui antes, eu sempre detestei acordar cedo. Quando minha mãe me tirava da cama logo de manhã, eu me levantava toda injuriada. Nesse dia, depois de ela dizer que precisávamos ir à casa de uma amiga da minha avó, não foi diferente. Vesti um conjunto de moletom vinho, uma tiara também vinho, com flores cor-de-rosa, e fui andando atrás dela, de cara amarrada. Eu tinha apenas 7 anos, e, se me lembro exatamente da roupa que usava, é porque a ocasião foi marcante. Amiga da minha avó nada! Ela estava me levando, de surpresa, para fazer matrícula na minha primeira escola de balé.

Minha relação com a dança começou muito cedo. Pelo que minha mãe fala, desde pequena eu era uma criança que dançava sozinha em casa, ou mesmo na rua, diante de qualquer estímulo. Ela adora contar que, quando eu tinha 3, 4 anos, me levava ao Mappin, antiga loja de departamentos que tinha algumas unidades em São Paulo, e eu chamava atenção de todo mundo porque não parava de dançar com as músicas do ambiente. As vendedoras paravam o que estavam fazendo para falar: "Meu Deus, olha esta criança!".

Na minha casa todo mundo sempre gostou de dançar. Algumas das minhas lembranças de infância mais prazerosas são as festas de aniversário no quintal. Ao som do grupo Katinguelê, todo mundo dançava: homens, mulheres, adultos e crianças. O estresse baixava, os conflitos eram esquecidos e todos aproveitavam o momento. Meu pai ficava bem, minha mãe se divertia, era hora de relaxar e curtir, e eu podia fazer o que eu mais gostava: dançar.

Quando fiz 10 anos, minha mãe quis organizar uma festa de aniversário legal e alugou o salão da Igreja de Nossa Senhora das Graças, na Vila Carolina, mesmo lugar onde fui batizada e fiz catequese. Ela conta que eu não fiz nada na festa, não comi, não brinquei, só dancei. Todas as músicas, do começo ao fim. Vinte e dois anos depois, no meu casamento, não foi diferente. Fui aquela noiva para a qual precisaram falar "Olha, você tem de comer, tá?", porque eu não saía da pista de dança. E toda quarta e sexta-feira, por três meses, nas festas do Big Brother Brasil, a história se repetiu. Como eu já dancei nesta vida! Acho que sempre fui inimiga do fim.

Ainda pequena, assistia na TV Cultura a alguns programas de ópera e de balé e, achando tudo muito bonito, pedia à minha mãe que me matriculasse em uma escola. Ela encontrou uma opção na Vila Santa Maria, onde conseguíamos chegar a pé e, como contei, me levou até lá de surpresa para fazermos a matrícula. Eu nunca vou me esquecer da alegria de vestir minha primeira sapatilha, chegar ao local e subir o lance de escadas que levava ao andar superior, onde era a aula. Nessa escola, a Sueli, professora que fui reencontrar anos depois no mundo do samba, me ensinou os primeiros passos de balé. Apesar das dores musculares e das broncas que vinham com a disciplina da dança, as aulas me traziam uma sensação de bem-estar enorme, e eu sempre dancei com um sorriso no rosto. Entendi que realmente gostava daquilo, achava o máximo aprender palavras em francês, já que os nomes dos passos são nessa língua, e nunca vou me esquecer da grande expectativa para dançar na ponta dos pés. É algo que exige, além de boa técnica, preparação e fortalecimento da musculatura, de modo que uma bailarina leva alguns anos para subir nas pontas e sair dançando.

Apesar de me sentir muito feliz nas aulas, havia um problema. Eu queria me apresentar. Eu queria palco, eu queria plateia, participar de espetáculos e de festivais. Por ser um lugar simples, nessa escola não havia esse tipo de evento. Ainda criança, descobri a Escola Municipal de Bailado, vinculada ao Theatro Municipal de São Paulo, e estudar lá passou a ser o meu sonho de consumo. Eles ofereciam – ainda oferecem – um programa gratuito de formação completa, com nove anos de estudo. Para entrar, realizam todo ano audições com garotas entre 8 e 9 anos, aproximadamente, das quais eu participei por duas ou três vezes. Lembro-me de chegar aos testes com outras dezenas de meninas e olhar encantada para aquelas salas imensas, lindas, com piso de madeira, espelhos enormes, piano e tudo. Eram como as salas que eu via nos filmes, bem tradicionais. Além da formação completa e gratuita e da possibilidade de fazer aula nesses espaços, estudar lá significava me apresentar todo final de ano no palco do próprio Theatro Municipal. Tudo naquela escola representava um sonho que, infelizmente, não realizei. Nas audições, descobri que tinha hiperlordose, algo muito comum em mulheres negras, o que faz com que a coluna tenha formato de C e o bumbum seja empinado. Os professores percebiam isso nas audições e, como é algo considerado ruim no balé, não me chamavam.

Cansada de não me apresentar na escola onde estudava, com 12 anos comecei a pesquisar mais opções. Encontrei um estúdio em Santana, outro bairro da zona norte paulistana. Minha mãe, indo até onde dava para que eu pudesse viver meus sonhos, aceitou pagar a mensalidade. Toda terça, quinta e sexta, às nove horas da manhã, eu ia à aula de balé sozinha para economizar o dinheiro do transporte, e acho que isso contribuiu para que eu começasse a me tornar mais independente. Voltava para casa, almoçava e me preparava para ir ao colégio à tarde.

Essa escola de balé era o protótipo da elite paulistana. Eu era, em mais um espaço, a única garota negra. Lembro-me de que as mães das alunas, em geral, pagavam por um combo; então, diferentemente de mim, elas não estudavam apenas balé, mas também jazz, sapateado e o que houvesse de opção. Quando chegavam os famosos espetáculos de final de ano – aqueles com que eu tanto sonhei – ao mesmo tempo em que eu ficava realizada por me apresentar, tinha de lidar com algumas frustrações. Para participar de cada apresentação do evento, pagava-se um preço separadamente, então eu tinha de me ater ao mínimo, mesmo com vontade de dançar tudo. Lembro-me de que, quando todas as turmas se reuniam para os ensaios gerais, eu assistia atentamente às coreografias que eram passadas antes e depois da minha, e sabia um pouco de cada. Foi assim que aprendi alguns passos de sapateado e jazz, por exemplo, sem nunca ter estudado. Queria participar mais, queria dançar mais, mas não tinha coragem de pedir porque sabia que pagar só o balé já era um esforço enorme.

Comprar as fotos e vídeos das apresentações também era difícil, e eu precisava resistir às tentações da lojinha da escola, que era o sonho de qualquer bailarina: tinha collants de várias cores, sapatilhas, acessórios de cabelo. Eu me lembro de quando a moda eram as camisetas da marca Capezio, que estampavam bailarinas em várias poses. É claro que eu queria uma de cada, como a maioria das meninas, mas acabava sendo a aluna que tinha apenas o necessário: duas meias cor-de-rosa, um collant preto, e um par de sapatilhas – que eu usava, usava e trocava só quando não tinha mais jeito. Eventualmente, ganhava algumas coisas das outras meninas da escola, que sabiam que eu não tinha muito dinheiro. Lembro que elas chegavam para as aulas com bolsas enormes e tiravam de dentro camisetas, sapatilhas, polainas e maletas de maquiagem daquelas que você abre e de onde saem vários degrauzinhos cheios de coisas. Aos poucos, juntando dinheiro aqui e ali, fui conseguindo formar meu kit, mas sempre muito inferior ao delas. Em dia de apresentação, às vezes essas colegas me chamavam para passar o dia em suas casas, e eu não sei se me impressionava mais com os apartamentos ou com os carros que suas mães dirigiam.

Por muito tempo, transitando por esses espaços onde eu era uma das únicas – ou a única – garota negra, fui entendendo o que a cor da minha pele significava por meio da diferença, da comparação. Na época do balé, quando eu tinha uns 14, 15 anos, passei por uma das primeiras situações de racismo de que tenho lembrança. Estava na 25 de Março, provavelmente comprando pedrinhas para decorar a roupa de uma apresentação. Muitas vezes, minha mãe ia comigo, mas dessa vez eu, que já andava de ônibus e tinha certa independência, estava sozinha. Em uma esquina na qual sempre ficam viaturas de polícia, duas pessoas negras estavam sendo revistadas, acusadas de bater carteira por ali. Passei perto de onde elas estavam e, pelo simples fato de ser negra, fui enquadrada também. Ninguém me viu fazer nada, ninguém me acusou de nada, mas, como eu tinha o mesmo tom de pele que elas, fui colocada junto, como se dissessem: "Ah, vem você também". Pediram meu RG e, enquanto o consultavam, me senti extremamente envergonhada. O olhar das pessoas ao redor era de quem já me via como criminosa. Não existia qualquer margem para dúvida, para que eu fosse só uma garota de 14 anos comprando pedrinhas para sua roupa de balé, abordada pela polícia em situação absurda. Perguntaram-me o que eu estava fazendo lá e expliquei, chorando. Até que, sem encontrar nada, decidiram me liberar. Não sei dizer se essa situação durou dez minutos ou uma hora, o que ficou foi toda a carga da humilhação pela qual eu havia passado. Na época, eu ainda não entendia por que aquilo tinha acontecido. Como adolescente, não pensava no que significava ser uma mulher negra. Mas começava a questionar se alguma das minhas amigas brancas, indo fazer compras na 25 de Março, corria o risco de passar por aquilo, ou se eu, caso fosse branca, teria gerado qualquer suspeita. Olhar para essas situações e perceber que elas não eram comuns na vida das pessoas brancas com quem eu convivia foi essencial para a minha compreensão do que o racismo significava.

*

Um aspecto do balé que teve grande influência na formação da minha personalidade é a disciplina. Professoras de balé, em geral, não são figuras boazinhas. São bravas e não hesitam em dar bronca quando você faz algo errado. Para prender meu cabelo, eu fazia um rabo de cavalo, a partir dele uma trança, a transformava em coque, passava gel, colocava a redinha e prendia tudo com muitos grampos. Sabia que, se um fio se soltasse, eu ia escutar.

Nunca me esqueço de quando menstruei, com 11 anos, e fui fazer aula. Como a maioria das garotas no começo da menstruação, ainda não sabia lidar muito bem com aquilo. Percebi que tinha um pouco de sangue vazando e morri de vergonha. Não tive coragem de falar para a professora o que estava acontecendo, pedir licença e sair da sala. Fiquei quieta e, por não mexer as pernas direito, errava todos os passos. Erro atrás de erro, bronca atrás de bronca, abaixei a cabeça e me mantive em silêncio por não entender ainda que o que acontecia era, afinal de contas, tão normal.

Diferentemente da escola tradicional, onde você estuda, se prepara e com base nisso faz os exercícios e avaliações, na escola de balé muita coisa depende de como está o seu corpo e do controle que você tem sobre ele. Acontece que às vezes ele está bem, e às vezes, não, o que pode tornar alguns dias difíceis. Muitas das broncas me chateavam, mas ainda assim eu gostava muito das aulas e acredito que toda essa disciplina com a qual tive de conviver por mais de quinze anos contribuiu para que eu me tornasse uma pessoa tão responsável quanto sou hoje. Além disso, me preparou para lidar com a tradição hierárquica – e por vezes absurda – que perpassa toda a formação em medicina.

Eu sempre via minha trajetória no balé ameaçada porque, com o passar do tempo, pagar pelas aulas ficava cada vez mais complicado. Durante um período, já com 14 anos, tive de sair do estúdio por causa da nossa situação financeira. Como não queria parar de dançar, encontrei um lugar perto da minha escola que oferecia aulas de jazz por trinta reais mensais. Na época, a passagem de ônibus que eu pagava para ir e voltar do colégio custava um real, então passei a fazer um dos trechos a pé. Assim, andando cinco quilômetros todos os dias, conseguia economizar moedinhas o suficiente para pagar a mensalidade. Minha mãe não sabia que isso acontecia, já que eu mentia alegando que precisava chegar mais cedo à escola ou que algo tinha feito com que saísse mais tarde. Pela exaustão das caminhadas diárias, não consegui manter as aulas por muito tempo.

A sorte foi que eu descobri, nesse mesmo período, que a tal Escola Municipal de Bailado oferecia alguns cursos gratuitos, sem necessidade de audição. Eram como cursos livres, diferentes daquela formação completa que eu tanto desejava. A carga horária era muito menor e os horários eram alternativos, quando as turmas principais não estavam ensaiando. Ainda assim, eu me matriculei e pude realizar um pedacinho do meu sonho. Não me formei lá nem me apresentei no teatro, mas tive aulas naquelas salas enormes, de filme.

Já com 17 anos, voltei a procurar bolsas de estudo e, depois de fazer audição – como eu fiz audição nesta vida! –, consegui uma bolsa de 100% em outra escola, também no bairro de Santana. A professora sonhava em ter uma companhia de dança, então ela colocava muito foco na montagem de espetáculos e na participação em festivais e competições. Eu já havia passado por uma escola onde não havia apresentações, por outra que limitava muito a participação pela questão financeira – já que você dançava quantas vezes pudesse pagar – e nessa finalmente tive a enxurrada de palco com que sempre sonhei. O importante era nos apresentarmos. Então, quando o dinheiro estava curto, dávamos um jeito, fazíamos o cenário, reformávamos as roupas de uma coreografia para usar em outra. Tudo parecia possível. Minha mãe e meu pai puderam assistir às minhas apresentações e me aplaudir muitas vezes.

Nós nos inscrevíamos em alguns festivais de dança que funcionavam da seguinte forma: as escolas de balé gravavam vídeos de suas performances e mandavam o material para uma triagem. As aprovadas podiam se apresentar, algumas no palco principal, outras em palcos secundários, e concorrer à premiação. Eu me lembro de que uma vez fomos selecionadas para o Festival de Campos de Jordão, e não pude ir porque não tinha dinheiro. Um tempo depois, surgiu a oportunidade de participar do Festival de Dança de Joinville, o maior do Brasil, então eu dei um jeito e fui com a professora e mais umas dez colegas. Lá, vivi dias inesquecíveis e entendi definitivamente até onde eu iria na minha relação com o balé.

A expectativa era enorme, eu não tinha o costume de viajar, nunca tive dinheiro para isso. Foi na mesma época, inclusive, que pisei na praia pela primeira vez, convidada por uma amiga que tinha casa no litoral. Como a professora tinha de cuidar de várias garotas, mandou fazer um uniforme para nós, como o de colégio – uma calça e um casaco verde – assim não nos perderia de vista e manteria tudo sob controle. Viajamos dez horas de ônibus e, chegando lá, fiquei muito emocionada ao ver aquela cidade tomada pela dança. Tão emocionada que, rapidamente, minha boca se encheu de aftas.

Isso é algo que se repetiria muitas vezes na minha vida. Diante de grandes emoções, minha imunidade cai e eu acabo ficando doente. Lembro-me de ir à farmácia e não conseguir nem explicar direito o que precisava, tão tomada de feridas minha boca estava. Ainda assim, a alegria era enorme. Aquela experiência unia o útil ao agradável de todas as formas possíveis: eu estava viajando sozinha com as minhas amigas pela primeira vez, e justamente para fazer o que eu mais amava: dançar balé.

Eu tinha acabado de completar 18 anos e me sentia muito adulta. Nunca me esquecerei de como foi entrar em uma balada cheia de bailarinos, um espaço onde todo mundo dançava bem. O festival tinha pessoas do balé, do hip-hop, do sapateado, entre outros gêneros, e ver todas reunidas em uma festa era o máximo. Estava em um lugar onde todos compartilhavam da mesma paixão que eu; olhava em volta e pensava: *Isso é que é vida!*

Ficamos em Joinville por mais ou menos uma semana. Todo dia acordávamos, tomávamos café da manhã no refeitório e íamos passear pela cidade ou nos preparar para nossas apresentações. Eu fiquei impressionada com o tamanho do evento, tudo era muito grande. O palco principal, localizado em um ginásio, era enorme. Além dele havia palcos secundários, onde nós dançamos. Só uma menina da minha escola, que tinha 12 anos, se classificou para o principal. O restante de nós se apresentou em shopping, praça, caminhão. A cidade estava tomada pelo festival, então todo lugar virava palco. Passávamos o dia já de collant e coque, e toda a correria para me arrumar, assim como a adrenalina das apresentações, me dava um prazer enorme.

Lembro-me também de irmos à Feira da Sapatilha, um lugar enorme e cheio de produtos com os quais toda bailarina sonhava. Collants, meias, acessórios de todos os tipos, de todas as cores. Minha mãe me deu dinheiro para comprar uma ou duas coisas. Como de costume, tudo era bem contado. Por muito tempo, meus sonhos foram sendo realizados assim, com alegria, mas também limitações.

A realidade sempre batia à porta e, nesse festival, não foi apenas no quesito financeiro. Por muitos anos, tive o sonho de ser bailarina profissional, de seguir essa carreira. Não à toa me dediquei ao balé por quinze anos. Eu tinha vontade de ser médica também, mas o sonho clássico de entrar em uma companhia de dança internacional e ir embora viver do balé sempre esteve lá. Fui para Joinville já com 18 anos e, assistindo às apresentações do festival, percebi que as garotas que faziam mais sucesso – ou seja, que davam mais piruetas – tinham entre 11 e 12 anos. Elas entravam no palco com fantasias impecáveis, parecendo verdadeiras princesas, e tinham uma preparação e suporte que eu nunca vira na vida. Lembro-me de assistir da plateia à única garota da nossa escola que havia se classificado para o palco principal e de pensar que mesmo ela tinha menos condições para competir com as outras. Foi decepcionante, mas necessário para que eu percebesse que o meu tempo já tinha passado. Com 18 anos, eu não era tão boa quanto as garotas de 12, e não tinha acesso à mesma estrutura que elas. Assim, era muito difícil que o balé se tornasse minha profissão.

Voltando para São Paulo, uma amiga e eu ainda enviamos vídeos para a audição da Escola do Teatro Bolshoi, que havíamos conhecido em Joinville. Era a primeira etapa e nós não passamos. Se o festival abrira meus olhos para a realidade, a confirmação veio com esse resultado. Entendi que a partir dali o balé seria um hobby. Eu sabia que nunca me separaria da dança, isso nunca foi sequer uma possibilidade, mas tive de aceitar que ela ocuparia outro espaço na minha vida.

Por incrível que pareça, essa constatação não me doeu. Se doesse, eu não teria desistido. Caso eu tivesse certeza de que meu futuro era em uma companhia de dança internacional, eu ficaria para sempre tentando. Mas, nesse caso, realmente entrei em um acordo comigo mesma. Eu tive a overdose de palco com que sempre sonhei e aceitei que poderia existir algo melhor para o meu futuro, algo que eu queria tanto quanto a dança, como a medicina.

Além disso, havia coisas me incomodando no balé já há um tempo, como a soma de comentários e situações racistas pelas quais tive de passar – mesmo que naquela época ainda não entendesse muito bem do que se tratavam. Nós apresentávamos muitos balés de repertório, que é quando a dança se aproxima do teatro, conta uma história, tem personagens principais – geralmente princesas – e coadjuvantes. Eu sempre estudava as histórias e pesquisava a origem delas, da mesma forma como lidava com a matéria na escola, e a enorme maioria se passava em países europeus. Um dos balés que nós apresentamos foi *Giselle*, o preferido da minha professora, em que a personagem principal, de mesmo nome, morre após descobrir que o homem que ama já é comprometido. Ela se torna uma Willi, uma virgem que falece antes do casamento, e vai para um vale repleto dessas criaturas fantasmagóricas. Estando mortas, a regra era que essas personagens deveriam ser pálidas, ou seja, o que era considerado bonito no palco era um balé cheio de garotas bem branquinhas. Tradicionalmente, até talco se passava nas bailarinas. Diante disso, eu e a Priscila, única amiga negra com que fiz no balé em quinze anos, erámos sempre constrangidas, em tom cômico, de deboche, por não nos adequarmos ao esperado. Nossa cor virava piada; era como se, para aquele espaço, não fôssemos apropriadas.

Uma vez, dançamos também um balé que se passava na Polônia, e eu me lembro claramente de a professora tirar sarro de nós duas dizendo: "Só de olhar eu percebo que vocês duas têm cara de polonesas!". Era tudo em tom de piada e na época a gente, sem entender muito bem do que aquilo se tratava, ia levando na brincadeira. Aquele era um espaço muito importante, muito precioso para duas garotas que amavam dançar, então era mais fácil relevar. Hoje, entendo a violência que existia naquelas palavras e, mais ainda, como era cruel que duas garotas tivessem de ouvir isso, no espaço onde buscavam realizar seus sonhos, de uma pessoa que respeitavam e por quem tinham admiração. Essa mesma professora, quando eu comecei a falar sobre estudar medicina, dizia: "Mas você é pobre, por que não busca um curso menos concorrido, como enfermagem?". E quando, já mais velha, eu disse a ela que ia para a escola de samba, questionou: "Você estudou quinze anos de balé para virar passista de escola de samba?".

Não à toa, quando nos formamos na escola e pudemos escolher cada uma um balé de repertório para dançar, Priscila e eu buscamos as opções menos "princesinhas" e menos brancas que estivessem disponíveis. Eu escolhi *O corsário*, uma história de piratas, e ela apresentou *Dom Quixote*, baseado no livro espanhol.

A seleção dos destaques era um pouco sofrida também. Eu, é claro, queria papéis principais, mas sabia que a professora tinha suas preferidas. Era escolhida, pelo menos naquela época, quem girasse mais piruetas, quem saltasse mais alto, quem fosse mais magra, quem levantasse mais a perna, esse tipo de coisa. Eu ficava chateada por não ter a atenção que desejava, mas ao mesmo tempo me sentia acostumada. No final, quando estava para me formar, passei a ter mais destaque em algumas apresentações.

Apesar de tudo, depois de formada eu ainda passei alguns anos dançando nessa mesma escola, como hobby. Dentro da lógica de companhia de dança, às vezes locávamos teatros e dividíamos entre todas o valor, que poderia ser recuperado vendendo convites. Como da minha família só minha mãe e meu pai iam, eu não tinha para quem vender e a gente acabava tendo de pagar minha parte do próprio bolso. Sempre caía naquele sofrimento financeiro de ter de pedir ao meu pai e ele estar enrolado, mas por um tempo fui levando.

Outro aspecto do balé que começou a me cansar depois de um tempo foi a dor. A sensação é constante, e só resta ao bailarino buscar formas de fazer com que doa menos. No fim, você passa a conviver com ela, com os calos e bolhas nos pés, com os músculos que se fazem presentes, mas a dor nunca passa. Ainda que não tenha sido decisivo, foi mais um fator que, somado às dificuldades financeiras e às situações de racismo, fez com que eu deixasse as aulas de balé. Quando entrei na faculdade e passei a morar em Sorocaba, ainda estudei por dois anos, aos sábados de manhã, e preciso dizer que acordar cedo em um dos únicos dias que eu tinha para descansar também contribuiu para a decisão de parar com as aulas.

Deixei o balé, mas nunca me afastei 100% dele. Às vezes me convidavam para participar de uma apresentação e eu ia; sempre que sentia saudades, havia lugar para mim. Quando conheci o Denis, meu marido, queria muito mostrar a ele que era bailarina — só dizer não bastava, ele tinha de ver. Então, voltei por um tempo, ensaiei, mas, depois de alguns anos parada, o desempenho não foi o mesmo de antes, e minha performance não atingiu exatamente o que eu gostaria. Achei que era melhor encerrar a carreira por ali, mas sempre fui encontrando outras formas e outros espaços para dançar. Um deles foi o Carnaval. Na mesma época em que saía do balé, eu entrava na escola de samba.

*

Diferentemente de muita gente desse meio, eu não vinha de uma família envolvida com o universo do samba. A minha gostava de Carnaval, ouvia as músicas, mas não fazia parte de escolas ou frequentava eventos do meio. Quando eu era criança, o que nós fazíamos no Carnaval era levar a televisão para o quintal (dentro de casa fazia muito calor), espalhar umas cadeiras de praia, preparar uns petiscos e nos reunir para assistir aos desfiles. Eu me fantasiava para isso mesmo, me arrumava toda e me imaginava desfilando um dia. Uma vez, quando já devia ter uns 12 anos, ganhei um par de fantasias de escola de samba em uma promoção de um programa de rádio, e lá fomos eu e minha mãe desfilar pela Tom Maior. Lembro que pegamos um ônibus que ia da escola até o sambódromo, e que chegando lá fiquei encantada vendo aquele monte de gente. O enredo falava da cantora Dalva de Oliveira, e a nossa ala era a da serenata, de modo que usamos uma fantasia preta e branca, com um violão nas costas. Foi um fato isolado, mas que plantou a semente no meu coração.

Uma prima da minha mãe, tia Laura, tinha uma vizinha que frequentava a Mocidade Alegre, escola de samba do bairro do Limão. Eu sempre pedia à minha tia que me apresentasse a ela, à Michele, porque queria conhecer o pessoal do Carnaval. Um dia deu certo e ela me levou para a escolinha de ritmistas. Lá você escolhia um instrumento para aprender a tocar e ia ensaiando ao longo do ano, até que eles selecionavam quem havia se destacado para fazer parte da bateria principal. A bateria é um quesito muito importante do desfile, então até o último dia vão se realizando peneiras, e quem não está tocando bem é cortado. Assim como a Michele, eu comecei a tocar chocalho. Domingo à tarde, nos encontrávamos para ir até lá, às vezes de ônibus e, quando não tínhamos dinheiro, a pé mesmo. Passávamos horas ensaiando e eu logo comecei a me interessar não só pela bateria, mas por todo o universo da escola de samba e do Carnaval. Eu amava acompanhar o processo de criação que o desfile envolvia, começando pelo tema, pelo enredo, por toda a história que existe por trás do espetáculo, passando pela disputa de sambas até a decisão do ganhador, pela criação das fantasias, chegando ao desfile em si e à apuração – aquela vibração décimo por décimo na quadra da escola. Eu adorava viver cada uma dessas etapas e fui me tornando cada vez mais presente na escola.

Além de gostar da bateria e da possibilidade de tocar um instrumento, outra razão que me fez começar por esse caminho foi que os ritmistas eram alguns dos poucos integrantes que não pagavam pela fantasia para desfilar, e naquela época eu não tinha dinheiro para nada. Então me dediquei muito aos ensaios nesse primeiro ano, porque sabia que o mestre era exigente e que a confirmação de que eu estava no desfile só viria mesmo quando buscasse minha roupa. Foi uma alegria enorme o dia em que isso aconteceu. Cheguei em casa carregando aquele saco cheio de coisas e fui correndo mostrar para minha mãe – sem imaginar que ela tinha uma notícia ainda melhor para me dar. Adiantando um pouco a história, enquanto eu mostrava a fantasia, ela me entregava a carta que anunciava a minha bolsa de 100% para estudar medicina. Esse foi, sem dúvidas, um dia de grandes vitórias.

Em 2006 participei do meu primeiro desfile, que tinha o enredo "Das lágrimas de Iaty surge o Rio, do imaginário indígena a saga de Opara. Para os olhos do mundo, um símbolo de integração nacional: rio São Francisco". Foi um acontecimento muito feliz e que eu aproveitei ao máximo, especialmente porque sabia que mudaria de cidade para estudar medicina, então ainda não tinha certeza se continuaria desfilando.

Ingenuidade minha: depois de entrar, é impossível largar a escola de samba. Quando passa o Carnaval, você descansa por mais ou menos dois meses, aquele período de quaresma até o domingo de Páscoa, e lá para maio já começa a preparação de novo. Da escolha do enredo à apuração, eu fiquei viciada em viver todas as partes do processo. Outra coisa que me fazia ficar eram as amizades, já que a cada ano eu conhecia pessoas novas e formava laços mais fortes com elas. Diferentemente de muitos espaços pelos quais eu havia passado até então, a escola de samba tinha um ambiente diverso e inclusivo. Além da escola pública, foi o lugar onde conheci mais pessoas negras e também onde fiz mais amigos LGBTQIAP+. Era um espaço de aceitação.

No meu segundo ano, apesar de ter gostado muito da bateria, não consegui ignorar o "bichinho da dança". Era o que eu mais gostava de fazer, afinal, e estava muito perto para eu ignorar, então comecei a buscar outras opções lá dentro. A Mocidade tem um grupo de dança chamado Miscigenação, do qual fazem parte algumas das passistas. É o que chamam de grupo show, aquele que se apresenta em eventos da escola e que também é contratado para festas, como casamentos, formaturas e confraternizações. Lembro-me de vê-las chegando, maravilhosas, para se apresentar nas festas de aniversário da Mocidade e de pensar como eu queria fazer parte daquilo – sempre gostei dos lugares de destaque. Acontece que era muito difícil entrar, por uma série de razões. Acredito que até mesmo pelo fato de eu ser muito magrinha, enquanto a maioria das integrantes seguia aquele padrão clássico de corpo malhado.

Enquanto não me davam uma oportunidade, fui deixando esse plano na minha lista e tentando outras coisas. Chamava-me muita atenção também a comissão de frente, que tinha como função abrir o desfile e apresentar a escola. Acontece que por muito tempo acreditou-se que só quem cumpria bem esse papel eram os homens – de preferência, aqueles com dois metros de altura –, de modo que mulheres não integravam a comissão. Especificamente naquele ano, meu segundo na escola, isso começou a mudar, e decidiram incluir uma participação feminina. Fizeram audições, eu participei, mas não fui escolhida. Continuei na bateria e, no ano seguinte, quando metade da comissão passou a ser composta por mulheres, falei: "Ah, agora eu entro!". Participei da audição de novo e, dessa vez, passei.

Como a comissão tem sempre uma coreografia muito minuciosa, que precisa estar impecável, havia ensaio todos os dias e eu não podia faltar de jeito nenhum. Nessa época já estudava e morava em Sorocaba, o que dificultava as coisas, mas decidi que daria um jeito de realizar esse sonho. Avisei minhas colegas de apartamento que deixaria de morar com elas até o Carnaval e a minha rotina passou a ser a seguinte: às cinco da manhã eu já estava no terminal Barra Funda, em São Paulo, pegando ônibus para estar em Sorocaba a tempo da aula. Passava o dia na faculdade e, no fim da tarde, tomava outro ônibus de volta para São Paulo e, assim conseguia ir para a Mocidade ensaiar à noite, das vinte às vinte e duas. Voltava para casa, dormia e, no dia seguinte, começava de novo. Com o dinheiro economizado do aluguel, pagava as passagens. Deu certo e eu desfilei na comissão de frente.

O enredo era "Bem-vindo a São Paulo. Sabe por quê? Porque São Paulo é tudo de bom!", e o tema da comissão era "Pauliceia desvairada". Nós éramos como robôs e tínhamos uma maleta da qual tirávamos várias coisas que representavam a cidade, como comidas e obras de arte. Quando passamos na frente dos jurados, uma das meninas deixou um leque cair no chão e isso fez com que perdêssemos pontos. Foi o suficiente para voltarem com o discurso de que era melhor a comissão ter apenas homens. Então, no ano seguinte, as mulheres foram excluídas de novo. Apesar dessa frustração, foi uma experiência incrível. A comissão carregava todo aquele destaque do qual eu sempre gostei. Lembro-me de olhar para a pista do sambódromo branquinha, vazia, pronta para a gente passar, e de sentir uma emoção e um nervosismo enormes. Para quem se envolve de verdade, para quem acompanha o ano inteiro, o Carnaval é algo muito sério, então a responsabilidade de abrir o show não é pouca, não. Até por isso a gente adora o Desfile das Campeãs, quando o resultado já saiu, boa parte do estresse passou e o que resta é se divertir.

No ano seguinte, voltei para a bateria, mas, depois de um tempo, me cansei. A fantasia era sempre muito pesada e passar tanto tempo na avenida mantendo o ritmo era difícil. A bateria começa a tocar no aquecimento, espera toda a escola passar enquanto está no recuo e é a última a sair da avenida. Eu sentia muitas dores no corpo e decidi, mais uma vez, buscar um espaço onde pudesse dançar. Continuei tentando o grupo Miscigenação, mas nunca surgia uma oportunidade para entrar, então passei a fazer parte de alas coreografadas. Participei do grupo Meninos da Morada por alguns anos e depois fui para o Malandros e Mulatas da Morada, no qual dançávamos sempre em casal. Lá me diverti muito e fiz vários amigos dos quais sou próxima até hoje. Diria talvez que foi onde vivi meus melhores anos de Carnaval. A maioria das alas de um desfile tem entre cem e duzentas pessoas, e a nossa tinha vinte, então éramos como um grupo de amigos ensaiando e passando tempo juntos. Além disso, nossas performances não eram avaliadas individualmente, então conseguíamos levar tudo de forma mais descontraída. Um dos carnavais que mais me emocionou foi o de 2014, em que o enredo "Andar com fé eu vou, que a fé não costuma falhar!" falava sobre vários tipos de fé. Nossa fantasia era inspirada no candomblé, com vestidos vermelhos lindos, cheios de brilho. A escola de samba foi o lugar onde tive a oportunidade de conhecer as religiões de matriz africana de forma mais respeitosa. Eram temas com os quais eu não havia tido contato na escola comum. Então, quando eles eram abordados em um enredo, tinha a curiosidade de estudar e entender mais a respeito. Eu sentia que, para levar aquelas narrativas para a dança, eu precisava me preparar devidamente, como fazia lá atrás com os balés de repertório. A diferença era que, dessa vez, encontrava figuras que dialogavam muito mais comigo.

Passaram-se quinze anos desde que entrei na Mocidade e só em três deles não desfilei. Sempre dei um jeito de sair de Sorocaba para ensaiar, e depois, já atuando como médica em São Paulo, chegava aos hospitais avisando que fazia qualquer plantão, menos o do Carnaval. Um ano, enquanto estava na faculdade, não desfilei porque tive de faltar em muitos ensaios e me estressei com as pessoas da ala – única vez em que a chateação me venceu. Em outro, foi porque peguei uma infecção intestinal e fui internada na sexta-feira de Carnaval, ficando de coração partido. Tudo estava pronto, a fantasia já no carro, e eu tive de assistir à Mocidade pela televisão do hospital – mas dei meu jeito e, no Desfile das Campeãs, fui para a avenida. E o terceiro ano, em 2020, por conta do Big Brother Brasil. Disse aos meus amigos que trabalharia no Carnaval, que havia recebido uma "proposta irrecusável", e eles acharam aquilo muito estranho, mas aceitaram. Nem desconfiavam que logo eu estaria levando o nome da Mocidade para dentro do BBB. Quando ganhei a liderança e pude escolher o tema de uma festa, fiz questão de que o samba e as cores da escola estivessem presentes. Foi reconfortante descobrir, depois que saí do programa, que daqui de fora eles estavam torcendo por mim e até organizando mutirão para eliminar meus adversários e garantir minha permanência na casa.

Ao longo desses anos também desfilei em outras escolas. Fui convidada para participar da comissão de frente da Pérola Negra, em

2019, porque sabiam que eu dançava bem. O enredo era "Da majestosa África, tu és negra mulher guerreira a verdadeira Pérola Negra", e o desfile foi lindo. Quando comecei a atuar como médica e a ter uma condição de vida melhor, também fui algumas vezes ao Carnaval de Salvador, passando metade do feriado em São Paulo e metade por lá.

Depois de tantos anos experimentando diferentes partes da Mocidade, entre bateria, comissão de frente e alas coreografadas, tinha um sonho que permanecia na minha lista. Em 2019, veio a consagração: entrei no grupo Miscigenação. Aquele item que eu tinha anotado lá atrás finalmente seria riscado. Abriram audições, eu participei e fui chamada. Pude dançar em vários eventos, fazer parte daquele grupo para o qual todo mundo olhava quando chegava às festas, e receber os aplausos que eu tanto desejava. Foi um ano intenso e eu matei quase todas as minhas vontades. Faltou só desfilar com elas na avenida, algo que não pude viver porque outro sonho estava prestes a ser realizado: o de entrar no BBB.

O Carnaval é outra área em que sempre contei com o apoio da minha mãe. Ela adora ir aos desfiles, às apresentações, aos ensaios e às festas, sabe cantar as músicas e se diverte na quadra da escola. Virou minha parceira de samba também, pronta para celebrar minhas conquistas em mais esse espaço. Até meu pai foi algumas vezes; então, apesar de não ter uma família originalmente do samba, consegui levar a minha para lá.

Eu já fui para a avenida lidando com tantos problemas diferentes... brigas em casa, falta de dinheiro e até a descoberta do câncer do meu pai. E o que me encanta nessa experiência é que, a partir do momento em que o desfile começa, todas as preocupações ficam na concentração. Na avenida, nada abala você. Todas as pessoas ao seu redor são só sorrisos. É claro que o processo envolve estresse também. Existe uma briga de egos muito grande para atender a todas as expectativas envolvidas, e isso por vezes cansa. Escolher um figurino para vinte garotas, por exemplo, é dor de cabeça na certa, já que são muitos gostos e corpos envolvidos. Muitas vezes me estressei de verdade e falei para minhas amigas: "Chega! Este é o último". Mas era só os meses de maio, junho e julho se aproximarem para o bichinho do Carnaval me picar de novo, fosse por causa de um enredo especial, de um samba muito bonito ou simplesmente porque viver aquilo virou parte da minha vida. A eterna promessa de que "esse é o último" virou até piada em casa, entre meu marido e meus amigos. Mas piada mesmo, porque no fundo todo mundo já sabe que não tem jeito: um dia eu vou é parar na Velha Guarda.

Dançar, mas não só dançar, e sim me apresentar para o público, vai ser sempre uma das minhas sensações preferidas. Antes de entrar no palco ou na avenida – e, agora, fazendo coisas novas no mundo do entretenimento –, sinto meu estômago se encher de borboletas. Repasso a coreografia na cabeça, presto atenção no meu corpo, no meu rosto, na minha fisionomia como um todo. Vários pensamentos tomam conta da minha cabeça: não posso cair, se cair tenho de me levantar, preciso sorrir, não posso olhar para o chão, não posso errar a coreografia. Tudo isso vem como uma bomba de ansiedade e nervosismo. Mas, ao mesmo tempo, eu me sinto confiante. E me sinto confiante porque dançar é uma das coisas que eu sei fazer de melhor. Depois que eu entro no palco, me apresento e vejo que deu tudo certo, fico muito feliz. Ouço os aplausos do público ou a vibração da arquibancada, agradeço e me deixo tomar por um prazer indescritível.

Eu adoro todas as partes do processo: os bastidores, os ensaios, a caracterização para vestir uma personagem, e sei que isso sempre esteve em mim. Ainda que teatro nunca tenha sido especificamente a minha paixão, é impossível não me lembrar das brincadeiras que eu fazia na infância, quando criava histórias a partir dos livros que lia e colocava meus amigos para interpretá-las. Uma vez adaptei uma que se chamava "A vingança da Terra" e falava sobre sustentabilidade e meio ambiente. A mensagem era a de que a Terra estava ficando doente e iria se vingar – qualquer semelhança com a realidade atual não é mera coincidência. Eu criei uma peça sobre aquilo, obviamente assumi a personagem principal, distribuí os outros papéis entre meus amigos, chamei toda a vizinhança – mães, avós, vizinhas – e nos apresentamos para elas.

Lembro também que no Colégio Padre Moye apresentamos uma vez a peça do Castelo Rá-Tim-Bum. Havia duas personagens negras na história, a Biba e uma das passarinhas, e duas garotas negras na escola, eu e mais uma. Eu queria porque queria ser a Biba, mas a deram à outra menina. Apesar da frustração, mesmo sendo passarinha, decidi que ia brilhar. Fui com minha mãe à 25 de Março e nós compramos tudo para fazer uma fantasia igualzinha à da televisão. As professoras ficaram encantadas.

Por que trazer essas histórias agora? Porque elas mostram que eu sempre busquei lugares de destaque, que eu sempre quis ser vista. O olhar da plateia era uma das partes mais importantes de cada apresentação para mim. Não só o da minha mãe, que, como eu já disse, dá mais sentido a tudo o que eu faço, mas do público em geral. É parte da experiência ver os olhos me acompanhando, perceber que as pessoas estão gostando do que eu faço. Talvez tudo isso tenha a ver com aquela vontade antiga de ser reconhecida, de provar que eu, mesmo tendo traços diferentes das pessoas à minha volta, mereço estar ali. Mais do que isso, posso ser a melhor ali. Não à toa, quando entrei no Big Brother Brasil anos depois, naquela casa que mais parece um palco onde milhões de olhos acompanham você, foi para ganhar.

E dentro da casa mais vigiada do Brasil, na trajetória que levou à minha vitória, a dança e a música também tiveram papel fundamental. Algumas das minhas maiores dificuldades no BBB, e mais adiante falarei melhor sobre elas, eram o tédio, a convivência com pessoas que eram muito diferentes de mim e o clima de jogo, de conspiração, que deixava uma tensão sempre pairando no ar. Nas noites de festa, tudo isso se dissipava. O tédio passava porque tinha coisas acontecendo: músicas diferentes tocando, decoração para a gente explorar cada pedacinho, comidas novas e melhores do que as que a gente comia normalmente. A convivência melhorava porque deixávamos de ser tão diferentes. Em um momento de confraternização, de comemoração, às vezes as pessoas com quem eu tinha menos assunto eram aquelas com quem eu mais me divertia. E a gente se dava uma folga do clima de jogo, deixava a conspiração para o dia seguinte. Depois que saí da casa, tive a oportunidade de conversar com Tiago Abravanel e ele disse que ficava impressionado porque eu sabia todas as músicas, às vezes, no acorde de introdução, já falava "Isso é Lulu Santos! Isso é Chitãozinho e Xororó! Isso é Zeca Pagodinho! Isso é Madonna!", o que me fez pensar na minha infância e em tudo que ouvíamos lá em casa nos nossos momentos de descontração. Como aquelas celebrações que fazíamos no quintal, as festas do BBB eram o momento em que o clima melhorava. Eram o meu momento de espairecer, de relaxar, de dançar, de me divertir. E, principalmente, de mostrar como eu me sentia feliz por estar ali.

CAPÍTULO 4

"Você vai embora, minha filha?"

Eu era uma criança asmática. Volta e meia tinha crises, e minha mãe e minha avó precisavam me levar correndo para o pronto-socorro, onde passavam a madrugada comigo fazendo inalação. Os médicos diziam que era bronquite – e só depois eu descobri que não –, mas nessa época eu vivia no hospital e frequentava também o pediatra de um postinho de saúde perto de casa. Minha mãe conta que, ainda com 8, 9 anos, eu entrava no consultório dele e falava: "Quando eu crescer vou ser médica igual a você".

Acho que foi aí que começou minha história com a medicina. Na verdade, foram muitos os fatores que fizeram com que a ideia de ser médica estivesse sempre na minha cabeça. Eu adorava as matérias de ciências biológicas na escola e sempre tive muita curiosidade em relação ao funcionamento do corpo humano. Queria entender cada detalhe e até hoje fico admirada com a forma como ele cria conexões perfeitas em milésimos de segundos. Além disso, como já comentei, desde cedo tive de lidar muitas vezes com a morte na minha família. Acompanhei o meu avô doente por muito tempo até que ele falecesse, vi minhas duas avós sofrerem AVC e até diagnostiquei a diabetes da minha mãe. Pois é, eu costumo dizer que esse foi o meu primeiro diagnóstico. Ela estava mal já havia algum tempo e não sabíamos ainda o que era, até que um dia ela fez xixi e se esqueceu de dar descarga. Quando vi que tinham aparecido várias formigas ao redor, falei: "Olha, quando eu faço xixi, isso não acontece, não. O seu deve ter açúcar, será que não é diabetes?". Como havia acompanhado o quadro do meu avô, tinha alguma noção do que se tratava. Lidando com todas essas doenças e fatalidades, passei a acreditar que faria sentido me tornar médica para poder cuidar das pessoas que eu amo.

O status da medicina me atraía também, não vou negar. Achava os médicos o máximo, tanto os da vida real quanto os da ficção. Adorava ver aquelas séries tipo ER, ou Plantão Médico, como era chamada na tradução da TV aberta. Essa idealização se juntou ao meu interesse pelo corpo humano e à vontade de cuidar da minha família, e quando eu vi já estava decidido. O episódio em Joinville, quando percebi que tinha perdido o timing para virar bailarina profissional, tornou a escolha ainda mais clara. Eu poderia aceitar que a dança fosse apenas um hobby na minha vida, desde que eu encontrasse outro caminho que me satisfizesse da mesma forma: ser médica.

Acontece que eu ainda não sabia muito bem onde estava me metendo. Minha mãe conta também que, ainda criança, eu estava assistindo à televisão e, quando mostraram aquelas imagens clássicas de pessoas correndo para chegar ao local de prova do vestibular, perguntei a ela o que estava acontecendo. Ela me explicou e eu respondi: "Eu também vou passar no vestibular um dia, entrar numa faculdade como essas pessoas". Ao longo da minha vida, eu fui pulando de escola em escola, pública e particular, e sempre fui uma boa aluna. Eu era aquela pessoa que falava: "Bom, tal dia tem essa prova, tantos dias antes eu sento para estudar, me dedico e muito provavelmente vou bem". Se fosse de humanas ou biológicas, a chance de sucesso era 100%; se fosse de exatas, caía um pouco, mas no geral a minha relação com os estudos era muito simples e fácil. No último ano da escola pública, eu tinha consciência de que meu ensino estava defasado, até porque eu mesma já havia passado por lugares melhores. Sabia que precisaria fazer cursinho, mas acreditava que, quando chegasse o momento de prestar vestibular, eu me sentaria e estudaria como sempre fiz na minha vida – e isso seria suficiente para me sair bem.

Quando eu dizia às pessoas que queria estudar medicina, elas em geral não me desestimulavam, mas falavam que era muito difícil e que a responsabilidade era minha, que só dependia de mim passar. "Vai ter de estudar muito!", "Tá sabendo que é concorrido o vestibular, né?", eram algumas frases que eu costumava ouvir. Sentia que havia uma expectativa em cima de mim, mas isso nunca me colocou para baixo. Muito pelo contrário, só me estimulava a provar que eu era capaz. Havia quem duvidasse de mim também, como a professora de balé que eu já mencionei. E dessas pessoas eu só queria calar a boca. Na minha trajetória, isso se repetiria muitas vezes. Muita gente me subestimou e eu sempre usei isso como força para me superar. No Big Brother Brasil não foi diferente. Se teve alguém que me apoiou em todos os momentos, inclusive no vestibular, foi minha mãe. Ela nunca me disse para fazer outra coisa, para tentar algo mais fácil. Tudo bem, para ser honesta, às vezes ela sugeria que eu prestasse concurso público, afinal de contas foi o que deu certo para ela. Mas até isso eu acabaria fazendo também.

Em geral, não se falava sobre vestibular na minha escola. No círculo de amigos com os quais eu convivia, não era comum seguir esse caminho. As pessoas terminavam o ensino médio e iam direto trabalhar, isso quando não engravidavam, de forma indesejada, antes da formatura. Em muitos lugares pelos quais passei – do balé à escola pública –, eu era sempre uma das pessoas mais pobres, que tinha menos recursos, mas graças à minha determinação e ao apoio que eu recebia, principalmente da minha mãe, eu conseguia dar a volta por cima. Não quero dizer que era fácil, ainda mais quando tudo apontava contra, mas, sim, que foi possível para mim e pode ser para outras pessoas também. Eu não apenas conseguia me sair bem, mas me destacar, me sentir realizada. Eu tinha uma amiga na escola, que, por ser filha de advogado, tinha uma condição financeira melhor e também planejava fazer faculdade. Sem muitas referências, eu e ela nos juntamos e decidimos ir atrás de mais informações. Lembro que nessa época eu frequentava algumas lan houses perto de casa e passava horas pesquisando as opções de cursinho – minha mãe me apoiava, mas, como sempre, quem corria atrás era eu. Acho que comecei ligando para os melhores e logo percebi que não teria condições de pagar. Eu estudava em escola pública e as mensalidades dos cursinhos eram tão caras quanto, ou ainda mais, que as das escolas particulares. Descobri uma opção mais barata, um cursinho localizado na Lapa. Eu me lembro até hoje do valor da mensalidade: 127 reais. Um dia, fomos eu, Michele, a mãe e o pai dela conhecer esse lugar e eu fiquei toda feliz por ver que poderia dar continuidade aos meus planos. Cheguei em casa animada e contei tudo aos meus pais. Expliquei a eles que no ano seguinte era isso que eu ia fazer. Minha mãe deu o jeito dela e meu pai incluiu o gasto no orçamento da casa.

Meu primeiro ano de cursinho foi muito bom, mas ao mesmo tempo um balde de água fria. Foi lá que começou a cair a minha ficha em relação a como era de fato o vestibular. Só na minha sala havia em torno de duzentas pessoas, o que me deu uma ideia de como o processo era concorrido. Além disso, quando eu vi a quantidade de conteúdo que eu tinha para estudar, percebi que boa parte da matéria eu nunca tinha sequer visto, nem no colégio público nem no particular. Foi aí que eu comecei a entender como todo o processo do vestibular seria difícil e sujeito a frustrações. Como eu já estudava à noite no colegial, continuei com esse horário e passava o dia estudando. Estudava muito e sempre de forma um pouco trabalhosa: eu lia os textos, grifava, a partir disso escrevia resumos e depois recorria a eles para estudar. Mas era muita matéria, muito mais do que eu tinha visto em toda a minha vida, de modo que até minha letra cursiva mudei para letra de forma porque assim conseguia escrever mais rápido. Nessa época também descobri que o inglês era cobrado nos vestibulares, e eu não sabia quase nada do idioma. Fui entendendo, aos poucos, quais limitações precisaria trabalhar.

Nesse ano conheci várias pessoas, em geral gente que ia prestar outros cursos. Como os prédios de humanas, exatas e biológicas eram separados, eu passava a maior parte do dia longe das minhas amigas; só as encontrava no intervalo e na hora de pegar o ônibus para ir embora. Foi quando conheci uma das minhas melhores amigas, a Thaís. Ela tinha estudado na mesma escola estadual que eu, mas não éramos próximas lá. No cursinho, ela era da sala da Michele – que queria cursar direito, enquanto ela pretendia prestar rádio e TV – e a gente começou a voltar para casa juntas. No ônibus, às onze da noite, a nossa amizade foi sendo construída a cada noite.

Depois de um ano de muito estudo, havia chegado a hora de me inscrever para as provas. Eu não tinha dinheiro para pagar muitas delas, mas descobri que era possível pedir isenção da taxa comprovando baixa renda. Lá fomos eu e Thaís pegar fila para retirar os formulários que precisavam ser preenchidos. Era necessário buscá-los em algumas escolas públicas específicas e se organizar para chegar cedo, porque só havia papelada para um número limitado de pessoas. Rodamos a cidade atrás disso e ficamos mais próximas nesse processo também.

Fui muito mal nos primeiros vestibulares que prestei. Não passei nem para as segundas fases e me senti horrível, extremamente frustrada. Eu nunca havia falhado em provas antes. Comecei a perceber que tinha algo errado, que no cursinho onde eu estava, mesmo na sala de biológicas, não havia pessoas que estivessem prestando medicina. Eu não achava que fosse um cursinho ruim, mas eu entendia que precisava estar no mesmo lugar que os meus concorrentes, recebendo o mesmo preparo que eles. E onde estavam os vestibulandos de medicina? Só nos melhores cursinhos de São Paulo. Pesquisei muito e comecei a fazer provas de bolsa para esses cursinhos. Decidi que onde eu conseguisse mais desconto era onde eu estudaria no ano seguinte. Lembro-me de ir com a minha mãe a um cursinho justamente em um dia no qual havia saído a lista de aprovados de um vestibular. Vi as pessoas comemorando muito, pintadas de tinta, com a palavra "medicina" escrita na testa. O valor havia ficado muito alto e acabamos voltando para casa sem fazer a matrícula. No fim, o melhor preço que consegui foi 250 reais em outro cursinho. Meu conhecimento continuava defasado, então não era fácil conseguir bolsas melhores. Para a minha família, gastar 250 reais era uma fortuna, mas minha mãe decidiu que tiraria leite de pedra para que desse certo.

Foi o ano em que eu mais estudei na minha vida. Eu sentia que, no anterior, ainda que tivesse me esforçado bastante, não havia dado tudo de mim, não tinha ido até o meu limite, e dessa vez eu fui. Eu me privei de vida social e, com 19 anos, não saía com meus amigos, não ia a encontros e festas. Coloquei todas as minhas forças nos estudos. Enchi as paredes do meu quarto com cartolinas com macetes, conteúdos, fórmulas. Eu passava o dia inteiro no cursinho e, se não voltava para casa já tarde da noite, era porque ficava com fome e não tinha dinheiro para comer fora. Fui sentindo a diferença. Como já contava com a bagagem do ano anterior e estava estudando muito, me enchi de esperanças de que dessa vez daria certo.

Além de toda a vontade de passar, a pressão pela questão financeira me angustiava muito. Era um absurdo, nas nossas condições, minha mãe ter de gastar 250 reais por mês com o cursinho, então eu tinha muito firme na cabeça que aquilo não poderia ser em vão. Um dia, liguei para ela – já que sempre ligava para saber se estava tudo bem em casa – e fiquei sabendo que tinham cortado a luz porque, entre pagar as contas ou o cursinho, ela escolheu o segundo. Essa situação me doía muito e eu cheguei a procurar alguns empregos, não só para ajudá-los, mas também porque, com quase 20 anos, comecei a ter minhas necessidades. Às vezes eu queria comprar uma roupa, alisar meu cabelo, e nunca sobrava dinheiro para nada do tipo. Lembro que olhava sempre um caderno de empregos, uma lista amarela cheia de vagas, e na época apareciam muitas oportunidades na área de telemarketing. Eu ligava para os lugares, ia aos recrutamentos, mas, sem experiência, não conseguia nada e saía frustrada. No fundo eu também sabia que aquilo atrapalharia meu foco e que a melhor solução era passar no vestibular logo. Eu não poderia ir a um terceiro ano de cursinho e continuar dando gasto sem levar dinheiro para casa.

Nesse período também fiz visitas guiadas às universidades. A Faculdade de Medicina da USP era uma das principais referências que eu tinha, já que passava pela avenida Doutor Arnaldo com a minha mãe e ela apontava para aquele prédio lindo, contando o que havia ali. Em um domingo de manhã, fui participar de uma visita na faculdade. Cheguei superempolgada, queria ver a sala de anatomia, os cadáveres, todas essas coisas que a gente idealiza. Conforme andava pelos corredores do prédio e conhecia sua história, fiquei encantada. Deixei meu coração se encher de expectativas e me vi sonhando com a possibilidade de estudar lá. No meio da visita, fizeram uma pausa para o intervalo e eu me sentei ao lado de um grupo de meninas que conversava sobre vestibular. Como estava sozinha, comecei a ouvir o que elas falavam, até que uma disse com muita firmeza: "Meu, não adianta, quem não estudou em uma escola muito boa nunca vai conseguir entrar aqui". Senti um balde de água fria cair sobre a minha cabeça, saí de lá chorando e fiquei parada na frente do prédio me perguntando se elas tinham razão, se realmente eu, que não havia estudado em escolas muito boas, nunca conseguiria entrar ali. Não sabia se deveria acreditar naquilo, mas sentia que o meu sonho havia sido descartado e isso doía muito. Ainda bem que eu sempre fui como uma fênix: chorava por horas, mas no dia seguinte ressurgia das cinzas e voltava aos estudos.

Nesse ano prestei mais vestibulares. Além de ter descoberto outras universidades públicas, arrisquei algumas fora de São Paulo – o que não havia considerado no anterior porque não sabia como arcar com os gastos de viver em outra cidade. Atirei para todos os lados. No dia da primeira fase da Fuvest, quando saiu o gabarito e eu vi que não havia passado para a segunda fase, a frustração foi muito grande. Eu sabia que dessa vez tinha colocado todas as minhas forças ali, tinha chegado ao meu limite. Eu via minhas amigas do balé entrando na faculdade, sabia que elas tinham estudado nos tais colégios bons e me questionava se realmente o único caminho possível para conquistar isso era outro, um que eu não tinha percorrido. Ao mesmo tempo, ouvia a professora de balé perguntar por que eu não tentava algo mais fácil. Faltavam-me referências próximas à minha realidade que provassem que o que eu queria não era ilusão, mas algo possível. Não poderia pedir à minha mãe que pagasse outro ano de cursinho e nem sabia se eu daria conta de continuar. Ouvia aquelas histórias de gente que passava seis anos prestando vestibular e não entendia como era possível. Foi um momento muito dolorido e que me fez pensar em outras opções.

Um dia recebi em casa uma carta, toda coloridinha, falando sobre o Prouni. Era 2005, primeiro ano do programa. Eu nunca tinha ouvido falar daquilo, mas a carta dizia que eu poderia usar minha nota do Enem para conseguir uma bolsa de estudos em uma universidade particular. Lá fui eu novamente para a lan house pesquisar até entender do que se tratava. Vi que havia a opção "medicina" entre os cursos disponíveis, mas, com muito medo de não passar e me frustrar de novo, resolvi traçar um outro caminho, o meu plano B.

Eu sempre tive na cabeça outra possibilidade de curso. Não é que eu ficasse em dúvida entre os dois, a medicina estava muito à frente nas minhas prioridades, mas eu pensava: *Se o corpo humano é tão interessante, a mente humana também deve ser.* E, por isso, passei a considerar a psicologia. Como eu achava que não conseguiria bolsa para medicina pelo Prouni e não queria arriscar mais um ano de cursinho, bolei o seguinte plano: eu prestaria psicologia, passaria, faria a faculdade (que durava cinco anos), trabalharia como psicóloga, prestaria medicina numa faculdade particular e pagaria por ela com meu salário. Hoje eu entendo o quanto essa ideia era algo difícil de concretizar, mas na minha cabeça da época parecia muito simples e razoável. Quando eu abri mão de ser bailarina profissional para ser médica, só fiz isso porque era algo que eu realmente queria. Nesse caso, era diferente, eu não desistiria da medicina só porque não tinha dado certo, eu criaria um novo plano que me permitisse chegar até ela. Um plano B só era aceitável desde que eu não precisasse abrir mão do meu sonho. Segui firme nessa estratégia e passei na PUC de São Paulo. Fiquei muito feliz com a possibilidade de finalmente começar uma faculdade. Minhas outras amigas já tinham entrado nos respectivos cursos e parecia que só sobrava eu ali insistindo.

Posso dizer que nesse momento começou a nascer uma nova Thelma. A PUC, apesar de ter muita gente com condições financeiras bem diferentes da minha, tinha um ambiente que me fez evoluir muito. Foi lá que eu comecei a me desconstruir em relação a vários temas e a desenvolver meu senso crítico, a questionar o mundo à minha volta. O campus onde eu estudava tinha cursos como psicologia, direito, serviço social, então as pessoas seguiam bem o estereótipo do estudante de humanas. Até virei meio "hiponga" enquanto estudava lá, andava para cima e para baixo com saia cigana e brinquinho de coco, completamente diferente do meu estilo de antes. Conheci a história da PUC, a importância política do seu teatro, o Tuca, comecei a frequentar saraus, reuniões do centro acadêmico, a participar de votações, de manifestações. Todo dia tinha protesto por alguma coisa e eu achava aquilo o máximo. Conheci muita gente nova que fez minha mente se abrir, foi realmente um divisor de águas.

Tinha aulas de sociologia, antropologia, aprendi um pouco de Freud, de Jung, mas admito que achava uma doideira as coisas que os professores falavam, sinto que não conseguia mergulhar na "viagem" deles. Até porque, no fundo, não era bem aquilo que eu queria. Ainda assim adorava o ambiente e, sendo bolsista, queria honrar a minha posição. Estudava muito, usava a biblioteca, fazia trabalhos no laboratório de informática. Fiz amizade com as outras cinco meninas que entraram pelo Prouni e a gente se apoiava muito. Mesmo sendo as pessoas mais pobres ali e passando por vários perrengues, éramos muito felizes e respeitadas pelos outros colegas. Com elas fui aprendendo também a lutar pelos meus direitos. Nosso curso de psicologia era vespertino e noturno, considerado integral, e nós descobrimos que todas as bolsas de curso integral do Prouni, como medicina, davam direito a uma ajuda de custo mensal, só a nossa que não porque aquele era o único curso de psicologia que tinha esse regime. Dessa forma, não recebíamos a ajuda e também não conseguíamos trabalhar. Resolvemos ir à reitoria questionar a situação, perguntando como esperavam que a gente tivesse dinheiro para comer, para viver, e aos poucos fomos obtendo algumas conquistas.

A princípio eu não pensava em desistir da psicologia, mas a realidade é que o sonho da medicina não me deixava nem por um instante. No primeiro dia de aula fizeram uma roda para todo mundo se apresentar e falar porque havia escolhido aquele curso. Quando chegou a minha vez, disse com todas as palavras: "Eu não quero ser psicóloga, eu quero ser médica. Estou aqui como uma ponte para chegar à medicina". Então, me tornei oficialmente a estudante de psicologia que queria ser médica; era um fato, todo mundo sabia.

Passaram-se dois, três meses e eu comecei a me perguntar se o Prouni continuaria oferecendo bolsas e se eu poderia me candidatar de novo, dessa vez para medicina. Descobri que sim e resolvi que ia tentar. Eu não tinha nada a perder, afinal. Se passasse, ótimo; se não passasse, continuaria seguindo meu plano de ser primeiro psicóloga e, depois, médica. Não me dediquei a estudar para o vestibular como antes, porque tinha as matérias da faculdade para conciliar, mas me inscrevi para o Enem. No dia anterior à prova, fui a uma festa, acordei cheia de preguiça e dei aquela viradinha na cama clássica de quem não está planejando se levantar tão cedo. Só conseguia pensar: *Ai, eu já tô na faculdade, não vai dar certo mesmo, não vou, não.* Até que minha mãe bateu no quarto perguntando se eu não tinha prova. Ela me fez levantar na hora e lá fui eu prestar Enem.

Naquele ano, 2005, o tema da redação foi "O trabalho infantil na realidade brasileira", e eu me saí muito bem, tirei praticamente a nota máxima. Nas questões – com exceção das de exatas – também arrasei! Acho que não estar carregando o mesmo estresse dos outros anos fez muita diferença. Antes eu sentia que tinha tudo a perder se não passasse. Meu futuro era um ponto de interrogação, eu não sabia se teria de abandonar os estudos para trabalhar, se continuaria fazendo cursinho. E dessa vez o fato era que, se não passasse novamente no tão sonhado vestibular de medicina, continuaria estudando psicologia, então fui para a prova mais tranquila.

Na hora de me inscrever no Prouni, vi que tinha uma nota boa o suficiente para tentar medicina. Selecionei a PUC de Campinas e a PUC de Sorocaba e entreguei a Deus! Eram cinco bolsas, eu passei um tempo como décima terceira colocada, um tempo como décima segunda, e já tinha aceitado que não daria certo de novo. Acontece que a lista foi rodando, rodando... Minha aposta é que muita gente se inscreveu alegando baixa renda e, na hora de comprovar, não conseguiu, porque eles eram bem criteriosos. Como adiantei, a surpresa veio no mesmo dia em que busquei a fantasia para desfilar na Mocidade pela primeira vez. Voltando da escola de samba, cheguei em casa já feliz com essa conquista e não imaginava o tamanho da alegria que estava por vir. Peguei a carta das mãos da minha mãe e li as palavras:

Você foi contemplada com uma bolsa de estudos.
Curso: Medicina.
Bolsa: Integral.
Campus: Sorocaba

Gritei "Mãe!" e contei para ela já às lágrimas. Senti uma emoção muito forte, não conseguia parar de chorar, falei para ela que eu ia, que eu ia de qualquer jeito. "Você vai embora, minha filha?", foi o que ela perguntou. "Eu vou, eu vou embora estudar medicina", respondi.

*

Ainda fiquei tensa por um tempo porque precisava enviar toda a documentação e me certificar de que era possível desistir de um curso e ir para outro. Descobri que sim, e meu coração se encheu de felicidade no dia em que entrei no campus da PUC de São Paulo, que eu tanto amava, para confirmar minha saída do curso de psicologia e me matricular no de medicina, que afinal era da PUC também, só que em outra cidade. Quando fui me despedir dos meus colegas de curso, eles ficaram felizes por mim, por ver a estudante de psicologia que queria ser médica seguir seu caminho. Minhas amigas do balé também organizaram uma despedida e me escreveram cartinhas, porque achávamos que, indo para outra cidade, não poderia continuar com elas – mal sabíamos que dançaríamos juntas por dois anos ainda. Minha cabeça só tinha espaço para uma coisa: ir para Sorocaba estudar medicina. Como eu me sentia feliz!

No dia de fazer a matrícula, lá fomos eu e minha mãe para o terminal Barra Funda pegar o ônibus até Sorocaba. O plano era também aproveitar a ida e procurar um lugar para eu morar. Sorocaba fica a cem quilômetros de São Paulo, mais ou menos uma hora e meia de viagem e, com a passagem custando vinte reais a ida e vinte reais a volta, não valeria a pena fazer bate e volta todo dia. Decidimos que eu passaria as semanas por lá e voltaria para a casa dos meus pais no sábado e no domingo. É muito forte em mim a lembrança desse dia, da felicidade que eu senti no ônibus, indo para Sorocaba fazer minha matrícula. Eu e minha mãe chegamos à rodoviária e fomos pedindo informação até encontrar o campus. Caminhamos por mais ou menos dez minutos e nos deparamos com o prédio da medicina: uma escadaria imponente, que os estudantes usavam como cenário para a foto da turma no último ano de curso; a escadaria levava a um prédio verde acinzentado com mais ou menos cinco andares. A PUC de Sorocaba é a primeira faculdade de medicina do interior de São Paulo e eu faria parte da 56ª turma. Os procedimentos foram simples: entreguei os documentos e minha matrícula estava feita.

Com isso resolvido, era hora de procurar casa, e aí a história ficou mais complicada. Vimos pela faculdade vários murais com anúncios de lugar para morar. Encontramos um pensionato de freiras, onde muitas garotas do primeiro ano viviam porque as mães achavam seguro. Mais uma vez pedimos direção às pessoas na rua e conseguimos chegar até lá. Mostraram para a gente o espaço, os quartos, tudo muito limpinho e arrumadinho, de um jeito que dava vontade de ficar. Mas, infelizmente, o valor era muito caro para nós, algo em torno de seiscentos reais na época, e começamos a nos preocupar. Ficar em hotel pagando diária era impossível, esse lugar legal era caro demais e, para dividir apartamento com alguém, eu não sabia nem por onde começar, afinal não conhecia as pessoas ainda. Fomos perguntando a todo mundo que encontrávamos sobre opções, apostando no poder do boca a boca, até que ficamos sabendo de uma outra pensão e andamos até lá para ver como era.

Essa casa não ficava tão perto da rodoviária e da faculdade, de modo que caminhamos por mais ou menos meia hora para chegar – o que, debaixo do sol quente de Sorocaba, podia ser bem cansativo. Ali não viviam estudantes, mas sete mulheres que trabalhavam nas fábricas da região. Era uma casa térrea, composta basicamente por um corredorzão escuro, com piso de madeira, que dava acesso a três quartos escuros e desembocava em uma cozinha muito pequena, também escura. Essa cozinha tinha aqueles armários de ferro, estilo armário de vestiário, com compartimentos separados e portinhas, e cada moradora tinha direito a um espacinho desse; fogão e pia eram compartilhados. O banheiro ficava praticamente do lado de fora e era somente um para todas as moradoras. Muito pequeno e muito simples, com uma descarga daquelas de puxar cordinha. O quarto seria dividido com mais uma pessoa. Era tudo muito simples, mas custava cem reais por mês, ou seja, o que podíamos bancar. Como as aulas começariam na semana seguinte e eu precisava de um lugar para ficar, minha mãe pagou um sinal e fechamos com a pensão. Apesar de não ser o ideal, voltamos para São Paulo mais tranquilas por saber que eu teria pelo menos onde dormir. Foi só o tempo de me despedir das pessoas e me encher um pouco mais de expectativas, já que logo estava de volta ao terminal da Barra Funda, dessa vez para ir embora de verdade.

Arrumei minha mala com roupas para uma semana, além de uma panela, um prato, um copo, um garfo e uma faca, que eu deixaria no armário da cozinha. Incluí também uma lata de sardinha, um pacote de macarrão e um litro de leite, como continuaria fazendo nas semanas seguintes. A passagem era muito cara para os meus pais me levarem, então ficou acordado que eu iria sozinha. Eles foram comigo até o terminal Barra Funda e lá nos despedimos com um misto de felicidade e tristeza. Talvez não exatamente tristeza, mas temor pela separação. Eu sentia aquele frio na barriga de começar uma nova fase da minha vida, e minha mãe, pelo que me conta hoje, sofria calada por me ver ir embora. Nós éramos muito próximas, então era inevitável que ela lidasse com a tal síndrome do ninho vazio. Ela conta que sentiu muito, que nos primeiros dias mal conseguia dormir, mas que não manifestava isso porque sabia como era importante que eu fosse estudar e realizar aquele sonho. Diz até que um dia meu pai sugeriu a ela que não me deixassem ir, que não me deixassem viver sozinha em outra cidade, mas ela bateu o pé e garantiu que eu fosse, sim, e com a ajuda deles. No fundo ela sofria, mas fazia questão de me passar somente a sua força.

Entrei no ônibus Cometa, dei um último "tchau" pela janela e fui chorando o caminho todo. Com a alegria e o medo revirando meu estômago, bagunçando minha cabeça e enchendo meus olhos de lágrimas. Cheguei no finalzinho da tarde, com o sol baixando na janela. Peguei a mala pesada e caminhei por trinta minutos até chegar à pensão. Descobri lá que dividiria quarto com uma senhora idosa, a quem não sou capaz de descrever porque mal nos encontrávamos. Ela se levantava cedo para ir trabalhar e, quando eu voltava à noite, já estava dormindo. Sequer me lembro do seu nome. Coloquei as comidas no armário, ajeitei minhas coisas no quarto e dormi.

Acordei bem cedo no primeiro dia de aula porque, vaidosa como sempre fui, queria me arrumar e sabia que, com um banheiro para sete pessoas, haveria fila. Coloquei uma calça jeans, uma blusa azul anil, uma sapatilha e uma bolsa bonita que tinha comprado no Brás antes de me mudar. Saí da pensão, fiz aquela caminhada de meia hora e, finalmente, cheguei à Faculdade de Medicina para o meu primeiro dia de aula.

CAPÍTULO 5

"Pessoas negras só servem para praticar esportes"

A Faculdade de Medicina da PUC de Sorocaba era dividida em alguns ambientes. Entre eles, um prédio bem tradicional, onde eu fiz a matrícula com minha mãe e no qual entrei no primeiro dia de aula para entregar alguns documentos. Um pouco tímida e com medo, subi as escadas da entrada e cheguei aos corredores decorados com bustos e fotos antigas de médicos. Avistei de longe, na secretaria, uma menina branquinha, baixinha, e a ouvi falando que era da medicina, também pelo Prouni. Seu nome era Ana Paula, e encontrá-la foi um alívio e o marco da minha primeira amizade na medicina. Fomos juntas procurar nossa turma.

 A primeira vez que vi reunido aquele grupo de cem pessoas que me acompanharia por seis anos foi na frente de um conjunto de pequenas salas que, com janelões de vidro, pareciam aquários. Elas haviam sido planejadas daquela forma em razão do método de ensino PBL (*Problem-Based Learning*, ou Aprendizado Baseado em Problematização), que a PUC havia acabado de adotar. Toda semana nós éramos divididos em pequenos grupos de tutoria e nos reuníamos naquelas salas para discutir um caso específico com o professor – chamado no contexto de tutor. Era como uma missão que recebíamos na segunda-feira e, até a quinta, tínhamos de estudar, pesquisar e conversar para resolvê-la. Para exemplificar, lembro que meu primeiro caso foi o do "João e o pé de feijão". João tinha engolido um caroço de feijão que foi parar na traqueia e, a partir dessas informações, nós devíamos explorar todos os aspectos envolvidos.

Acostumada com as trinta pessoas que formavam a minha antiga turma de psicologia, demorei um tempo para entender que todos aqueles alunos eram do meu ano. Em meio ao falatório generalizado, comecei a observá-los com cuidado e logo percebi que, ainda que houvesse homens e mulheres de muitos tipos, eu era mais uma vez a única pessoa negra. Não era novidade para mim perceber isso e eu diria que, naquele momento, predominava a sensação de que a minha presença poderia fazer a diferença. *Pelo menos estou aqui*, era o que eu pensava nessas situações que se repetiam tanto. Ao longo dos dias, busquei mais pessoas negras entre os seiscentos alunos do primeiro ao sexto ano e encontrei quatro: dois veteranos negros e duas veteranas negras. Nenhum deles era brasileiro, todos vinham de Angola por causa de um convênio de bolsa internacional. Sendo assim, existia ainda uma certa distância entre nós, e a minha presença naquele espaço era mesmo um caso à parte.

Apesar dessa falta de diversidade, logo percebi que os alunos contemplavam perfis clássicos: o bobo da corte, a patricinha, o sério, a descolada, o CDF, a que não falava com ninguém. Eu fiz amizade primeiro dentro do meu grupo de tutoria e, depois, a lógica que prevaleceu foi a mesma dos reality shows: fui me aproximando por afinidade. Também fiquei bem amiga das outras pessoas que estavam lá com a bolsa do Prouni. Acho que, assim como havia acontecido na psicologia, essa união era natural, já que existia uma identificação entre nós. Em um espaço onde a maioria das pessoas tinha muito dinheiro, éramos aquelas com condições financeiras parecidas, com trajetórias e problemas muitas vezes similares. Era o segundo ano de Prouni na faculdade e eu lembro que meus veteranos do programa também eram próximos entre si, tendo montado até uma república dos prounistas.

Além de nos reconhecermos uns nos outros e de nos sentirmos diferentes dos demais alunos em alguns aspectos, contribuiu para nossa união o fato de que muita gente questionava a nossa presença lá.

Como havíamos entrado por meio do Enem, e não do vestibular de medicina tradicional, achavam que não conseguiríamos acompanhar o curso. A realidade é que todos nós éramos muito empenhados, porque sabíamos como tinha sido difícil chegar àquele lugar e queríamos aproveitar ao máximo. No geral, nossa capacidade foi ficando bem clara com o passar do tempo. Se havia um ponto que pegava para mim e para alguns colegas, era o inglês. Uns falavam melhor, outros pior, mas, diante da quantidade de artigos científicos que só encontrávamos nessa língua, começamos a sentir falta da fluência. Fomos a uma escola de Sorocaba e conseguimos bolsa de estudos, mas não durou muito tempo. Meu contato com o inglês sempre foi o de começar e parar, começar e parar, tanto que a dificuldade com a língua ainda é algo frustrante para mim.

Infelizmente, o preconceito não era apenas intelectual e aparecia também em outros aspectos do dia a dia. Quando uma das meninas chegou à faculdade com um tênis de marca, por exemplo, ouviu que ela "não se vestia como as outras pessoas do Prouni", como se fôssemos um grupo à parte, que usava roupas diferentes e piores que as dos outros alunos.

Além disso, era comum que questionassem se precisávamos mesmo da bolsa para estar ali. Nossa turma tinha pessoas muito ricas, filhos e filhas de empresários, políticos, fazendeiros, gente que ganhava apartamento e carro para começar os estudos. Tinha pessoas pobres como eu, que estavam lá através do Prouni, e tinha pessoas de classe média cujos pais penavam para pagar por aquela formação, tendo de fazer empréstimos ou abrir mão de outras coisas para bancar a presença dos filhos lá. Geralmente, era dessas pessoas que partiam as dúvidas em relação às nossas condições financeiras. Em relação à minha, especificamente, não. Eu era a única garota negra ali e de longe a mais pobre, então minha necessidade nunca foi questionada, mas com outras colegas era diferente. Tive uma amiga que colocou silicone, por exemplo, porque tinha um primo cirurgião plástico que conseguiu ótimas condições para que ela fizesse o procedimento. Além de ser constrangida por alguns alunos, ela foi denunciada ao Prouni e teve de passar por uma auditoria. Chegou a abrir a porta da sua casa e mostrar tudo o que tinha dentro para provar, novamente, sua necessidade de receber a bolsa. Nós somos amigas até hoje e ela tem recordações muito ruins dessa época, porque passou por poucas e boas em Sorocaba.

O ambiente lá era muito diferente daquele que eu havia encontrado na PUC de São Paulo enquanto estudava psicologia. Ainda que os dois espaços fossem muito elitizados, no ano anterior eu tinha conhecido pessoas que levantavam discussões importantes, apresentavam visões críticas e reivindicavam o que achavam necessário. Já na medicina, a maioria realmente vivia alheia aos problemas dos outros. As preocupações eram as festas, o iPhone novo, as férias na Disney. As saias compridas e os brinquinhos de coco de São Paulo foram substituídos por tênis Nike Shox e mochilas da Kipling. É claro que eu não posso generalizar turmas tão grandes, mas o ambiente era outro e eu não encontrava o mesmo acolhimento e estímulo para levantar minhas pautas.

Além disso, a faculdade de medicina – e eu acabaria entendendo que a carreira também – era cheia de tradições e pequenas hierarquias que muitas vezes geravam assédio moral. Fico feliz por ter me arrumado bastante no primeiro dia de aula, por exemplo, porque logo descobri que precisaria deixar minha vaidade de lado por um tempo. Todos os novos alunos tinham de comprar, no começo do curso, um kit calouro, que incluía camiseta, caneca e chaveiro, entre outros acessórios. No meu caso, recebi de graça, já que eles tinham consciência de que um aluno do Prouni não poderia chegar à faculdade gastando cem reais naquele tipo de coisa. A camiseta era branca e tinha desenhada uma cobra amarela com chapéu caipira, porque todos se orgulhavam muito de a PUC de Sorocaba ser a primeira faculdade de medicina do interior de São Paulo. A regra era que, por alguns meses, todos os calouros e calouras como eu só poderiam usar aquela camiseta, todos os dias. "A realidade é essa, é assim que você tem de se vestir de agora em diante", diziam. Alguns alunos compravam várias para ir trocando, eu consegui comprar mais uma e assim tinha duas para lavar e revezar no verão. Além disso, não podia pintar a unha, passar maquiagem, usar qualquer acessório como brinco, anel ou colar, e o cabelo devia estar sempre preso. Era assim até o Baile dos Calouros, em maio, considerado o momento de "libertação" dos novos alunos. O porquê da data? Referência ao dia 13 de maio, que marcou em 1888 a abolição da escravatura. Esse tipo de absurdo é clássico em faculdades de medicina e eu tenho certeza de que, se fosse hoje, teria passado todos os meus dias na graduação brigando para mudar essas coisas. Na época, porém, não entendia tão bem todo o racismo envolvido e evitava me indispor a qualquer custo. Se você não seguisse as regras, não era aceito naquela comunidade e se tornava a pessoa excluída, isolada, coisa que eu não queria. Minha amiga Ana, do Prouni, apesar de mais nova do que eu, vinha de uma família evangélica e tinha um relacionamento muito estável, então não estava tão interessada no lado social da vida universitária. Por causa disso, entre cinquenta meninas, era a única que não dava a mínima para essas tradições, usava as próprias camisetas e fazia o que bem entendia.

Apesar dessas questões, fui muito feliz em Sorocaba e isso tem a ver com as relações que construí e com as pessoas que encontrei naquele mar de gente. Mas, para explicar como cheguei a elas, preciso retomar o tema da minha busca por casa. Estar na pensão era realmente muito difícil. Eu não tinha um lugar adequado para estudar e não conhecia direito as pessoas que viviam comigo, já que tínhamos rotinas diferentes e só usávamos o espaço para comer e dormir. No fim das contas, minha passagem por lá foi breve e superficial. Logo comecei a procurar outro lugar para viver e, apesar de ter feito amigos relativamente rápido, não encontrava fácil alguém para dividir apartamento. As meninas do Prouni estavam satisfeitas com as casas onde estavam e as outras alunas tinham muito dinheiro, então pagavam aluguéis que eu não conseguia dividir. As repúblicas, em geral, eram masculinas. Fui olhando nos murais, naqueles mesmos em que antes encontrei o pensionato, e um dia vi uma garota anunciando vaga no apartamento dela. Ela era biomédica já formada, trabalhava em Sorocaba e dividia o lugar com outra menina que estudava direito. As duas estavam procurando uma terceira pessoa e eu, que queria muito sair da pensão e morar em um apartamento, fui até lá conhecer. O preço cabia dentro do valor da bolsa e, na empolgação, decidi ir. Depois de menos de dois meses no pensionato, passei a viver com elas.

Acontece que, na afobação de me mudar, eu não dei a devida atenção à localização do apartamento. Era muito longe da faculdade, de modo que eu precisava pegar dois ônibus e demorava quase uma hora para ir e voltar, enquanto a maioria dos meus colegas morava nos arredores da PUC mesmo. O apartamento era pequeno, mas bonitinho e com certeza muito mais confortável que o pensionato. Tinha uma sala, uma cozinha, um banheiro e dois quartos – um deles ocupado pela dona da casa e o outro por mim e pela estudante de direito. Diferentemente da pensão, tinha uma televisão e uma sala onde dava para eu me sentar e estudar, além de um banheiro sem tanta fila. Nós estávamos em momentos diferentes da vida, não éramos da mesma área, e nossas personalidades também não se mostraram muito compatíveis. Ou seja, a situação melhorou, mas ainda não era a ideal.

A maioria das pessoas na faculdade assistia às aulas da manhã, ia para casa almoçar e voltava para o turno da tarde. Como eu morava longe, não conseguia fazer isso, então sempre comia com minha amiga Ana em um Bom Prato que ficava na rua atrás da PUC. O Bom Prato é uma espécie de "bandejão" do governo, onde qualquer pessoa paga um real por refeição. Acredito que aquela unidade foi instalada ali por causa da proximidade com o complexo hospitalar do campus, que, por ser muito grande, recebia diversas pessoas de cidades vizinhas. Lembro que de manhã chegavam ônibus lotados, praticamente caravanas de pessoas que iam juntas buscar atendimento ou realizar tratamentos em Sorocaba. Elas passavam o dia nos arredores do complexo, embaixo do sol, e almoçavam no Bom Prato.

Bem em frente ao restaurante havia um condomínio formado por vários prédios baixinhos, cor de salmão, que eu achava lindo. Ele era todo arborizado, cheio de passarinhos que pareciam cantar mais bonito só por estarem ali. Apelidado de "Cinga", meu sonho de consumo era morar em um de seus apartamentos. Depois fui entender que esse nome era mais uma demonstração de preconceito dos alunos, que associavam o aspecto daquele condomínio particular, na minha opinião tão lindo, aos prédios do Projeto Cingapura, plano de construção de moradias populares desenvolvido na cidade de São Paulo a partir da década de 1990.

Da fila do Bom Prato, onde eu e a Ana éramos as únicas estudantes, eu observava o Cinga e sonhava em um dia morar lá. Sempre via uma colega de turma, loirinha e de olhos verdes, entrar e sair do prédio com a mochila Kipling nas costas e os tênis Nike nos pés. O nome dela era Gabi. A realidade dela era muito diferente da minha e eu nem imaginava que pudéssemos um dia nos tornar melhores amigas.

Fui conhecendo mais pessoas na faculdade e fiz amizade com uma veterana chamada Simone, que também é minha amiga até hoje e foi minha madrinha de casamento. A mãe da Simone era branca e loira e o pai era negro, de modo que ela se reconhecia como negra também. Quando nos aproximamos, ela tinha acabado de passar por uma tristeza enorme, tendo perdido o pai do dia para a noite. Ela morava em um apartamento comprado pela mãe que ficava, coincidentemente, no Cinga. Nessa época ela já vivia com a Helena, aluna da biologia que era apelidada de "Pequena" por ser baixinha, e elas estavam procurando alguém para dividir a casa com elas, então me chamaram. No início fiquei um pouco receosa, estava pagando em torno de 180, 200 reais no lugar em que vivia e a Simone cobrava 250, mas era mais um sonho que de repente eu via a chance de realizar. Decidi tentar e deu tão certo que fiquei lá do segundo até o último semestre da faculdade. Foi ali que vivi alguns dos melhores anos da minha vida, muitos dias bons e outros ruins também, mas que só serviram para consolidar minhas amizades.

O apartamento era ótimo, tinha uma sala maior, uma cozinha bonita, três quartos e espaços bem iluminados. Um dia, a Gabi, a tal garota loirinha do Cinga, viu que eu estava morando lá e, por ser da minha sala, propôs que a gente se reunisse para estudar. Eu topei e, conforme ela passava muito tempo em casa, se tornou amiga da Simone e da Pequena também, então começamos a fazer tudo juntas, as quatro. Quando nos demos conta, ela só ia para a casa dela para dormir, então propusemos que fosse morar com a gente, e ela aceitou. Passou a dividir quarto comigo, o aluguel ficou mais barato para as duas e foi assim que vivemos boa parte da faculdade. Só nos últimos anos, quando a Pequena, sendo mais velha, se formou e foi embora, passamos a ter cada uma o seu espaço. No Cinga, morei com amigas que tinham tudo a ver comigo, com as quais eu podia revisar matéria ou passar a noite papeando e, assim, vivi toda a experiência da faculdade de forma mais intensa. Nós estávamos no mesmo momento da vida, lidávamos com questões similares e gostávamos de assuntos parecidos.

A partir dessa mudança de casa, no fim do primeiro semestre de faculdade, minha vida começou a tomar a forma que ela teria pelos anos seguintes. Todo dia de manhã eu acordava cedo, não tomava café porque não tinha fome, e ia direto para a aula, que começava às oito horas e ia até mais ou menos onze e meia. Voltava para casa na hora do almoço e cozinhava. Minha alimentação era muito mais prática do que boa, para ser honesta. Geralmente, eu levava para Sorocaba uma marmita da comida que minha mãe tinha feito no fim de semana e isso garantia os almoços de segunda e terça. Na quarta, fazia às vezes um macarrão com sardinha, às vezes um macarrão com molho de tomate. Levava de São Paulo ingredientes práticos, fáceis de carregar e que rendiam bastante, e com eles resolvia minha semana. Sempre chegava a Sorocaba com a mochila carregada de pacotes de macarrão, Miojo, molho, sardinha, bolacha, bisnaguinha, margarina, que era para gastar o mínimo possível lá. Almoçava no mesmo horário que as meninas e, ao longo dos anos, fomos testando vários arranjos. Durante um período cada uma cuidava da sua comida; depois, tentamos dividir as coisas, mas logo entendemos que fazer mercado junto era difícil porque cada uma tinha seus gostos e prioridades. Hoje me dou conta de que na época não era comum pedir delivery, no máximo uma pizza de vez em quando, e admito que fico aliviada ao perceber isso, porque não poderia pedir muito e ficaria com vontade.

Eu já estava habituada a cozinhar e a limpar a casa porque minha mãe e minha avó me ensinaram essas tarefas desde cedo. "Se você um dia tiver condições de contratar alguém para fazer para você, é importante que saiba fazer também para orientar a pessoa", diziam. Eu não via necessidade de chamar uma faxineira para ajudar com a limpeza da casa, afinal nunca tinha sido parte da minha realidade e toda economia era válida, mas entendia que era algo muito individual e que as outras meninas estavam acostumadas a ter ajuda. Encontraram uma pessoa que fazia faxina por um bom preço e a contrataram para ir uma vez por semana à nossa casa. Como todos os nossos gastos eram divididos por quatro, não pesava tanto no orçamento.

Aproveitávamos a pausa do almoço também para cochilar ou conversar, e nos divertíamos muito nesses momentos. Voltávamos às treze e trinta para as aulas da tarde, que iam até as dezessete horas, e daí o que eu fazia à noite variava, dependendo da época. Era muito comum que eu ficasse na biblioteca estudando até tarde, primeiro porque eu sabia que, se fosse para casa, era capaz de entrar em alguma conversa aleatória e perder o foco e segundo porque eu não tinha um computador nem espaço de estudos apropriado. A Simone sempre estudava no quarto com o notebook na cama; a Gabi, em geral, sentava-se com o dela na mesa da sala, e a Pequena ficava na escrivaninha do seu quarto. Eu não tinha esse lugar sagrado, meu. Elas me emprestavam seus computadores, mas em geral eu usava mais para coisas supérfluas e redes sociais, enquanto para estudar ia à biblioteca e à sala de informática da faculdade. Às vezes ficava direto até as vinte e duas, horário em que esses espaços fechavam, e às vezes voltava mais cedo porque não tinha dinheiro para comer fora. Havia também dias em que participava de grupos de estudos e assistia a aulas extracurriculares oferecidas pelas "ligas", basicamente alunos de vários anos que se juntavam para estudar com mais profundidade um tema específico. No começo, por exemplo, eu participava da Liga de Pediatria, porque entrei na faculdade querendo ser pediatra. Ainda no âmbito acadêmico, lembro-me de participar dos congressos anuais da Sociedade Universitária Médica de Estímulo à Pesquisa (Sumep).

Eu me sentia muito feliz por, enfim, estar na medicina, como sonhei a vida inteira. Sempre gostei de estudar, então me dedicava muito. Além de ser "rata de biblioteca", muitas vezes virava a madrugada com a cara enfiada nos materiais porque produzia bem à noite. Nunca tive muito dinheiro para comprar livros, então sempre os pegava emprestado das meninas ou tirava fotocópias. Volta e meia aproveitava o fim de semana para estudar matérias acumuladas e ia para São Paulo com quatro ou cinco livros enormes debaixo do braço, daqueles que mais parecem tijolos. As pessoas na lotação chegavam a olhar torto sem entender do que se tratava. Desde o começo fui muito bem nas provas. Mesmo não sendo a mais inteligente de todas, meu desempenho era favorável, então nenhum tutor tinha motivo para reclamar de mim.

Ainda assim, cheguei a ter dois problemas com professores ao longo da faculdade. Um foi no terceiro ano, quando começamos uma matéria chamada propedêutica. Nela aprendíamos a examinar os pacientes, estudávamos os sintomas clínicos, a melhor forma de tocar as pessoas e falar com elas para entender o que estava acontecendo, funções básicas de clínica. Passávamos muito tempo no hospital e eventualmente tínhamos de escolher pacientes e montar suas histórias clínicas completas, para então apresentar o caso ao professor, aos colegas e ao próprio paciente. Um dos professores dessa matéria era "carrasco" e não pegava leve, mas, quando chegou o meu dia de apresentar, ele partiu para a humilhação. Faltou pouco para me chamar de burra e foi o suficiente para que eu saísse do hospital chorando. Não era nada declarado ou que eu possa afirmar ser de cunho pessoal, mas, para alguém como eu, que já tinha senso crítico e perfeccionismo muito fortes, foi um momento bem difícil e marcante.

Outro episódio aconteceu quando um professor muito respeitado na faculdade, um homem mais velho e que já havia publicado diversos livros, falou em uma aula que pessoas negras não tinham capacidade para desenvolver atividade intelectual. Segundo ele, nós tínhamos porte, estrutura óssea e musculatura para fazer esportes e atividades físicas, mas não para raciocinar. Eu já sabia que ele diria isso, porque, como éramos divididos em pequenos grupos, alguns colegas já o conheciam e me avisaram. Mesmo sabendo o que esperar, doeu muito ouvir aquilo. Senti revolta e ao mesmo tempo "vergonha alheia", por ver uma pessoa naquela posição falando algo tão absurdo. Apesar de querer discutir, na época alguns sentimentos me impediram. Como bolsista, eu achava que deveria agradecer por estar lá e abaixar a cabeça para tudo. Além disso, não queria ser a rebelde da turma nem passar pelo constrangimento de ter um professor brigando comigo. Em muitos espaços pelos quais passei, por ser diferente dos meus colegas, eu entendia a minha presença como um privilégio, não como uma conquista pessoal. Era como se eu devesse algo a alguém e, por isso, tivesse de abaixar a cabeça diante de qualquer ofensa ou desrespeito. Passei muito tempo representando o que eu realmente sentia, até que anos depois tudo o que estava acumulado explodiu. Eu não apenas entendi melhor quem eu era como passei a assumir minhas posições, tendo outra postura nesse tipo de situação. Se fosse hoje, teria confrontado o professor sem pensar duas vezes, mas durante a graduação eu engolia calada mesmo.

Para além dos estudos e compromissos acadêmicos, me dediquei a muitas atividades extracurriculares ao longo da faculdade. Os veteranos logo descobriram, por exemplo, que eu fazia parte de uma escola de samba de verdade e me chamaram para entrar na bateria da medicina, chamada de Bateria Batukanabis. Naquele ambiente predominantemente branco, não era sempre que aparecia alguém que entendesse um pouco mais de samba, então ficaram muito felizes com a minha presença. Nos primeiros anos participei de bom grado, tocando tamborim e chocalho, mas depois me cansei e larguei. A bateria, assim como os times esportivos, era um espaço onde a hierarquia e as tradições da medicina eram ainda mais intensas. Respeitar a faculdade era, para aquelas pessoas, saber as músicas, cantar os hinos, ir aos jogos, praticar esportes, tocar instrumentos. E, claro, nunca contestar os veteranos. Não bastava participar, as pessoas tinham de se engajar, ter amor, ter tesão pela faculdade, quase uma lavagem cerebral. Os alunos faltavam às aulas, mas não faltavam aos treinos. Eu me esquivava dizendo que sempre fui horrível em esportes e, justamente pelo tal amor à faculdade, não ia entrar em time nenhum, a não ser que eles quisessem passar vergonha. Toda essa dedicação era por causa dos jogos universitários, competições entre faculdades de medicina que acontecem algumas vezes por ano em cidades do interior. São dias tomados por jogos e festas, mas também nos quais se exacerbam esses assédios. Eu não sei de onde tirei dinheiro, mas por alguns anos dei meu jeito de ir, ainda que passando um pouco de aperto. Muita gente se hospedava em hotéis e eu ia para os alojamentos da faculdade mesmo, geralmente escolas públicas onde a gente dormia em colchões infláveis dentro de barracas de acampamento. Claro que me diverti por um tempo, eu queria participar de tudo o que fosse possível, mas não era algo que eu amava e, nos últimos anos, percebi que não valia a pena gastar meu pouco dinheiro com aquilo, então parei de ir.

Se tinha um evento na medicina no qual eu me engajava mesmo, era o Showmed. Uma vez por ano, cada turma organizava uma peça de teatro musical e apresentava para a faculdade inteira. Antigamente, ele era focado em reivindicações políticas e protestos, mas quando eu entrei já não era mais assim; a ideia era realmente criar um espaço para quem gostasse de atuar, cantar ou dançar – como eu. Acontecia em todo mês de outubro, então alguns meses antes os interessados se reuniam, escolhiam um tema e começavam a planejar as apresentações. Eu adorava participar e era muito ativa na organização. Arrecadava dinheiro, ia à 25 de Março fazer compras, buscava quem fizesse fantasias profissionais, toda a preparação era muito divertida. Sempre reservávamos o salão de festas do prédio de alguém e passávamos dias ensaiando das seis da tarde às dez da noite.

O evento acontecia no ginásio da Faculdade de Medicina, que chamavam de "cobrão", e a organização do Showmed contratava uma empresa para montar palco profissional e toda a estrutura que fosse necessária. O Showmed era uma instituição dentro da faculdade também, de modo que, ao longo do ano, faziam festas, entre outras ações, para formar um caixa que bancasse o evento. Quando chegava o dia, iam alunos de todos os anos, professores e até ex-alunos que marcavam o reencontro da turma lá, formando um público realmente grande.

Era comum que as apresentações do primeiro ano fossem as piores e as do sexto ano, as melhores, já que, além de já estarem mais alinhados, os alunos que estavam prestes a deixar a faculdade queriam se despedir com chave de ouro. Acontece que meu ano tinha muitos artistas e pessoas talentosas. Lembro-me de uma garota, a Mari, que fazia teatro e, apesar de passar a maior parte do ano superquieta, se revelava na época do Showmed, sendo uma referência da turma na hora de fazer a apresentação acontecer. Ela pensava nos temas, planejava as peças e era essencial para unir as pessoas, identificando os talentos de cada um e criando algo que fizesse sentido entre quem gostava de cantar, dançar e atuar. Assim, minha turma começou a se destacar e a montar espetáculos melhores que os das classes acima, mesmo quando estávamos ainda nos primeiros anos. Para mim, como bailarina, era uma oportunidade incrível de fazer, dentro da faculdade e com os meus amigos, algo que eu amava. Os meses de preparação para o Showmed eram, com certeza, os meus preferidos.

Outra coisa que me ocupava bastante era a comissão de formatura. Como as festas de formatura da medicina são sempre muito grandes e caras, as pessoas começam a organizar e pagar o evento já no primeiro ano da faculdade. Fazer parte da comissão dava alguns benefícios, ainda que não mudasse muita coisa em relação ao valor. De cara eu não entrei, mas a minha amiga Gabi entrou. Ela era secretária e, no final do primeiro ano, decidiu sair, sugerindo que eu entrasse no lugar dela, já que, tendo em vista as minhas limitações financeiras, qualquer benefício viria a calhar. Eu me candidatei e me tornei secretária. Acontece que a formatura sempre foi para mim um sonho muito incerto. Era algo que eu queria muito, mas uma despesa com a qual não sabia se conseguiria arcar. Até comecei a pagar alguns boletos, mas logo fui deixando de lado porque, afinal de contas, não eram a prioridade. Então, durante boa parte do curso, fui da comissão sem saber se conseguiria participar da festa no final. Como secretária, eu fazia as atas das reuniões, participava dos encontros com as empresas e mandava e-mails para todo mundo. Nossa rotina envolvia muitos encontros e assembleias não só para resolver questões relacionadas à formatura, mas para organizar as festas e arrecadações de dinheiro que aconteceriam até lá. Existia um calendário de eventos que precisávamos cumprir: festa do meio, quando chegávamos à metade do curso; festa dos quinhentos, quando faltavam quinhentos dias para a formatura; churrasco do sexto, que o sexto ano oferecia de graça para todas as turmas da medicina, e por aí vai. Isso me ocupou bastante ao longo de toda a graduação, ainda que tenha se tornado mais forte nos últimos dois anos.

As meninas que moravam comigo não se envolviam tanto nessas coisas: nem Showmed, nem bateria, nem esportes; além de estudar, elas queriam mesmo era frequentar as festas. E eu também, é claro. Geralmente, elas aconteciam às quintas-feiras, já que na sexta todo mundo voltava para as suas cidades. Não costumavam ser caras e, em geral, tinham como foco a arrecadação de dinheiro para alguma entidade, seja o centro acadêmico, a Atlética ou a própria formatura. Eram festas temáticas e que seguiam um calendário já preestabelecido, com eventos que se repetiam todo ano. Além do Baile dos Calouros, que mencionei antes, me marcaram também as Serenatas. Organizadas pelo coral da faculdade, funcionavam da seguinte forma: em um dia da semana, os meninos iam de prédio em prédio, onde moravam as meninas, cantar músicas nas janelas; em outro, os papéis se invertiam. Era um evento que parava Sorocaba. Em pleno dia útil, quem olhasse para fora de sua casa se deparava com mais de cem meninos ou meninas cantando no meio da rua. Tinha vizinho que jogava água, tinha república que soltava fogos, acontecia de tudo. No fim, a noite terminava com festa na casa de alguém.

Eu e minhas amigas participávamos de tudo isso, não só das festas da medicina, mas da biologia também, já que a Pequena estudava lá. Quando não tinha festa, o que a gente mais fazia era comprar cerveja no mercado e chamar algumas pessoas para passar a noite em casa conversando, ouvindo música e jogando truco até de manhã. "Quando os passarinhos cantam, é hora de ir embora", um amigo sempre dizia.

Não tínhamos o costume de sair para comer fora, até porque não sobrava dinheiro para isso. Ainda que eu fosse mais pobre, as meninas tinham suas mesadas contadas e, dentro da realidade de cada uma, todas passavam algum aperto. A gente vivia, inclusive, buscando formas de ganhar dinheiro. Como a faculdade era das oito às dezessete horas, não era possível trabalhar de verdade, então precisávamos ser muito criativas. Foi assim que inventamos em algum momento o "Disk Breja", com o qual basicamente vendíamos cerveja gelada para as repúblicas. E com o carro da Pequena e algumas bolsas térmicas, atendíamos aos pedidos que as pessoas faziam. Aguentamos manter isso toda noite por mais ou menos um mês, mas os problemas foram aparecendo. De qualquer modo, foi divertido.

Eu e a Gabi, certa vez, inventamos também de dispensar a faxineira e fazer a limpeza da casa nós mesmas. Parecia o plano perfeito porque, além de economizar nossa parte do dinheiro, ficaríamos com a parte das meninas. Não voltamos a São Paulo e passamos o fim de semana inteiro faxinando. Na segunda-feira, a primeira coisa que a Simone falou quando chegou em casa foi: "Nossa, tem uma meia embaixo da cama, sinal de que a faxineira não varreu". Tivemos de contar a verdade a ela e mais um plano foi por água abaixo.

Para além dessas tentativas em grupo frustradas, eu sozinha busquei muitas fontes de renda ao longo da faculdade. Não era fácil viver com os trezentos reais por mês que recebia do Prouni, e a situação apertava ainda mais quando eu ia até a agência do Banco do Brasil no centro de Sorocaba só para descobrir que o pagamento ia atrasar – às vezes por um, dois ou até três meses. Nessas ocasiões, precisava pedir ajuda ao meu pai, sempre enrolado.

Houve um dia em especial que me marcou muito. A bolsa havia atrasado, meu pai não mandava dinheiro e a Simone estava cobrando o aluguel porque precisava para alguma coisa. Depois de dias devendo a ela e diante da promessa do meu pai de que o dinheiro seria depositado, tirei meu horário de almoço para ir andando até o banco. Lembro-me de que precisava subir uma ladeira imensa, debaixo do sol, para chegar à agência. Ainda ofegante, descobri no caixa eletrônico que depósito nenhum havia sido feito na minha conta. Com vergonha de voltar para casa, entrei na igreja do centro, a Catedral de Sorocaba, me sentei no banco e passei um bom tempo chorando. Odiava a sensação de depender de outras pessoas, de não poder contar com meu pai e de ter de ficar devendo a uma das minhas amigas. Sentia pressão de todos os lados.

Por causa de situações como essa, comecei a ter ideias para ganhar dinheiro. Já que estudava o dia todo, pensei em ser cuidadora de idosos, de modo que era só usar a madrugada para trabalhar em vez de dormir. Sendo estudante de medicina, achei que fosse capacitada, mas o plano não foi para frente. Cogitei também dar aulas de anatomia em escolas técnicas de enfermagem, mas não consegui as vagas disponíveis porque pediam experiência. Tentei pegar bolsa de monitoria para ser auxiliar no laboratório de anatomia da faculdade, mas também não deu certo, ainda que às vezes eu ajudasse em pesquisas para receber pequenas bolsas da Fapesp. Houve uma época em que fui pedir emprego em uma locadora. Como funcionava vinte e quatro horas por dia, pensei que poderiam me contratar para o turno da madrugada, mas mais uma vez não me chamaram. Fui entendendo como era difícil conseguir um emprego, uma forma qualquer de ganhar dinheiro.

Certo dia, um amigo me passou um "contato de eventos" que poderia ter vaga para mim, e eu fui atrás achando que seria para trabalhar em eventos grandes, algo do tipo. No fim, era para distribuir panfleto em São Paulo. Então, durante alguns fins de semana em que voltei para a cidade, peguei esse serviço e passei dias inteiros distribuindo panfletos em troca de sessenta reais. Lembro-me de uma vez ficar no terminal Barra Funda e, em outra, ao lado de uma banca de jornal, mas logo parei porque era extremamente cansativo e pagava muito mal.

Admito que, ainda que todos os meus colegas soubessem que eu era a pessoa mais pobre da turma, tinha um pouco de vergonha de vender coisas na faculdade, como doces, bolos ou outros produtos. Nunca tive habilidade para venda e não sabia direito como cobrar, então acabaria deixando todo mundo levar fiado. Decidi que isso eu não tentaria e foquei opções fora da universidade. Aos trancos e barrancos, eventualmente conseguia grana extra, mas no geral vivia com os trezentos reais do Prouni e uns cinquenta reais que meu pai dava – quando dava – para passar a semana.

Com esse dinheiro, tinha dois gastos que eram prioridade: o cartão telefônico e a passagem para voltar para São Paulo no fim de semana. Toda noite, ao longo dos seis anos de faculdade, assim que eu chegava em casa, ia até o orelhão da rua ligar para minha mãe. Contava do meu dia, ouvia sobre o dela e me certificava de que estava tudo bem. Até entrar no Big Brother Brasil e ficar mais de três meses sem contato com ela, nós nunca havíamos passado um dia sem nos falar.

Em relação à passagem, eu não gostava de ficar em Sorocaba nos fins de semana. As meninas voltavam para as suas casas e eu não tinha o que fazer sozinha lá, além de sentir muitas saudades da minha mãe. O desespero, na verdade, era geral, todo mundo saía correndo da última aula de sexta-feira doido para ir embora, talvez porque estar em casa fosse uma forma de recarregar as baterias. Só me lembro de uma vez em que não consegui voltar por não ter dinheiro para pagar o ônibus. Me doeu muito que, por tão pouco, eu não fosse encontrar minha família. Passei o fim de semana todo chorando. Além de querer matar a saudade, eu precisava voltar porque tinha coisas para fazer em São Paulo. Por dois anos dediquei as manhãs de sábado aos ensaios de balé – até que saí e reservei esse horário para dormir mesmo. O período da tarde passava em casa, com meus pais, e durante a noite encontrava minha amiga Thaís, aquela que conheci no cursinho e que foi fazer rádio e TV. Aos domingos tinha ensaio da Mocidade. Além disso, ficava um bom tempo estudando e ouvindo as atualizações da minha mãe, então os fins de semana passavam muito rápido.

※

Morar em outra cidade trazia o ônus e o bônus da independência. Quando vivia com a minha mãe, apesar de sermos muito próximas, eu tinha de lidar com o controle dela. Dona Yara me criou de forma um pouco possessiva e, por temer que eu seguisse um caminho considerado errado por ela, ficava sempre em cima e limitava meus passos. Quando comecei a ir a festas, por exemplo, ela fazia um drama enorme para que eu não saísse, chegava a se aproveitar do fato de que tinha pressão alta para fingir que estava passando mal, o que fazia eu me sentir muito culpada. Então, a liberdade de viver sozinha, ainda mais sendo alguém que adorava ir a festas e curtir tudo o que fazia parte da vida universitária, era muito boa. Por outro lado, tinha de lidar com aquelas questões básicas de quem sai de casa: se eu não fizesse minha comida, ninguém fazia; se eu ficasse doente, ninguém cuidava de mim. Ainda que as amigas ajudassem, não era a mesma coisa. E olha que no primeiro ano da faculdade eu fiquei doente muitas vezes, acredito que pelo contato grande com o ambiente hospitalar, ao qual eu não estava acostumada. Era dor de garganta, crise de asma, gripe, tudo sem o colo da minha mãe por perto.

Minha amiga Gabi cuidava muito de mim e das outras meninas também, sempre nos protegendo. Lembro-me de ela me fazer voltar para casa andando de madrugada para não pegar carona com gente que tinha bebido, por exemplo: "Thelma, desce desse carro agora", ela dizia. Teve uma vez, inclusive, que sofri um acidente de carro com um colega que, mexendo no celular, bateu numa caçamba de lixo. O carro deu perda total e só não aconteceu nada grave com a gente porque estávamos usando cinto de segurança, mas eu me machuquei. Voou vidro dentro da minha boca, fazendo um corte, e eu fiquei com dor na região onde estava o cinto. Passei um tempo mal em casa, sem a minha mãe. Infelizmente aconteciam muitos acidentes assim em Sorocaba. Uma vez, um calouro da medicina, que inclusive morava no nosso prédio, estava indo comprar comida de madrugada, sóbrio, quando uma BMW atingiu o carro dele em uma velocidade tão grande que arrancou o motor. Ele foi levado para o hospital-escola, onde todo mundo o conhecia, e fizeram todo o possível, mas ele não sobreviveu. Foi uma comoção muito grande, especialmente porque o motorista da BMW, que não teve ferimentos graves, se safou sem punição.

Além de me proteger desse tipo de situação, a Gabi era alguém que cuidava de mim de muitas formas. Apesar de ser mais nova e de ter um temperamento muito diferente do meu, ela era aquela "amiga-mãe". Ela me levou para a comissão de formatura, como contei lá atrás, e me ajudava muito com dúvidas de português e inglês, já que havia estudado em escolas melhores que as minhas e tinha muito conhecimento para compartilhar. Além disso, lá pelo finalzinho da faculdade, um gesto dela me marcou muito. A maioria dos alunos da medicina tinha estetoscópios da marca Littmann, que custavam em torno de setecentos reais. Eu não tinha condições de pagar por isso enquanto ainda era aluna, e comprei um mais baratinho, que servia bem para a faculdade. Quando chegamos ao sexto ano, já nos preparativos para a formatura, íamos tirar uma foto com todos os alunos de jaleco e estetoscópio na frente da escadaria da universidade, e todos estariam com o tal Littmann pendurado no pescoço, menos eu. Até que a Gabi se ofereceu para comprar no cartão dela, de modo que eu pudesse pagar aos pouquinhos depois. Tirei a foto com o meu Littmann feliz de vida.

Nesses seis anos que passei morando com a Gabi, a Simone e a Pequena, nós quatro vivemos momentos intensos. Passamos por altos e baixos e aprendemos muito sobre cada uma, sobre as qualidades, sobre os defeitos e sobre como lidar umas com as outras. Dividimos alguns dos melhores momentos das nossas vidas, e muitos dos mais difíceis também. Eu entendi aquela história de que ter vários amigos quando você está bem é fácil, mas que os de verdade mesmo a gente sabe quem são quando o calo aperta, e acho que é graças a isso, à forma como estivemos juntas na alegria e na tristeza, que somos amigas até hoje. Logo que começamos a morar na mesma casa, a Simone estava vivendo um luto muito grande por causa do pai, e nós estivemos ao lado dela. A Gabi, por ser mais introspectiva, volta e meia precisava de alguns momentos sozinha, algo que eu não entendia tão bem no começo, mas aprendi a respeitar com o tempo. A Pequena era muito tranquila, acho que de nós quatro a que menos dava trabalho às outras. E eu sempre tive vários perrengues para compartilhar, fosse pela falta de dinheiro ou por outras complicações familiares.

Uma pessoa que também foi muito importante ao longo desses anos foi a Ana, aquela primeira amiga do Prouni que eu conheci na faculdade. A Ana viveu os anos universitários de forma muito diferente de mim. Ela vinha de família evangélica e já tinha um relacionamento de sete anos quando entrou na medicina, tendo inclusive se casado enquanto estávamos lá. Mas a gente se dava muito bem e eu conseguia desabafar com ela de um jeito diferente porque os nossos problemas financeiros e familiares eram muito parecidos. Todas as meninas tinham seus dramas para dividir, mas os nossos vinham de lugares socialmente mais próximos. Era bem comum que a gente voltasse juntas para São Paulo de ônibus na sexta-feira e fosse o caminho todo desabafando, principalmente sobre a dificuldade em lidar com os nossos pais e, ao mesmo tempo, sobre a preocupação com as nossas mães. Esses assuntos nos uniam. Falávamos também da faculdade e de outros aspectos das nossas vidas. Às vezes, eu estava morta de ressaca, porque as festas em geral eram na quinta-feira, e ela estava plena porque não costumava participar dessas festas. Eu contava todas as besteiras, todas as fofocas da noite anterior, e ela sempre me transmitia uma paz enorme. Eu percebo que um dos maiores valores dessas amizades que construí na faculdade é que todas nós respeitávamos muito as nossas diferenças.

Talvez o momento mais difícil da minha vida em Sorocaba, em que eu mais precisei de todas essas amigas e agradeci por tê-las ali comigo, tenha sido no quinto ano, quando meu pai ficou muito doente.

Minha mãe, Yara, e meu avô materno, Oswaldo, que construiu a primeira casa de alvenaria deles.

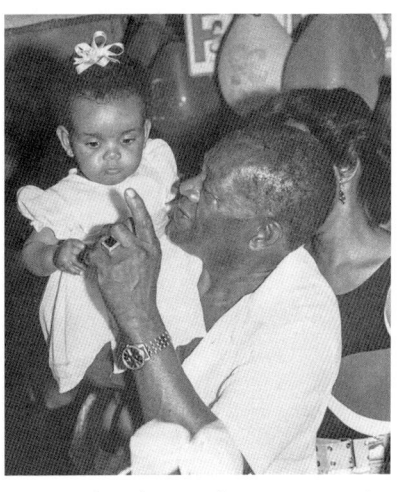

Eu recebendo carinho e atenção do meu avô materno no meu aniversário de 1 ano, cujo tema foi balé.

Minha mãe e meus avós maternos na frente do primeiro carro deles, o Fusca cinza.

Minha mãe, Yara, na sua infância em frente ao barracão de madeira em que morava.

Minha mãe, Yara, no mesmo colégio onde anos depois eu estudei.

Eu na adolescência na nossa casa no bairro do Limão.

Minha mãe, Yara, na adolescência na mesma casa no bairro do Limão.

Minha mãe na conclusão do seu curso de acordeão, um status na época.

Eu no colo da minha avó materna, Ordalina. Ela cuidava de mim enquanto os meus pais trabalhavam durante o dia.

Minha família reunida no dia do meu batizado. Eu sou o bebê menor no colo da minha madrinha; tinha apenas 1 mês de vida.

Meus pais e eu no dia do meu batizado.

Eu e meu avô materno; minha mãe diz que eu era um xodó para meus avós.

Eu e meu pai, Carlos Alberto de Assis.

Minha mãe quando bebê.

Eu bebê.

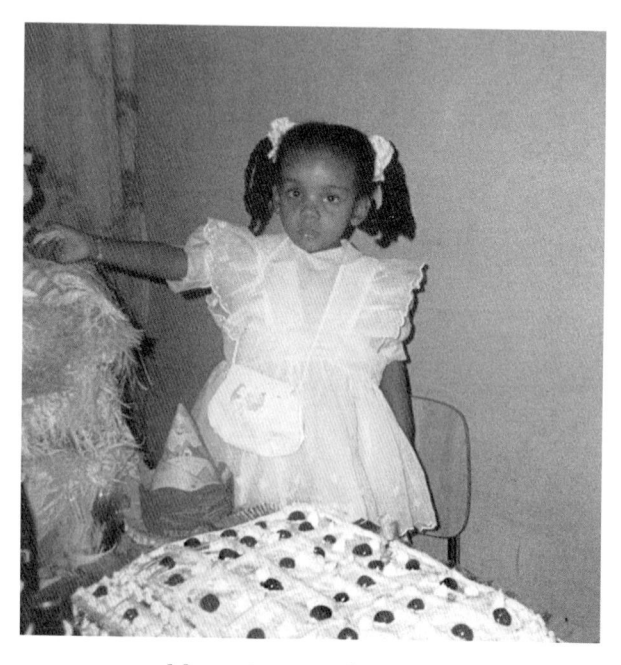

Meu aniversário de 5 anos.

Dançando o balé "Valsa das flores" de *O quebra nozes*, em um dos palcos criados para o Festival de Dança de Joinville.

Foto de Carnaval, pouco tempo antes de entrar no BBB.

Foto posada de Carnaval.

Eu e minha mãe entrando na igreja no dia do meu casamento.

Eu e meu marido, Denis (todas as fotos abaixo).

A 56ª turma de medicina da
PUC de Sorocaba.

Eu sendo anunciada na
colação de grau.

Eu com o tão
sonhado diploma.

Eu me formando em medicina.

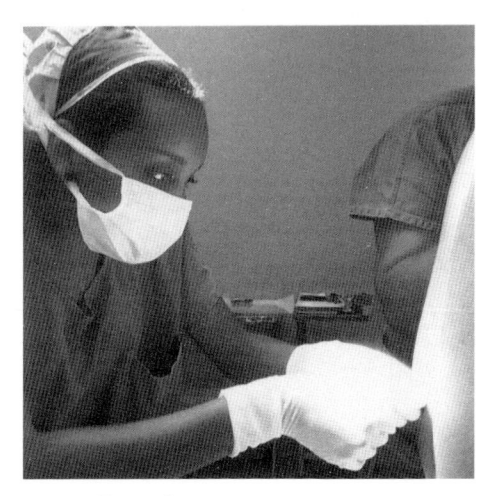

Fazendo uma raquianestesia.

Eu e a Edineia, boneca que uma paciente
pediátrica levou para o centro cirúrgico.

Primeira vez que fiz trança *box braids*.

Durante minha transição capilar.

Passando pela minha transição capilar.

Eu e o Chico.

Eu e minha mãe atualmente.

Vencendo o BBB 20.

CAPÍTULO 6

Meu primeiro paciente

Meu pai já havia tido alguns problemas de estômago no passado, mas de repente começou a sofrer com dores muito fortes no abdômen. Eram crises frequentes que o levavam ao pronto-socorro quase toda semana. Cada vez que eu ia para casa, via que ele estava mais magro, percebia que estava secando, definhando. Os médicos faziam uma série de exames, ultrassons, tomografias e eu, estudante de medicina, sempre pedia para dar uma olhada nos prontuários – muita gente não sabe disso, mas é um direito do paciente. Eu via as alterações indicadas nos exames e percebia que não estava tudo bem, desconfiava que viria um câncer pela frente, mas não sabia onde, quando, como. Durante uma das muitas vezes em que o levamos de ambulância para o Hospital da Cachoeirinha, o mais próximo da nossa casa e onde a minha avó faleceu, fizeram uma tomografia e encontraram um cisto no fígado. Foi a primeira vez que a possibilidade de um câncer, e de uma resposta à situação dele, pareceu mais palpável. No fim, era apenas um cisto e continuamos sem diagnóstico. Os médicos investigavam, investigavam, investigavam, mas os sintomas eram muito inespecíficos, de modo que não chegavam a uma conclusão.

Eu comecei a ficar desesperada. As coisas não estavam bem na minha casa e eu sentia que precisava estar lá com eles, mas no quinto ano de medicina, já na fase do internato – em que atuamos dentro do hospital –, eu não podia simplesmente largar os atendimentos e as aulas. A solução que encontrei foi levar meu pai para perto de mim, para Sorocaba. Em um domingo à noite, fomos eu e a Simone, com o carro dela, buscá-lo. Ele mal conseguia andar, então tivemos de carregá-lo, já tão leve, da casa até o carro, e do carro até nosso apartamento. Deixei meu pai com as meninas e fui para o hospital da faculdade conversar com os médicos, que eram meus chefes e professores. Falei com um, falei com outro, expliquei o que estava acontecendo e perguntei se eles faziam alguma ideia do que era aquilo, até que decidiram interná-lo. Mais uma bateria de exames, mais resultados inconclusivos. Encontraram uma pequena alteração no intestino e, como ele não parava de passar mal, resolveram fazer uma cirurgia, a primeira de seis que viriam pela frente. Abriram a barriga dele e não acharam nada. Além disso, ele piorou muito. Levantaram diversas suspeitas, mas, durante os dois meses que ele passou em Sorocaba, não chegaram a uma conclusão.

Às vezes, para não me deixar sobrecarregada, minha mãe pegava o ônibus e ia passar uns dias com ele. Ela ficava o dia inteiro no hospital, como acompanhante, e quando eu tinha um tempo livre ia checar como eles estavam. Uma tarde fui encontrá-los – me lembro dessa cena como se fosse ontem – e, quando cheguei ao quarto em que ele estava internado com mais quatro pacientes, minha mãe veio até mim dizendo: "Eu tô passando mal, eu tô passando mal". Chamei a enfermeira correndo, colocaram minha mãe numa cadeira de rodas e a levaram para o pronto-socorro. Ela estava com arritmia cardíaca, provavelmente causada pela soma do estresse com o fato de que ela já tinha pressão alta e diabetes. De repente, no mesmo dia, eu estava com meu pai na internação e minha mãe no pronto-socorro.

Apesar de o meu pai já estar numa situação difícil havia muito tempo, a condição da minha mãe me assustou ainda mais. Ao longo dos anos, ela teve isso várias vezes, e os quadros eram sempre agudos, do dia para a noite. Uma vez, ela passou quarenta e oito horas no pronto-socorro e eu fiquei o tempo todo do lado de fora do hospital, esperando. Não podia ficar com ela na emergência e não conseguia voltar para casa, porque sentia um medo enorme de que algo acontecesse e eu não estivesse lá. Minha mãe estava internada no mesmo hospital onde a minha avó tinha morrido, e a lembrança de como foi perdê-la de repente me paralisava. Eu não aceitaria que aquilo se repetisse, por isso me recusei a voltar para casa e correr o risco de reviver o momento em que, anos antes, o telefone tocou avisando que a minha avó falecera.

Tanto meu pai quanto minha mãe tiveram diversos problemas de saúde ao longo dos anos, e eu, como filha única, passei a ser responsável por eles logo cedo. Virei várias noites em hospitais, com um e com outro. Além de ser a única pessoa que eles tinham, eu era estudante de medicina, e depois médica, o que aumentava a sensação de que eu deveria resolver as coisas. Sempre chegava ao hospital e tomava logo a frente da situação, explicava detalhes dos casos, sabia exatamente que remédios cada um tomava. Ao longo dos anos de tratamento do meu pai, seu prontuário virou um tratado de medicina que só eu sabia explicar. Quando os médicos perguntavam o que havia acontecido, ele rapidamente olhava para mim, pedindo que eu desse a resposta. Eu tinha de saber de tudo, eu tinha de cuidar deles. Lá atrás, uma das coisas que me levou à medicina foi a possibilidade de tomar conta da saúde da minha família, mas eu não sabia que isso viria tão forte, tão rápido.

Eu digo que, se a diabetes da minha mãe foi meu primeiro diagnóstico, meu pai foi meu primeiro paciente. Durante o tempo em que ele passou internado no hospital-escola onde eu estudava, eu tinha acesso a cada resultado de exame e discutia com os professores tudo o que acontecia. Lembro-me de ficar sentada na frente do computador do hospital imprimindo os exames dele, de acompanhar as visitas dos médicos, ou de não poder acompanhar porque era no horário da aula, ou de faltar à aula para acompanhar mesmo assim. Em um hospital-escola, cada paciente é como um livro aberto ao qual todos os estudantes têm acesso. Quem quisesse ficar a par do caso podia, de modo que alguns pacientes eram conhecidos de todos, e meu pai logo se tornou um deles. Houve um momento em que ele ficou completamente inchado e lhe deram o diagnóstico de síndrome nefrótica, uma doença nos rins. A professora disse que a causa poderia ser infecciosa, autoimune ou oncológica. Diante da possibilidade de que fosse infecciosa, fizeram todos os exames de IST (infecção sexualmente transmissível) no meu pai. E, além da preocupação constante com ele, passei a carregar também o medo de que uma delas se confirmasse e todos os meus colegas ficassem sabendo e tivessem algum tipo de preconceito.

Eu estava lidando com muitas coisas ao mesmo tempo e, às vezes, ficava saturada. Nunca me esqueço de uma noite em que fui tomada por uma angústia tão grande e uma crise de choro tão forte que saí do apartamento de madrugada, desci a ladeira escura que levava ao hospital e fui até o quarto do meu pai só para ver se estava tudo bem com ele, só para vê-lo dormindo.

Para além dos problemas de saúde, parecia que nada na vida dos meus pais se resolvia sem mim. As questões relacionadas ao casamento deles, por exemplo, também estavam sempre presentes. Mesmo em Sorocaba, eu não me desligava da minha família em São Paulo, eu sabia de cada briga entre os dois e, de longe, me preocupava com o fato de que a pressão da minha mãe aumentasse e ela passasse mal longe de mim. Lembro-me de uma vez em que ela foi a uma festa com uma amiga e teve um princípio de desmaio. As pessoas a ajudaram a se levantar e recobrar a consciência, e a levaram para casa. Liguei para ela, como fazia todas as noites, e ela contou o que havia acontecido. Disse que tinha caído e batido a cabeça e que ainda estava sentindo muita dor. A voz dela estava mole e sonolenta, então logo todo o filme da morte da minha avó passou pela minha cabeça. Pensei: *Ela tá tendo um AVC*. Meu pai não estava em casa, tinha saído para o bar, e eu fiquei completamente desesperada. Pedi ajuda à Thaís, minha amiga que estava em São Paulo, e ela prontamente buscou minha mãe e a levou ao hospital. Quando chegou em casa, viu que ela estava vomitando, o que apontava ainda mais uma causa neurológica. Eu não conseguia sair de Sorocaba porque o último ônibus já tinha ido embora e, para mim – a filha que assumia o controle, que corria para falar com os médicos, que fazia, que resolvia, que cuidava –, estar longe era uma tortura. Ouvir a voz sonolenta dela no telefone e não poder socorrê-la era desesperador. A Thaís foi me informando de tudo e, no fim das contas, ela só havia passado mal, desmaiado mesmo. Ainda assim, no dia seguinte peguei o primeiro ônibus para São Paulo.

Nessa mesma fase, enquanto cuidávamos da doença do meu pai, outra coisa aconteceu e consumiu muito da minha energia já escassa. Ele havia perdido o RG e, quando foi renovar, ficou preso porque tinha recebido diversas intimações da justiça e ignorado. Minha mãe me ligou desesperada, pedindo ajuda para resolver a situação e, ouvindo a voz dela, eu já fiquei atenta, pensando na pressão alta e nos riscos para sua saúde frágil. Não imaginava que, com o que ela me contaria a seguir, muitas novas preocupações viriam à tona. Meu pai tinha sido preso porque uma mulher estava cobrando pensão alimentícia dele, de um filho que ele teve fora do casamento e nunca assumiu. Eu imaginava que ele já tivesse traído a minha mãe e inclusive que boa parte das brigas entre eles estivesse atrelada a isso, mas nunca que ele tivesse um filho. Minha mãe conta que desconfiava, por causa das fofocas que ouvia na vizinhança e porque essa mulher em particular estava sempre à espreita, mas até então não tivera uma confirmação, já que ele não assumia isso de jeito nenhum, para ninguém. Desliguei o telefonema e não sabia o que fazer, afinal nunca tinha passado por nada parecido, mas lá fui eu para São Paulo resolver. De telefonema em telefonema, descobri onde a mulher morava e fui até a casa dela. Conheci o Victor, o filho do meu pai, e conversei com eles. Contei da nossa situação e da doença do meu pai, que ele estava muito fraco e que, se ficasse na cadeia, provavelmente não sobreviveria, e propus um acordo. Ela aceitou e fomos ao fórum, parcelando a dívida do meu pai em algumas vezes. Pedi ajuda ao pai advogado de uma amiga, a Michele – aquela com quem estudei no colegial e que, querendo cursar direito como o pai, entrou comigo no primeiro cursinho pré-vestibular. Lembro-me claramente do momento em que fomos eu, ele, a Michele e a mãe dela, que também gostava muito de mim, tirar meu pai da cadeia. Era esse o tipo de responsabilidade com que eu lidava, praticamente sozinha, aos vinte e poucos anos.

Essa situação toda me levou a conhecer o Victor. Ele era muito parecido com o meu pai fisicamente, de modo que teste nenhum era necessário para comprovar a paternidade. O que mais me chamou atenção nele foi que, enquanto eu não fazia ideia da sua existência, ele já me considerava uma irmã. Ele podia ter raiva, podia ter ódio de mim porque o nosso pai não o tinha assumido – "Minha única filha é a Thelma", foi o que a mãe dele ouviu quando contou que estava grávida –, mas o Victor me tratou bem, até me chamou de irmã. Conforme eu vi o interesse dele em se aproximar, quis fazer a ponte entre ele e meu pai e tentei tudo o que estava ao meu alcance. Minha mãe, apesar de ter passado por poucas e boas, nunca teve problemas com o Victor, sempre o tratou bem. Mas meu pai não queria saber dele. A situação entre eles dois era muito pesada, muito difícil, por isso, depois de um tempo envolvida, eu percebi que era uma carga maior do que eu conseguia suportar. Aceitei que eu não podia carregar os problemas de todo mundo nas costas e me afastei. O Victor passou por muitas coisas. Além das semelhanças físicas, ele era boêmio como o meu pai, e eu pude ver o quanto a ausência da figura paterna abalou sua estrutura emocional. Em diversos momentos da vida, ele teve problemas com drogas, mas, através da religião, conseguiu se livrar do vício, ou pelo menos aparentemente superá-lo. Depois da morte do meu pai, nós nos reconectamos um pouco. Como não crescemos juntos e nunca tivemos uma relação próxima, eu sempre me senti, e ainda me sinto, filha única. Mas eu percebia que seu coração era muito bom e, ainda que não nos falássemos sempre, trocávamos mensagens de vez em quando e eu ficava feliz, me preocupava com ele e queria vê-lo bem.

Além de todos os problemas familiares, sejam de saúde, de relacionamento ou de dinheiro, com a doença, meu pai parou de trabalhar, e o pouco que tínhamos deixamos de ter – e eu também precisava estudar. Nunca, nem por um momento nesses seis anos, eu pude dizer: minha única preocupação é me sentar e estudar. Ao mesmo tempo que a faculdade foi um período incrível da minha vida, eu tive de lidar com uma carga mental muito pesada. Foi muito mais difícil do que eu consigo descrever, acho que precisaria viver tudo de novo, sentir a dor toda outra vez para narrar de forma apropriada. Durante o primeiro, o segundo, o terceiro e o quarto ano, eu fui levando. Até que, no quinto ano, o problema de saúde do meu pai foi o estopim e eu comecei a ter sintomas de depressão.

Eu não tinha vontade de sair da cama, só queria ficar deitada e chorava muito. Por ser aluna de medicina, desconfiei que fossem sintomas depressivos e decidi falar com meu professor de psiquiatria antes que a situação piorasse. Sabia de histórias de suicídio entre alunos da área e resolvi procurar ajuda o mais rápido possível. Assim, logo comecei a me tratar com o uso de medicamentos, pois não tinha condições de fazer terapia, e fui melhorando.

Depois de um tempo, ainda que não houvesse conclusões sobre o quadro dele, meu pai ficou melhor e voltou para São Paulo, indo a Sorocaba só de vez em quando para passar pelo ambulatório. Ele continuou se tratando, até que um dia uma médica muito boa, do posto de saúde, identificou no pulmão aquela mesma alteração que tinham visto no intestino. Mandou fazer uma biópsia e, finalmente, depois de um ano de muito sofrimento, havia um diagnóstico: linfoma. Ao mesmo tempo que ficamos tristes, sentimos um alívio enorme por finalmente sabermos o que ele tinha; assim, meu pai poderia se tratar. Após um ano, ele já estava muito melhor.

Depois do quinto ano, com certeza o mais difícil da faculdade, o sexto e último passou voando. Meu pai estava se tratando, eu havia melhorado da depressão e a expectativa para me formar era enorme. Nesse período, as pessoas geralmente começavam a focar o próximo passo: a residência, quando os médicos fazem sua especialização. Para entrar na residência, existe um novo vestibular, que é muito concorrido. Então, boa parte dos alunos passa os últimos anos da faculdade fazendo cursinho preparatório para as provas. Acontece que esses cursinhos são muito caros e, por isso, me matricular em um estava fora de cogitação. O máximo que eu conseguia era xerocar as apostilas do pessoal da minha turma e estudar por meio delas. Houve um momento em que, sabendo que eu não teria como me preparar devidamente sem as aulas, decidi que estudaria para a prova de residência no ano depois de me formar e, enquanto não terminasse a faculdade, me dedicaria a absorver tudo o que eu pudesse para ser a melhor médica possível naquele momento. Muitas pessoas focavam tanto estudar para a prova de residência que não aproveitavam de fato a experiência do internato. Eu queria extrair o máximo da faculdade e aprender tudo o que fosse possível com os professores enquanto eles estavam ali para tirar minhas dúvidas, já que no fim ficaria sozinha. Eu sempre pensava: *Se eu tiver que ir a um pronto-socorro mês que vem, depois da minha formatura, eu dou conta?*, e queria ter certeza de que sim, queria me sentir segura. Prestava atenção na conduta de cada médico, anotava tudo o que eles faziam, e assim aprendi o quanto pude e me formei com a certeza de que era uma boa médica: a melhor que eu podia ser.

Continuei na comissão de formatura por seis anos sem ter certeza de que conseguiria participar da festa como formanda, sempre com medo de que, no momento da decisão final, eu não tivesse como seguir em frente. Já no sexto ano, chegou a hora do "ou vai, ou racha", e eu obviamente não tinha o dinheiro em mãos, ainda mais considerando que meu pai, por conta da doença, estava havia algum tempo sem trabalhar. Com o argumento de que eu logo me tornaria médica e poderia pagar, convenci minha mãe a fazer um empréstimo. Fiquei muito feliz quando ela topou. Foi algo que eu sempre quis muito, tanto por ser festeira quanto por estar há anos envolvida na organização do evento, mas, principalmente, por ser a celebração final daquela conquista com a qual havia sonhado tanto. Eu estava me tornando médica.

Logo começamos, eu, minha mãe e o Denis, meu namorado, a nos mobilizar em torno dos preparativos. Ganhei os convites aos quais todo formando tinha direito e mais alguns por ser da comissão. Separei os da minha família e vendi todo o resto, justamente para poder ampará-los na ida até Sorocaba. Como eram vários dias de celebração, os parentes precisavam passar algumas noites lá e ninguém da minha família tinha dinheiro sobrando para isso. Eu não achava justo que eles arcassem com os gastos, então arranjei um hotel baratinho, que parecia o pensionato onde vivi no começo da faculdade, e, pelo preço de 25 reais por pessoa, aluguei quartos para eles, de modo que só precisaram bancar as passagens.

Usei o dinheiro dos convites também para pagar por meu vestido, cabelo e maquiagem. Enquanto muitas garotas faziam tudo com estilistas famosos, nós fomos à rua José Paulino e percorremos as lojas de aluguel em busca de algo bom, bonito e barato. Custo-benefício era a palavra de ordem, e conseguimos encontrar opções legais e que – se bem parceladas – cabiam no bolso. Com tudo eu segui essa regra. Não me arrumei no melhor salão de beleza, por exemplo, mas em um lugar bom e acessível. Por fim, fiquei feliz com o vestido que encontrei para a festa principal: modelo sereia, de frente única e cor de uva. A única coisa que me incomodava na época era o tamanho dos meus seios, que achava pequenos demais, mas, sem dinheiro para mudar, fui com eles daquele jeito mesmo.

A gente se preocupava não só com vestido, penteado e maquiagem, mas com outras características estéticas também. Nessa época, minha mãe tinha alguns dentes quebrados, outros faltando, e sentia muita vergonha de ir à festa com eles daquela forma. Lembro que verificamos o custo de fazer implantes e ficamos tristes ao perceber que era algo muito fora do orçamento. No fim, resolvemos o problema com próteses, dentadura mesmo. Eu sinto que, no geral, tínhamos de lidar com muito mais preocupações do que a maioria dos formandos, mas sempre dávamos um jeito e, quando o dia chegou, tudo estava arranjado como eu queria.

Uma das coisas que me deixou mais feliz foi reunir pessoas muito importantes: minha mãe, parte fundamental dessa conquista, meu pai, que já estava bem melhor graças ao tratamento, minhas primas, meu namorado Denis, minha sogra e meu sogro, e minhas três melhores amigas de São Paulo. Alguns eventos compuseram a formatura como um todo: primeiro, o Jantar dos Professores, que aconteceu um pouco antes, sem parentes, apenas os professores oferecendo o jantar aos alunos do sexto ano. Foi um evento bem pomposo, em um lugar bonito, com decoração, comida boa, uma ótima forma de começar as celebrações. Depois disso, já com os familiares presentes, aconteceu o Jantar dos Pais, numa quinta-feira à noite. Era uma espécie de coquetel, em que a ideia era realmente ficar mais na mesa com os convidados. Já foi muito especial: eu estava cercada de pessoas que amava e me diverti muito. Boa parte da minha família e também a família do Denis não estavam acostumadas a frequentar eventos tão requintados, tudo naquela experiência era muito novo e diferente para eles, e foi emocionante estar, de alguma forma, proporcionando aquilo. Nessa mesma quinta-feira, pela manhã, houve também uma missa, que inclusive foi outra razão pela qual a Gabi me ajudou a comprar o estetoscópio Littmann que mencionei antes. Todos os alunos entravam com ele no pescoço e tiravam uma foto. A imagem desse dia até viralizou na internet quando eu estava no Big Brother Brasil, mostrando que eu era a única pessoa negra da turma. Como a minha mãe era muito católica, fiz questão de fazer uma das leituras da missa.

Na sexta-feira seguinte, veio a colação de grau. Eu estava muito ansiosa por esse dia, pelo momento de vestir a roupa, ouvir meu nome sendo anunciado e receber o diploma. Passei o dia inteiro me sentindo muito feliz! Cheguei ao local do evento vestindo a beca preta, com detalhes em branco e verde, as cores da faculdade, e entrei em uma fila imensa. Como ela seguia ordem alfabética eu, Thelma, fiquei lá no final. Era comum que os alunos chamassem os professores das especialidades que seguiriam para entregar seus diplomas, então escolhi o de cirurgia, área para a qual eu achei que iria na época. Alguma espera e muitos nomes depois, finalmente o ouvi dizer: "Convido agora a doutora Thelma Regina". Andei em sua direção já chorando. Um filme passava pela minha cabeça, eu não acreditava que estava finalmente conquistando meu diploma de medicina. Entrar na faculdade não tinha sido nada fácil; me manter lá com tantas dificuldades financeiras, enquanto de longe dava suporte aos meus pais, também não. Mas eu tinha conseguido! A emoção era enorme, eu me sentia realizada. Parei na frente do professor, ele colocou na minha cabeça o chapéu verde, como parte de um ritual, e me entregou o diploma. Na hora, virei para a plateia e, com os olhos cheios de lágrimas, procurei minha mãe. Apontei para ela como quem diz: "Eu consegui mais uma vez, e você faz parte disso".

Apontei para o Denis também, que nos últimos anos havia me dado um apoio fundamental, tanto financeiro quanto emocional. Lembro-me de ver meus familiares muito emocionados. A minha geração foi a primeira a ter pessoas se formando na faculdade, então ninguém sabia direito como agir, o que fazer. Como eu havia participado da formatura da Simone no ano anterior, descobri que podia levar buzina, serpentina, confete, cartaz com nome. Criei muitas expectativas em relação a isso e mandamos fazer um pôster com a minha foto e uma frase bem emocionante: "*Querer, poder e vencer*. Você venceu e estamos cheios de orgulho. Beijos da sua família que te ama". O evento seguiu e, entre as homenagens da noite, houve um momento em que pude entregar uma plaquinha a um professor, como forma de agradecimento. Escolhi o professor de psiquiatria, que havia me atendido de graça no ano anterior, quando tive depressão.

Por fim, entre tantos momentos emocionantes, acho que o mais especial foi quando descemos do palco, todos os alunos, segurando uma rosa para entregar a alguém. Eu fui em direção à minha mãe, abracei-a e choramos as duas juntas. O apoio dela tinha sido essencial para que eu chegasse até ali. Ela nunca duvidou do meu sonho e, além de garantir que eu pudesse fazer cursinho e me manter em Sorocaba, ela tinha literalmente me tirado da cama para fazer a prova que me levou à medicina. Como acontecia desde cedo, quando eu olhava para ela do palco nas apresentações de balé, e como continuaria acontecendo até o momento em que gritei seu nome na final do BBB, essa vitória se tornava ainda mais especial porque eu podia dividi-la com ela, *com a minha mãe*.

Geralmente, alguns alunos se reuniam e davam mais uma festa às famílias à noite. Um grupo de amigas se juntava, por exemplo, e fazia outro evento particular. Eu não tinha dinheiro para isso, mas ofereci aos meus convidados um jantar numa pizzaria lá perto de casa. O Denis e eu deixamos tudo organizado antes, juntamos dinheiro para pagar o jantar e a noite foi uma delícia. Eu sentia uma felicidade e uma emoção enormes, mas também certa ansiedade pelo que estava por vir, tanto pela festa no dia seguinte, pensando a curto prazo, quanto pelo meu futuro como médica.

Chegou o dia do tão aguardado Baile de Formatura. Eu dormi bastante ao longo do sábado para me recuperar dos eventos anteriores e me preparar para a noite, que seria longa. Fiz cabelo, maquiagem, coloquei meu vestido e fui para a festa. O Denis tinha comprado um carro velho para a gente usar no dia. Naquela época não havia aplicativo de transporte e táxi ficaria muito caro, porque precisaríamos pagar várias viagens para levar todos os convidados. Além disso, a gente tinha um pouco de vergonha de ser os únicos indo para a festa sem carro. Chegando à porta, me dei conta de que, na ansiedade para vender vários convites, eu havia vendido o meu. Formandos também precisavam de convite para entrar e eu sabia disso, mas em algum momento me confundi nas contas. Eu falo que na minha vida é sempre assim, nenhuma felicidade vem tranquila, sem perrengues. Sempre tem uma dose extra de emoção. Eu estava linda, pronta para viver um dos dias mais importantes da minha vida e comecei a chorar porque não tinha convite para entrar na minha própria formatura. Fui atrás de alguém que tivesse um convite sobrando para eu comprar e, finalmente, entrei.

A festa estava impressionante. Como éramos 100 alunos, com mais ou menos 25 convidados cada, a quantidade de pessoas era enorme. Nenhum salão de festas comportava tanta gente, então alugamos um ginásio, que a empresa de formatura tinha a missão de decorar para que ficasse digno de um baile requintado. Eu tinha ajudado a planejar cada detalhe não só da festa, mas de todos os eventos que compuseram a formatura, então ver aquilo tomar forma como resultado do meu trabalho – e de tantas outras pessoas – tornava a noite ainda mais emocionante.

Pela confusão com os convites, me atrasei um pouco e perdi o primeiro momento das fotos com meus convidados, tendo de tirar as fotografias mais tarde, durante a festa. Fui direto para a valsa e adorei encontrar meus colegas com seus pais, mães e outros parentes. Ver reunidos os familiares daquelas pessoas com quem convivi por seis anos foi muito interessante. Meu pai sempre foi mais fechado e, naquele ambiente, ficou especialmente tímido, já que se viu entre engenheiros, médicos, advogados, políticos, pessoas com as quais não estava acostumado a conviver e diante das quais se sentia intimidado. Dancei a primeira valsa com ele. A segunda era destinada a um padrinho e a terceira, a quem os formandos e formandas escolhessem. Dancei as duas com o Denis. Desde que começamos a namorar, ele me dera um apoio muito importante, de modo que nada era mais justo do que homenageá-lo também naquele momento.

Das onze da noite às onze da manhã, foram doze horas de festa. O pessoal da medicina não brincava em serviço, não. Eu e todos os meus convidados – meu pai, minha mãe, minha família e amigas – nos divertimos muito. Eu me senti conectada com eles. Consegui dividir bem a atenção com as minhas amigas da medicina também – o que era importante, já que, depois de anos convivendo tão intensamente, logo iríamos cada uma para um lado. Foi tudo como eu sonhava, uma noite marcante para mim e para toda a família. Lembro-me de a minha madrinha dizer que provavelmente nunca mais iria a uma festa como aquela. Sendo da comissão de formatura, eu já havia ido a outros bailes do tipo para conhecer as empresas que organizavam, então estava acostumada. Para eles, foi realmente muito impactante. O evento da década.

Foram dias intensos e felizes que passaram muito rápido, com aquela velocidade em que só os dias realmente bons passam. Eu digo que a formatura foi o primeiro grande momento da minha vida, que no final formaria uma tríade com outros dois: a noite do meu casamento e aquela em que ganhei o BBB. Quando acabou, no domingo, senti um vazio imenso. Ao longo da tarde, meus familiares e minhas amigas foram pegando os ônibus para São Paulo e eu fiquei mais dois dias por lá, esperando sair o certificado de conclusão do qual precisava para dar entrada no CRM (Conselho Regional de Medicina) e, com ele, começar a atuar. Era novembro de 2011, as aulas haviam acabado, todos os trabalhos estavam entregues e a formatura, assim como meus seis anos de faculdade, tinha chegado ao fim. Passei esses dias sem acreditar que aquele ciclo havia se encerrado, cheia de dúvidas em relação ao futuro e ao que aconteceria comigo. Meu apego à universidade e a tudo que tinha vivido em Sorocaba era enorme, então ir embora não era fácil.

Chegou o dia de partir e eu e o Denis colocamos minhas coisas no carro. Não eram muitas. As meninas tinham mobiliado a maior parte do apartamento, então uma delas tinha máquina de lavar, outra televisão, outra fogão, enquanto eu só tinha minha cama mesmo — e até ela, usada, demorei para comprar, tendo dormido por muito tempo em um colchão no chão. Guardamos as malas com as roupas no carro, enfiamos o colchão dobrado no banco de trás e pegamos a estrada de volta para São Paulo. Parecia a cena final de um filme: nós dois, as malas e o colchão dentro do carro em um fim de tarde, vendo pela janela o sol descer no horizonte. Durante seis anos, eu havia feito esse caminho praticamente todo fim de semana, e essa era a última vez. Os sentimentos eram muitos. Por um lado, tinha o aperto no coração por me despedir daquela que havia sido minha rotina por tanto tempo. Era muito estranho saber que eu não ia mais morar com as minhas amigas – afinal, nos últimos anos eu as via mais do que minha própria família – e o fim disso me causava alguma tristeza. Ao mesmo tempo, parecia que eu estava conquistando uma liberdade por muito tempo aguardada. Minha mãe sempre dizia: "Primeiro você se casa com o seu diploma, porque a sua profissão ninguém nunca vai tirar de você". Eu sentia que finalmente me tornava independente, que essa missão estava cumprida. Ainda não tinha um emprego certo, mas eu sabia que não precisaria mais viver com trezentos reais por mês, que não passaria tanto perrengue quanto antes, e era uma sensação incrível. É claro que eu tinha inseguranças em relação ao que viria pela frente. Sabia da responsabilidade de ser médica e me preocupava em manter o foco na residência. Eu ouvia dizer que muita gente, quando começava a trabalhar logo depois da faculdade, ganhava bem e não queria abrir mão disso para continuar estudando, já que a ajuda de custo da residência é um valor muito menor que o dos salários habituais. Por vezes, as pessoas começavam a sustentar família, casa, filhos, e seguiam até o fim da carreira sem uma especialidade. Eu não queria isso, considerava a residência muito importante e sabia que era meu próximo passo. Já tinha conquistado muito, mas tinha ainda mais pela frente. Então, assim como lá atrás eu saí do colégio com foco, determinada a dar um jeito de entrar na faculdade, naquele fim de tarde eu me despedi de Sorocaba também olhando para o futuro, cheia de projetos, vontades e sonhos a realizar.

CAPÍTULO 7

I

Ponto de encontro

Eu sempre fui muito sonhadora. Sonhava em ser bailarina profissional, sonhava em me tornar médica, sonhava em entrar no BBB e também sonhava em encontrar o amor da minha vida. Só que, durante o colégio e o começo da faculdade, ainda que eu me envolvesse com algumas pessoas, as relações nunca iam para frente. Tive um namoro adolescente, tive as minhas paqueras, mas nada sério, e com o passar do tempo fui me sentindo cada vez mais desvalorizada. Já nos últimos anos, quando ouvi falar sobre a solidão da mulher negra, percebi que isso fez parte da minha vida. Tive relações com meninos pretos e brancos que não foram para frente porque eles não quiseram me assumir. Via minhas amigas brancas e loiras com filas de pretendentes que eu nunca tive. Fui desanimando desse sonho e, de saco cheio, decidi curtir minha vida, aproveitar as festas e "desencanar" por um tempo, já que não me sentia amada, valorizada, respeitada. Nessa época, conheci o Denis. Abro um parênteses aqui para falar sobre ele não só porque foi uma peça importante nos últimos anos de faculdade, mas porque estaria presente em tudo que viria depois.

Eu já estava no finalzinho do terceiro ano de medicina, em 2009, e na época tocava na bateria da Mocidade Alegre, então todo domingo ia ensaiar. Chegava lá por volta das cinco ou seis da tarde e ficava até as dez da noite, quando pegava o ônibus e ia para casa arrumar minhas coisas, já que no dia seguinte partia cedo para Sorocaba. Eu podia descer em dois pontos diferentes, que ficavam à mesma distância de onde eu morava, e cada dia escolhia um. Em um domingo de dezembro, assim que saltei, um rapaz saiu atrás de mim e me ofereceu uma bala, daquelas que tem chiclete dentro. Ele era moreno, "magrelo", tinha o cabelo espetado, moldado com gel, um piercing na sobrancelha e barba desenhada. Eu logo percebi que ele queria puxar conversa e achei muito engraçada a forma como escolheu fazer isso. Acostumada com homens invasivos e desrespeitosos, que chegavam de cara com um "ei, gatinha", "ei, gostosa", a abordagem dele foi no mínimo diferente. Ele perguntou se eu estava saindo do trabalho e eu contei que vinha da escola de samba. Impressionado, falou que eu devia ser rainha de bateria, e eu, dando risada, expliquei que não era. Por fim, perguntou se podia me acompanhar até em casa. Quando contei essa história para as minhas amigas, elas acharam um absurdo que eu tivesse dado conversa para um homem desconhecido, em um ponto de ônibus, à meia-noite. Mas, desde o momento em que ele me ofereceu aquela "bala-chiclete" e eu vi seu rosto, alguma coisa dentro de mim disse que ele não era uma pessoa ruim. Deixei que ele me acompanhasse e, quando chegamos à frente da minha casa, ele pediu meu telefone e eu passei. Tinha certeza de que seria só mais um que ia jogar conversa, aparecer uma vez ou outra e depois desencanar, mas, como eu o tinha achado bonitinho, não via por que não aproveitar também.

Os dias foram passando e ele não ligava. Uma semana, duas e nada, então toquei minha vida. Só ele tinha meu telefone; logo, se não aparecesse, eu não tinha como ir atrás. Depois de uns vinte dias, o celular tocou e era ele. Ligando de um orelhão, tinha de falar rápido porque o cartão telefônico ia acabar. "Eu só tô ligando pra dizer que eu não esqueci de você, tá bom? Eu tô juntando dinheiro pra te levar pra jantar em um lugar especial", ele disse e desligou. Admito que achei muito engraçado. E fofo! Era uma primeira demonstração do tipo de coisa que ele faria sempre e que me conquistaria com o passar do tempo. Depois de alguns dias, ligou de novo e disse que queria me levar a um show. Eu estava naquele período entre final e começo de ano, pré-Carnaval, que era o mais agitado na Mocidade, então já tinha algum compromisso e não pude encontrá-lo. Quando ele ligou alguns dias depois e eu novamente estava na escola de samba, falei que podia me encontrar lá e ele disse que ia me buscar com a moto que tinha acabado de comprar. O ensaio demorou mais que o esperado e ele tomou um chá de cadeira, mas, quando eu saí, vi que ainda estava lá do outro lado da rua, me esperando. Não tínhamos para onde ir àquela hora, então ele se ofereceu para me deixar em casa. Subi na garupa da moto e fomos. Paramos um pouco antes do portão e começamos a conversar, mas minha mãe logo ligou perguntando onde eu estava, porque já era muito tarde. Avisei que precisava entrar e, na hora de nos despedirmos, ele disse que eu era muito cheirosa e pediu para me dar um abraço. Além de ser um pouco tímido, ele nunca era invasivo, não fazia comentários machistas e isso foi chamando a minha atenção.

    Continuamos trocando mensagens por um tempo e marcamos de nos ver algumas vezes, mas aquele encontro para o qual ele tinha economizado dinheiro nunca saía. Um dia ele me chamou para ir ao cinema e eu não estava muito bem, minha mãe tinha sido internada por conta da diabetes e eu havia passado a tarde inteira no hospital com ela, mas topei porque seria uma forma de me distrair da tristeza. Chegou a hora de ele me buscar e nada. Logo me peguei pensando de novo: *Esse cara tá me fazendo de trouxa, né?* Só para descobrir duas horas depois, quando ele apareceu desesperado, que a tal da moto tinha quebrado quando ele estava saindo de casa. Não dava mais para pegar o horário do cinema, então ficamos horas conversando na rua mesmo. Ele falava sobre a história dele, eu falava sobre a minha, o papo fluía bem e fomos gostando um do outro cada vez mais. Como ele nunca tentava me beijar, tive de tomar uma atitude e resolver isso eu mesma. Nós nos beijamos pela primeira vez nesse dia, uma quinta-feira. No sábado, estava em Sorocaba para a formatura da Pequena e, contando para as meninas de casa o que tinha acontecido, falei: "Acho que vou namorá-lo". Ninguém botou muita fé, afinal eu não tinha tido namorados até então. No domingo, voltei para São Paulo correndo e tudo o que mais queria era encontrá-lo.

Nesse mesmo dia, à noite, começamos a namorar. Eu estava muito apaixonada e sentia que ia ficar com o Denis para o resto da vida, mas, como ainda era cedo, guardava esse pensamento para mim. Não falava isso para ele nem para ninguém, mas sabia que tinha algo forte ali.

Contar a história do Denis é importante não só porque diz muito sobre ele, mas porque tem influência sobre nós, sobre a nossa família. Além disso, é uma vida que sozinha daria um livro. Tanto o pai como a mãe do Denis, seu Afonso e dona Maria, são de Belo Jardim, município de Pernambuco. Os dois vieram jovens para São Paulo, "tentar a vida"; acabaram se encontrando por aqui e se casaram. Tiveram quatro filhos, sendo três homens: o Júnior, que é Afonso Júnior, o Alex e o Denis, que na verdade é Denis Sandoval, sendo Sandoval o nome do médico que fez o parto dele e que minha sogra quis homenagear. Ela sempre conta que, quando foi dar à luz o Denis, o médico perguntou: "Dona Maria, a senhora é rica?", ao que ela respondeu que não. "Então, pare de ter filho!", ele pediu. Mas dona Maria bateu o pé e disse que só pararia quando viesse uma menina. Nasceu Verônica, a caçula.

Eles passaram muito aperto na vida, muito mais do que eu até. Meu sogro trabalhou fazendo de tudo e, quando eu o conheci, era atendente em uma padaria. Minha sogra sempre valorizou sua independência, então, mesmo cuidando dos quatro filhos, estudou e se formou como auxiliar de enfermagem. Quando comecei a namorar o Denis, ela era cuidadora de idosos e morava na casa dos patrões durante a semana, voltando para casa somente no sábado de manhã, de modo que demoramos um pouco para nos conhecer. Um dos irmãos, o Júnior, tem autismo, e foi criado de forma muito independente. Desde cedo eles o colocaram para estudar em uma instituição que frequenta até hoje e que garantiu que ele aprendesse a se virar muito bem.

Os filhos cresceram aprendendo a lutar junto com os pais. Tem alguns episódios que o Denis conta que me marcaram muito e que ilustram bem tudo pelo que já passaram. Eles moraram de aluguel a vida toda, a maior parte do tempo no Jardim Peri, e muitas vezes em cortiços, daqueles onde várias famílias vivem juntas. Volta e meia eram despejados por não terem como pagar, e o Denis diz que passaram por lugares tão sujos que até mordido por um rato o pai dele foi. Ele conta também que por pouco não passaram fome, que só não chegaram a essa situação porque uma tia os ajudou, mas que, quando os pais saíam para trabalhar, tinham de ouvir o tio jogando na cara a situação: "Nossa comida tá gostosa, né?". Para se divertir, ele diz que ouviam o programa Sai de Baixo em uma televisão sem imagem, só com som – inclusive lembramos disso um dia desses, quando uma TV de 65 polegadas, um dos prêmios que ganhei no BBB, chegou em nossa casa. Uma vez, dona Maria juntou dinheiro para ir a Pernambuco ver a família, ela e o Júnior, e no fim das contas não tinha como comprar as passagens de volta. Chorava todos os dias e os meninos passaram quase seis meses trabalhando com tudo que fosse possível para mandar o dinheiro à mãe.

O Denis viu a maioria dos amigos de infância dele entrar para o crime, se envolver com drogas e até morrer no meio do caminho. Depois de passar por tanto, acabou se tornando a pessoa mais certinha que eu conheço e, principalmente, alguém para quem não existe tempo ruim. Quebrou? A gente conserta. Com ele não há nada que não possa ser resolvido. E ai de você se reclamar de barriga cheia, logo vem uma lição de moral que, sem apontar dedos, mas com as palavras certas, o faz repensar tudo com uma frase só. Ele é muito altruísta também. Naquele domingo em que a gente começou a namorar, eu contei um pouco do aperto que estava passando em Sorocaba, e ele quis me emprestar o dinheiro que guardava havia tanto tempo para o nosso primeiro jantar, para que eu pudesse pagar as contas. Na época em que meu pai ficou doente e o pouco que a gente tinha em casa acabou de vez, ele também me ajudou muito. Às vezes, eu chegava em casa e via que ele tinha escondido cinquenta, cem reais na minha mochila. Se o escolhi como meu padrinho de formatura foi porque naqueles anos finais de faculdade ele foi tudo para mim ao mesmo tempo: namorado, amigo, pai.

Ele sempre trabalhou e, quando nos conhecemos, estava em uma oficina mecânica na rua da minha casa. Antes tinha passado por um açougue, que eu inclusive frequentava porque ficava lá perto também, assim como a padaria em que o pai dele trabalhava – coincidências que me fazem acreditar que a gente precisava se encontrar. Quando entrou na oficina, o Denis não sabia fazer nada, mas o dono precisava de um ajudante e resolveu ensiná-lo. Era um lugar focado em câmbio, e ele consertou tanto câmbio, mas tanto câmbio, que logo virou especialista e braço direito do chefe. Quando a gente se conheceu, ele já estava nessa posição. Por isso, dependendo de quantos câmbios aparecessem na semana, às vezes conseguia um dinheiro extra para me ajudar. O Alex, um dos irmãos mais velhos, também trabalhava bastante e os dois juntos tinham o projeto de ter cada um uma moto; por fim, conseguiram e foi com uma delas que o Denis me levou para casa no nosso primeiro encontro.

Apesar de ser a realização de um sonho, passamos por poucas e boas com essa moto. Ele caiu duas ou três vezes, e eu na garupa cheguei a bater o joelho na traseira de um carro. Eu me joguei no chão de tanta dor e depois descobri que havia quebrado o joelho. Mas o pior ainda estava por vir. O Denis sempre me buscava na rodoviária da Barra Funda, e eu ia na garupa carregando mala, mochila e sacola de comida. Um dia, quando paramos na porta de casa, uma outra moto encostou atrás da gente. Na hora eu soube que seríamos assaltados. Para mim, os bandidos mal olharam, mas um deles apontou a arma para o Denis e falou: "Não corre, senão eu atiro". Pegaram a moto e foram embora. Foi um dos momentos mais tensos que vivemos juntos e, depois disso, chegamos à conclusão de que ter moto não era para a gente.

*

Passar perrengue era praticamente parte da nossa rotina. Com tão pouco dinheiro, nossos encontros tinham de ser sempre de graça. Comprávamos iogurte, bolacha, salgadinho e aproveitávamos a tarde em uma praça ou parque. Adorávamos o do Ibirapuera e, no final do ano, sempre íamos à avenida Paulista ver a decoração de Natal. Quando o Denis conseguia um dinheiro a mais, a gente ia ao Habib's e era um grande evento. Lembro-me até hoje do que eu pedia: esfiha de carne, suco de melão e um *petit gâteau* de sobremesa. Era o auge! McDonald's, por exemplo, já era caro para a gente, e nem me passava pela cabeça que, anos depois, graças ao BBB, eu me tornaria garota-propaganda da marca. Depois de um ano de namoro, decidimos viajar e fomos com a nossa barraca a um *camping* em Florianópolis. Mesmo com pouco dinheiro, éramos muito felizes e nos sentíamos capazes de desbravar o mundo juntos.

Eu sinto que até esse momento eu andava sozinha e, com o Denis, passei a ter um companheiro. Ainda que tivesse o apoio da minha mãe e amigas maravilhosas, eu sempre fui atrás de tudo por minha conta. Não tinha alguém que entendesse de fato os meus perrengues e que os vivesse comigo, e com o Denis do meu lado isso mudou. Ele sabia que nosso namoro seria à distância e nunca teve problema em se adaptar, ia para Sorocaba me encontrar quando precisava e ficou amigo das meninas que moravam comigo. Tornou-se também meu parceiro de Carnaval, mesmo não gostando muito, e, como bom companheiro de sambista, já colou muita pedra em sapato, já costurou fantasia e arrumou meu cabelo. No Denis eu encontrei um parceiro de verdade, um porto seguro mesmo.

Pode parecer piegas falar, mas a nossa relação é muito boa. É baseada em respeito, em cumplicidade. A gente não se ofende, a gente não grita um com o outro, a gente não tem grandes brigas. E a gente se impulsiona para a frente. Eu sinto que o Denis era uma planta que precisava ser regada quando a gente se conheceu. Por ter tido uma vida tão difícil, ele nunca teve grandes aspirações, no máximo o desejo de ser jogador de futebol na infância, e quando me conheceu se viu do lado de uma pessoa que só faltava falar: "Tô pensando em ir para a Lua semana que vem, vamos?". Se no começo ele me achava meio doida, com o tempo viu que era possível realizar sonhos, passou a cultivar os dele e a "comprar" os meus. Era o companheiro de que eu precisava também, que responderia "vamos" porque sabia que eu fazia acontecer.

A formatura foi um dos meus desejos que ele abraçou. Entre as muitas formas com que me apoiou, teve o carro do qual falei antes. Depois de desistir oficialmente da moto, ele pediu ao pai para fazer um empréstimo consignado e, assim, comprou um Fiat Marea. Era velho, grande, e a gente foi feliz com ele por um tempo, até que começou a dar trabalho demais. Fervia cano, saía fumaça e, como não tínhamos seguro, achamos melhor devolvê-lo, já que não conseguíamos bancar seus consertos.

No começo do nosso relacionamento, ele questionava o que meus pais achariam do fato de eu, uma futura médica, estar namorando um mecânico. Era tão claro para mim que isso não importava que, depois de tanto tempo me sentindo menosprezada, eu só queria alguém que me amasse de verdade, que estivesse do meu lado como ele estava. Além disso, mesmo que eu fosse acabar ganhando mais do que ele, o dinheiro seria dos dois desde o momento em que ele escondeu cinquenta reais na minha mochila pela primeira vez.

O que no começo era uma questão acabou se tornando um incentivo para o Denis. Quando nos conhecemos, ele não tinha terminado o colegial e eu o apoiei muito para que voltasse a estudar. Fui com ele atrás de escola, o acompanhei na hora de fazer a matrícula. Muito do que eu já estava acostumada a fazer por mim, passei a fazer por ele também. Estudando à noite, depois do trabalho, ele se formou no ensino médio. Sugeri que começasse a pensar em faculdade e o ajudei a tentar algumas bolsas de estudos. Por fim, foi fazer engenharia mecânica. Como ele trabalhava na oficina, achou que faria sentido, mas no fim percebeu que não era bem isso o que queria. Passou por algumas tentativas frustradas e decidiu ir atrás do sonho de ser fotógrafo. Assim, ele se encontrou. Naquele domingo em que começamos a namorar, ele trouxe na mochila várias fotos da família dele para eu ver e, olhando para trás, percebo que essa paixão sempre esteve lá. Não significa que foi fácil. Por muito tempo, o trabalho como fotógrafo não dava um bom retorno financeiro e ele se viu muito frustrado. Nunca se importou por ter uma mulher que ganhasse mais do que ele, mas se sentia mal pelas poucas oportunidades na área. Depois do Big Brother Brasil, temos conseguido trabalhar cada vez mais juntos e viver os nossos sonhos também como colegas profissionais.

Diferentemente do que ele temia, meus pais não tinham qualquer problema com o fato de ele ser mecânico, mas isso não significa que a relação com a minha mãe foi fácil desde o começo. Como ela era muito apegada a mim, às vezes se mostrava ciumenta e podia ser bem possessiva. "Quando der meia-noite, você vai embora, aqui na minha casa o namoro é à moda antiga" é o tipo de coisa que ele teve de ouvir e que me deixava sem saber onde enfiar a cara. Meu primeiro namorado foi aos 14 anos. E, nessa idade, minha mãe decidiu que eu podia namorar e preferia que fosse em casa, debaixo dos olhos dela, do que escondida na rua, já que tinha medo de que eu aparecesse grávida. Esse namorado não ficava muito tempo em casa e ela colocava regra para tudo, mas o namoro era autorizado. Com o Denis, eu já era maior de idade e a relação era outra, completamente diferente. Ela se sentia ameaçada ao ver uma pessoa ganhar tanta importância na minha vida e tinha medo de que ele invadisse um território que até então era só dela.

Com o passar dos anos, minha mãe foi entendendo que eles ocupavam posições diferentes e que ela não precisava disputar meu afeto com ele. Ao mesmo tempo, nós também aprendemos a lidar com ela. Dona Yara gosta de atenção, gosta de estar em primeiro lugar na minha vida e, se dá um "piti" enorme, a melhor solução é acenar a cabeça e dizer: "Você está certa". Fomos ajustando a relação com o passar dos anos, e o Denis foi ganhando espaço, conquistando seu coração. Atualmente, é um segundo filho para ela. No dia do nosso casamento, fiquei sabendo até que ela cochichou um "cuida bem dela, tá?" no ouvido dele. Acho que, por fim, entendeu que mãe é mãe, e que esse lugar ninguém nunca vai tirar dela.

Sinto que todo esse processo com o Denis contribuiu para que nós duas cortássemos o cordão umbilical de alguma forma. Ela conta que durante anos só pedia uma coisa a Deus: que eu crescesse e me tornasse uma mulher independente, porque tinha medo de morrer e me deixar sozinha. A partir do momento em que não apenas me tornei essa mulher, mas passei a ter um companheiro de olho em mim, ela baixou um pouco a guarda. E para ser honesta, eu também. Por muito tempo tive medo de que algo acontecesse com a minha mãe e me desesperava diante de qualquer sintoma que ela apresentasse. Dor de cabeça? Só podia ser um AVC como o da minha avó. Conforme amadureci, me tornei mais segura e passei a lidar com esse tipo de situação de forma mais calma e racional.

Com meu pai, o Denis sempre teve uma relação tranquila. Eles nunca foram melhores amigos, mas também não tinham problemas.

Além disso, ao longo dos anos em que meu pai esteve doente, o Denis fez de tudo para ajudar. Especialmente no fim, quando eu já trabalhava como médica, muitas vezes era ele quem pegava meu pai no colo, o colocava no carro e levava para o hospital. Naquele episódio em que tanto meu pai quanto minha mãe ficaram internados em Sorocaba, ele foi correndo para a rodoviária da Barra Funda, mas perdeu o último ônibus e passou a noite lá, pronto para viajar no primeiro horário da manhã e me encontrar. Quando eu passei dois dias do lado de fora de um hospital porque minha mãe estava internada, ainda no comecinho do namoro, ele me fez companhia. O Denis passou comigo pelos piores momentos, pela época de maior pobreza, pelos problemas de saúde mais sérios, e se manteve do meu lado porque o amor era grande mesmo.

Eu tenho certeza de que muito do que eu admiro nele vem do fato de que foi criado por uma mulher muito independente. O Denis nunca se sentiu intimidado por estar com uma mulher firme, forte, segura, e nunca me faltou com o respeito de nenhuma maneira. Além disso, o relacionamento dos pais dele foi um exemplo na hora de construir o nosso. Ainda que eles tenham passado por muitas dificuldades financeiras, o casamento dos meus sogros sempre foi cheio de amor e respeito. Enquanto eu fugia do exemplo dos meus pais, fiz questão de que o nosso relacionamento refletisse de alguma forma o dos pais dele.

Além de falar dos perrengues pelos quais passamos, acho importante compartilhar as conquistas também. A primeira delas foi justamente o nosso casamento. Tudo começou quando, depois de terminar a faculdade de medicina em Sorocaba, voltei para São Paulo. Já estávamos namorando havia três anos e, finalmente na mesma cidade, passamos a nos ver muito mais do que antes. O Denis morava com os pais dele e eu com os meus, mas nossa rotina era compartilhada. Eu comecei a trabalhar, então ele me buscava em casa de manhã e me levava para o posto de saúde, onde eu entrava às sete horas. Em seguida, ia para a oficina e dormia por uma hora dentro do carro até o turno dele começar, às nove. Trabalhava o dia todo e, no fim da tarde, me encontrava.

Com a volta para a casa dos meus pais, eu comecei a brigar muito com eles. Havia passado seis anos fora e tinha adquirido hábitos que não eram mais compatíveis. A sensação era de que minhas asas tinham crescido demais e não tinha como deixar o passarinho dentro da gaiola mais. Durante uma discussão um pouco pior com meu pai, falei: "Quer saber? Eu vou morar com o Denis!", ao que minha mãe reagiu de forma bem interessante. Ela não protestou pela minha saída, mas ofereceu a casa menor do terreno – aquela onde eu havia crescido – para o que eu fizesse o que chamou de *test drive*. Ela não queria que se repetisse no meu casamento o que aconteceu no dela e que foi, por sua vez, uma repetição da história da minha avó. Casamentos conturbados, que não foram felizes, mas se mantiveram até o fim pela crença de que precisavam ir até o "que a morte nos separe". "Eu não quero que você passe pelo que eu passei", ela dizia. "Conviver com uma pessoa entre quatro paredes não é fácil, muitas vezes existem máscaras e elas caem." Minha mãe conta que, no começo do namoro, meu pai a tratava como uma princesa, dava flores, pegava no colo, e que tudo mudou com o casamento, então ela tinha medo, quando me via encantada pelo Denis, de que o mesmo acontecesse. A casinha estava bem velha, mas, com o meu salário e o dele, conseguimos fazer uma reforma, consertar o telhado, colocar azulejos. Passamos dias batendo perna em lojas de móveis para comprar tudo bem baratinho. No fim, a deixamos mais moderna e com a nossa cara. Como me casar já estava nos meus planos e eu gosto de rituais de iniciação, avisei a ele: "No dia em que começarmos a morar juntos, nós vamos ficar noivos", o que aconteceu em agosto de 2012.

Foram alguns meses de lua de mel. Eu achei que, morando na casa de baixo, minha mãe fosse passar os dias dando palpite na nossa vida. Surpreendentemente, isso não aconteceu; acho que ela entendeu que a filha tinha se tornado uma mulher independente, e com isso a nossa relação melhorou muito. Acontece que, no fim daquele ano, eu passei na residência fora de São Paulo e precisei me mudar de novo. Mais uma vez, o Denis não só me deu todo o apoio como se tornou um grande suporte, já que continuou morando do lado dos meus pais. Então, sempre que eles precisavam de algo, estava disponível.

Eu achei que a gente fosse se casar logo, enquanto eu ainda estivesse na residência, mas um amigo chamou minha atenção para o fato de que não fazia sentido ter pressa. A gente já morava juntos

– ainda que só aos fins de semana – e, depois que eu terminasse a residência e estivesse trabalhando, teria mais dinheiro para fazer a festa dos meus sonhos. Decidimos continuar noivos. A gente se falava por telefone todos os dias e eu dividia os perrengues do hospital; quando tinha plantão no fim de semana, ele ia me ver. O Denis sempre confiou muito em mim, na minha capacidade, e assim me ajudou a passar pelas dificuldades daquele período.

Começamos a conquistar algumas coisas juntos. Fizemos nossa primeira viagem de avião e fomos para o Espírito Santo, uma opção barata na época. Mais tarde, partimos também para a nossa primeira aventura internacional, na Disney. Era um sonho antigo que eu tinha e, quando encontramos um pacote com preço bom, dividimos em várias parcelas e fomos tirar o visto. Eu tinha medo de ele não conseguir. Sabia que, no meu caso, sendo médica matriculada em uma residência, o vínculo com o Brasil era muito grande. Mas ele não tinha carteira assinada, era autônomo, então podia ser que recusassem. Preenchemos os formulários, separamos a documentação necessária e fomos para a fila do visto cheios de nervosismo. Quando chegou nossa vez, a agente olhou nossos dados e perguntou: "Nossa, mas como é isso? Como uma médica começa a namorar um mecânico?". Minha vontade era responder de forma bem rude, mas, sem reação, dei só uma explicação genérica sobre como a gente tinha se conhecido. No fim, deu tudo certo e fizemos a nossa viagem. Apesar de não termos dinheiro para esbanjar, nos divertimos muito. Foi uma experiência mágica!

Em 2015, voltei para São Paulo depois de terminar a residência e decidi que passaria 2016 trabalhando muito, de segunda a segunda, para pagar o casamento e realizar nele todos os meus desejos de noiva. Começamos o planejamento em abril para que a festa fosse em novembro e cuidamos de cada detalhe juntos. O Denis não fazia questão de festa grande, mas, como sabia que era meu sonho, me apoiou e se envolveu bastante na organização. Lembro-me bem da planilha que eu usava e de colocar todo o meu foco nela para organizar as informações relevantes.

Eu queria um casamento de princesa e, quando digo que cada detalhe foi exatamente como eu sonhei, falo muito sério. Ainda adolescente, assisti na televisão a cenas do casamento da Simony, cantora que fez parte do grupo Balão Mágico, e fiquei muito impressionada quando vi que caíam pétalas de rosa do teto da igreja. Cismei que queria me casar lá e, quando chegou a hora, perguntei à minha mãe que lugar era aquele. Ela explicou que era a Igreja de Santa Teresinha, responsável pelo Milagre das Rosas. Fui conhecer e fiz a reserva. Com isso, acabei tendo de elevar o nível do casamento como um todo, já que a igreja era em Higienópolis, bairro paulistano de classe alta, e o espaço da festa não podia ficar muito longe. Além disso, na idealização do meu casamento de princesa, a comemoração não era em um salão comum, mas em um casarão antigo. Descobri um espaço chamado Iate Clube de Santos, um palacete do século XIX, com um jardim enorme e uma escadaria digna do meu conto de fadas. Infelizmente, o orçamento ficou muito caro e precisei buscar outras opções, então fechei um casarão na Bela Vista que não era tão perto da igreja quanto eu gostaria, mas que financeiramente era mais acessível. Começamos a pagar e o lugar faliu. Eu falei: "Quer saber? Vai ser no Iate Clube de Santos, então". A data ainda estava disponível e a reservamos. Precisei me matar de trabalhar, mas consegui fazer a festa onde eu queria.

Com igreja e casarão reservados, fiz questão de que todo o resto estivesse à altura. O bufê, nós contratamos o do Iate Clube de Santos. Empresa de fotografia, eu escolhi uma que tinha o *same day edit*, novidade e moda na época, em que editavam um pedaço do vídeo do casamento na hora mesmo para passar no telão da festa. Cabine de fotos eu também queria, mas não podia ser qualquer uma, tinha que combinar com o lugar, com o casarão. Encontrei uma que era um espelho, ao melhor estilo Branca de Neve, de modo que os convidados viam seu reflexo e tiravam as fotos. Com o objetivo de que os adultos pudessem se divertir, incluí um espaço kids para as crianças. Mas meu maior xodó foi o topo de bolo. Eu poderia ter ido no clássico biscuit? Sim, mas não queria nada convencional. Descobri uma impressora 3D que fazia miniaturas exatas das pessoas; era algo novo, que só famosos tinham usado até então, e eu não descansei enquanto não fizemos a nossa. Fomos ao lugar da impressão, eu com vestido branco e buquê, Denis e Chico, que é nosso cachorro. Passaram um scanner na gente e, a partir disso, a máquina fez a impressão. A tecnologia não pegava cabelos e pelos muito bem, então o Chico, uma bola de pelos, ficou horroroso e tiveram de criá-lo direto no computador. Apesar desse detalhe, eu fiquei muito feliz com o resultado e essa peça é até hoje uma relíquia em casa.

Fomos a várias feiras de noivas e assim descobrimos todas essas coisas. Estávamos sempre pechinchando, mas de qualquer modo a festa ficou muito cara. Montamos um evento de nível altíssimo, ainda mais para nossas condições financeiras, e faltando vinte dias para o casamento o dinheiro simplesmente acabou. Ainda tinha algumas coisas do espaço para pagar, como segurança e gerador, e eu não tinha mais de onde tirar. No fim, a minha sogra, dona Maria, fez um empréstimo e nos salvou. Tanto a minha mãe quanto os pais do Denis sempre fizeram tudo o que estava ao alcance deles para nos apoiar. Lá atrás, meu sogro havia feito empréstimo para o Denis comprar o carro; minha mãe, além do empréstimo da formatura, decidiu que, enquanto estivéssemos arcando com os gastos do casamento, não precisávamos pagar o aluguel da nossa casa, e minha sogra fez esse empréstimo para resolver as últimas despesas.

Só meu pai não ajudava. Mais do que isso, ele dizia que só iria ao casamento se eu pagasse o terno dele, o que me deixou muito magoada. Mesmo não estando muito bem de saúde, ele tinha a aposentadoria e aquele gasto não ia ser um peso. Brigamos muito por conta disso e, no fim das contas, eu arranjei o tal terno. Acontece que, por conta da doença, no dia do casamento ele estava com muita dor e teve de ir ao hospital tomar morfina, então não pôde comparecer à cerimônia. Já o pai do Denis, faltando três meses para o nosso casamento, teve um AVC. Eu me lembro de, naquele dia, estar de plantão em outro hospital. Quando o Denis me ligou dizendo que seu Afonso tinha desmaiado em casa, fiquei muito preocupada. Pedi para uma amiga me substituir por algumas horas no plantão e fui correndo dar apoio a eles. Seu Afonso sofreu muito após o AVC: ficou com a metade do corpo paralisada, cego de um olho e com déficit de memória. Nós tentamos dar todo suporte possível, mas ele pegou uma infecção e faleceu vintes dias antes do nosso casamento. Sua última fala para o Denis foi "tá tudo bem". Obviamente não estava tudo bem, mas ele, em seu leito de morte, conseguiu transmitir força e resiliência ao filho. Por essa razão, resolvemos manter a celebração do nosso casamento.

O luto ainda estava presente, mas, mesmo assim, tivemos um dia muito feliz e especial. Foi uma festa com as mães. No dia 19 de novembro, eu entrei na igreja de braço dado com dona Yara. Ela, o primeiro amor da minha vida, me entregou ao Denis, meu outro amor da vida.

*

Eu não me aguentava de felicidade. Tudo saiu como planejado, cada detalhe: meu sapato, meu cabelo, o buquê de rosas clarinhas – combinando com aquelas que caíam do teto –, meu vestido rendado e cheio de brilhos, como o que usei na formatura e como o que usaria ao me tornar campeã do BBB, afinal eu nasci para brilhar! Eu estava me sentindo linda. Entrei na igreja ao som da valsa nupcial e só conseguia olhar para o Denis. Ele estava lindo também, com o terno preto que eu ajudei a escolher e uma gravata branca. Enquanto eu mantinha os olhos fixos no altar, o mais difícil era não cair no choro. Meus lábios tremiam e o Denis diz que nunca sentiu a boca tão seca. Ao longo da cerimônia, um coral imponente cantava as músicas e era impossível não se emocionar. Foi tudo muito especial, ainda mais por estar com a minha família e os meus amigos, todos ali reunidos, apesar da ausência dos nossos pais.

O momento em que as pétalas de rosa caíram do teto foi como aquele em que jogamos para o alto os chapéus de formatura e também como a chuva de papel picado na final do BBB: os meus *grand finales*, a consagração de mais um sonho. Eu vi aquela cena das pétalas na televisão quando sequer tinha um amor, e agora estava acontecendo comigo, eu era a protagonista. É um momento para o qual eu gosto de me teletransportar, através da memória, porque sempre me faz bem lembrar desse dia. Desde então, eu me tornei devota de Santa Teresinha.

Nas nossas alianças escrevemos "alma gêmea". Nunca quis colocar nossos nomes, essa coisa de eu pertenço a você e você pertence a mim, pois na minha opinião o significado é outro. Eu acredito mesmo que a gente precisava se encontrar nessa vida, que foi um encontro de almas. É curioso pensar que, por tanto tempo, ele trabalhou na rua da minha casa, mas a gente dificilmente se veria porque durante a semana, quando ele estava lá, eu morava em outra cidade. O ônibus que a gente pegou juntos passava a cada cinco minutos, e de alguma forma fomos parar exatamente no mesmo transporte naquela noite de domingo. Do momento em que ele me ofereceu a bala com chiclete até o casamento, foram sete anos, e até hoje, 2021, já são doze juntos. Sem términos, sem estresse, com muito amor, respeito e companheirismo.

A festa foi exatamente como eu tinha sonhado e não me arrependo de nenhum gasto. Foram duzentos convidados, entre família e amigos, e todos se divertiram muito – eu, como boa inimiga do fim, só saí da pista de dança às seis horas da manhã. Um dos garçons do bufê, um homem negro, disse que trabalhava naquele espaço havia anos e nunca tinha visto um evento com tantas pessoas negras e esbanjando tamanha alegria. Nossos parentes ficaram muito impressionados, para eles era inimaginável ir a um casamento em um lugar daqueles, com aquelas comidas, aquela decoração, com praticamente uma festa separada só para as crianças. Era literalmente o tipo de evento para o qual você olha e fala: "Não tenho nem roupa para isso". E nós fizemos questão de viabilizar tudo. Assim como na minha formatura, quando gastamos 25 reais por pessoa para reservar os quartos de hotel, no casamento alugamos roupa para a minha mãe, para a minha sogra, para a minha cunhada, pagamos estacionamento para todo mundo, cobrimos a maior parte dos gastos. Só faltou para o táxi e, naquela confusão de final de festa, vimos que tinha gente voltando de ônibus para casa. O casamento superou todas as expectativas e entrou para história das nossas famílias. Entrou também para aquela lista de grandes noites da minha vida, que já tinha a formatura e que logo teria a final do BBB.

Depois do casamento veio a lua de mel, e quisemos manter o nível lá em cima. Então, decidimos conhecer Las Vegas e depois a Califórnia, onde fizemos a rota de carro que vai de Los Angeles a São Francisco pela costa do estado. Como nada é muito simples, logo no começo da viagem ficamos sem dinheiro e precisávamos que os presentes dos convidados fossem caindo para comprar dólar. Havíamos optado por aquele esquema em que eles escolhiam o que dar no site e nós recebíamos em dinheiro, então cada valor novo que chegava eu transferia correndo para minha conta. Além disso, descobri em Los Angeles que meu cartão não tinha limite suficiente para alugar o carro, peça fundamental da viagem, já que iríamos embora por São Francisco. A gente dava risada do fato de que um dia estávamos curtindo o hotel em Las Vegas e, no outro, sem dinheiro para alugar o carro. Afinal, um casal que no início do namoro tomava Danone na praça sempre encontrava um jeito de se divertir. Sabíamos que no fim tudo daria certo e logo estaríamos jantando em um bar de jazz em São Franscisco, como em um passe de mágica (só que não!). Demoramos um tempo para resolver isso, mas conseguimos continuar a viagem. Ficamos dois dias em Las Vegas, quatro em Los Angeles e quatro em São Francisco. Passamos por uma região linda chamada Big Sur, tiramos várias fotos na estrada e sentimos frio pra caramba, mas foi uma viagem maravilhosa.

Voltamos para São Paulo e tivemos o que eu chamo de depressão pós-casamento. Lembro de uma sexta-feira em que eu tive folga, me sentei no sofá com o Denis e olhamos um para a cara do outro sem entender muito bem como a gente podia, de repente, não ter nada para fazer. Estava tudo muito estranho. O final de ano foi o mais econômico possível, Natal e Réveillon em casa, já que ainda estávamos pagando as dívidas do casamento. E, com a entrada de 2017, veio o próximo plano: arranjar uma casa nova.

✳

Ainda estávamos morando na casinha ao lado dos meus pais, um quarto, cozinha e banheiro e, mesmo que fôssemos felizes lá – especialmente o Chico, que tinha um quintal por onde correr –, não tínhamos tanto conforto. Queríamos um espaço maior, um apartamento bonito onde fosse mais confortável receber os amigos, fazer um churrasco. Pegamos a energia que tínhamos colocado no casamento e a redirecionamos toda para isso. O sonho da casa própria sempre foi um dos meus também, e na época da residência eu cheguei a dar entrada em um apartamento na planta, mas não aguentei pagar o valor e logo o devolvi porque percebi que era um gasto supérfluo. Por conta dessa experiência, eu já sabia que a princípio não conseguiríamos comprar, só alugar.

Juntos, começamos a procurar apartamentos. No início, era mais um passatempo, porque ainda estávamos terminando de pagar o casamento, mas depois que quitamos as dívidas, lá para fevereiro, a busca ficou séria. A ideia era encontrar um lugar com dois quartos para fazer um estúdio para o Denis, mas ele acabou achando algo muito melhor: uma cobertura. Ficamos muito felizes quando deu certo. Com esse sentimento, pegamos a chave e nos mudamos para o nosso apartamento.

Vazio no começo, mobiliamos e decoramos cada cantinho dele com muito cuidado e carinho. Alguns móveis que compramos eram novos e outros, usados. Passávamos horas e horas no Mercado Livre pesquisando, e cada dia íamos para um canto de São Paulo buscar algo. Como eu disse, com o Denis não tem tempo ruim, então a gente saía feliz da vida atrás de cada pecinha dessa casa que montamos como quebra-cabeça. No fim das contas, ficou exatamente como queríamos, com a nossa cara. O apartamento virou nosso xodó. Vivíamos com medo de que o proprietário o pedisse de volta ou decidisse aumentar o aluguel. Inclusive, quando entrei no BBB, a primeira coisa que pretendia fazer caso ganhasse era comprar o apartamento, mas no fim entendi que havia formas melhores de investir o dinheiro. Continuamos vivendo felizes nele e, agora, com mais tranquilidade. Dinheiro não traz felicidade, mas traz conforto, né?

No primeiro ano no novo lar, fizemos várias festas. Tudo era motivo para um churrasco. Nossas famílias ficaram muito impressionadas quando nos visitaram pela primeira vez. "Thelma, que apartamento lindo! Que vista linda!" Eles não estavam acostumados com aquilo, tudo o que a gente proporcionava era muito novo. Depois que meu pai morreu, fiquei com pena de deixar minha mãe morando sozinha em uma casa, sujeita à violência, então decidi que a traria ela para perto, de preferência no mesmo prédio. Procurei e no começo não encontrei nada disponível. Era difícil porque minha rotina era tomada por plantões, então não sobrava muito tempo para ir atrás disso. Até que um dia, indo para o hospital, meu carro deu problema e precisei voltar para casa. Passei no mercado, vi uma imobiliária do lado e entrei. Acabei encontrando o apartamento ideal disponível, no andar abaixo do nosso. Na mesma hora pedi para visitá-lo, chamei o Denis para ver e, um mês depois, minha mãe já estava morando lá. A logística é perfeita para a gente, já que estamos sempre perto, e dona Yara gosta muito disso também. Ela conta que, nos últimos anos, já não conseguia dormir direito na casa do bairro do Limão. Ficava sempre muito tensa, em estado de alerta, primeiro por conta do meu pai, que passou muito tempo doente, e segundo por medo mesmo. No apartamento, ela diz que dorme de verdade. Às vezes eu ligo e ela demora um século para atender porque está em sono profundo, completamente em paz. Para a mãe do Denis, conseguimos fazer algo parecido. Hoje ela também mora mais perto da gente, em uma casa com um dos irmãos dele e os cachorros. Cuidar de dona Yara e dona Maria é a nossa maior prioridade, e com as duas pertinho conseguimos fazer isso. Elas são tudo para a gente, parte primordial dessa família que só começamos a construir.

CAPÍTULO 8

Uma nova médica, uma nova mulher

Foi vivendo com as minhas amigas na época da faculdade que eu comecei a olhar mais para o mundo e criar minha lista de sonhos. Eu já havia sonhado com a medicina, com a dança, com o amor, mas estou falando de sonhos de consumo, materiais mesmo. Eu as via viajando nas férias e colocava na lista os lugares que eu queria conhecer. Eu via os perfumes que elas usavam, as bolsas, os sapatos, e descobria um mundo novo de produtos e marcas aos quais eu nunca tivera acesso. Quando andava de carro, era no delas; quando precisava de computador, elas me emprestavam. Elas dividiam tudo comigo, nosso guarda-roupa durante uma época era compartilhado. Eu não sentia inveja, mas olhava para tudo e ansiava pelo momento em que eu trabalharia e teria meu dinheiro para poder comprar aquilo também.

Isso começou a acontecer depois da faculdade. E aqui a gente dá alguns passos atrás na história, para quando eu cheguei de volta em São Paulo. Tirei meu CRM, fiquei toda emocionada na pequena cerimônia que eles fizeram e comecei a procurar emprego. O caminho mais simples naquela época era trabalhar em posto de saúde, então fui com a minha mãe fazer entrevista em uma Organização Social de Saúde (OSS), empresa terceirizada por meio da qual a prefeitura contrata os funcionários dos postinhos, e saí de lá com uma lista de lugares que estavam precisando de médicos. De carro, fui com o Denis na porta de cada um deles ver qual era a melhor opção, levando em conta principalmente a localização, e no fim escolhi o Cruz das Almas, na Freguesia do Ó.

Quando vi qual seria o valor do meu primeiro salário, quase 10 mil reais por mês, fiquei louca. Para alguém que vivia até então com uma ajuda de custo de trezentos reais, de repente me senti a pessoa mais rica do mundo! Diante dessa informação, fui direto fazer duas coisas: primeiro, comprar dois livros de medicina chamados de *Blackbooks*, um de clínica geral e um de pediatria. Esses livros eram como grandes resumos da medicina de pronto-socorro, guias práticos de consulta rápida que todo mundo usava quando ia dar plantão. Eram organizados em fluxogramas que indicavam o que fazer diante de certos casos e que dose de medicamento aplicar, por exemplo. Hoje em dia se usa a internet para isso, mas naquela época ir para um plantão sem os *Blackbooks* era como ir sem roupa. Lembro-me de entrar na livraria com o Denis e de finalmente comprar os meus, com mais um pequeno empréstimo da minha sogra, que eu logo teria dinheiro para pagar. A segunda urgência era arranjar roupas novas para trabalhar. Na faculdade eu só usava calça jeans e camiseta, mas queria começar a me vestir melhor. Fomos a várias lojas de departamento ver se conseguiríamos fazer aqueles cartões de parcelamento – já que o meu primeiro salário ainda ia entrar –, mas lugar nenhum aprovava. Foi uma batalha comprar mesmo essas pequenas coisas, mas no fim deu certo.

Comecei a trabalhar e, quando recebi pela primeira vez, comprei um bom celular – todo mundo já tinha iPhone e eu, um tijolinho –, e fiz várias reformas necessárias na casa da minha mãe. Tirei o mofo, pintei as paredes, troquei todo o piso, coloquei portão automático, e passei a reformar também a outra casinha do terreno, onde moraria com o Denis.

Era muito bom poder fazer essas coisas, mas logo comecei a sentir que o dinheiro não era suficiente. Mesmo tendo achado, a princípio, que meu salário era uma fortuna, não é bem assim que funciona quando você vem de um lugar onde vários pagamentos estão atrasados. Minha família tinha diversas dívidas para acertar, uma série de acordos em cima de contas a pagar. Cada cobrança tinha virado uma bola de neve e desfazer esse emaranhado não era simples. O meu salário não era só meu, não bancava só os meus gastos e os meus sonhos, mas toda uma estrutura familiar. E por isso eu comecei a ir atrás de mais.

No posto de saúde, eu trabalhava quarenta horas semanais, entrava às oito da manhã e saía às cinco da tarde, e atuava como médica da família, sendo responsável por um certo número de pessoas que moravam em uma região específica. Na minha equipe tinha uma enfermeira e agentes de saúde que iam a campo ver os pacientes. Uma ou duas vezes por semana, eu também saía a pé, debaixo do sol, para fazer visitas domiciliares. Entrava na casa das pessoas, as examinava e orientava. Era um emprego do qual eu gostava muito e onde me sentia querida. Eu dava muita atenção aos pacientes, não gostava de fazer consultas rápidas, então volta e meia acabava ficando além do expediente para preencher todos os prontuários. Um dia fiquei horas a mais dentro do consultório, acreditando que o segurança estava na porta e, na hora de sair, vi que tinha ficado trancada no posto de saúde. O Denis estava me esperando do lado de fora e eu tive de ligar para uma pessoa, que conhecia outra pessoa, que conhecia outra pessoa, até encontrar quem tivesse a chave para me tirar de lá.

Como precisava de mais dinheiro, passei a pegar plantões também. Os primeiros foram em um hospital particular de Taboão da Serra, de modo que eu voltava do posto de saúde para casa sexta-feira à noite, passava uma horinha descansando, e o Denis me levava para Taboão, onde eu ficava doze horas trabalhando até ele me buscar na manhã de sábado.

No fim de semana, fazia o cursinho preparatório para a prova de residência. Eu sabia que, como planejado no fim da faculdade, não podia perder meu foco, mas sentia que isso estava começando a acontecer. Além das aulas, eu precisava de tempo durante a semana para estudar, mas, com o trabalho no posto de saúde, ficava sobrecarregada e não conseguia. Tinha medo de entrar em um círculo vicioso e acabar abrindo mão da residência, como acontecia com tanta gente. Fui conversar com a Gabi, minha amiga, porque ela estava trabalhando de outra forma. Ela dava plantão em AMA, Assistência Médica Ambulatorial, e assim conseguia montar a própria agenda. Escolhia três dias na semana para trabalhar, por exemplo, e deixava dois para estudar. Quando queria ou precisava, pegava alguns plantões a mais. Assim, ganhava a mesma coisa ou até mais do que eu e mantinha o foco na preparação para a prova de residência. Decidi sair do postinho depois de seis meses e fui trabalhar com a Gabi.

O ritmo era bem pesado, a gente atendia dez pacientes por hora, em doze horas de plantão, totalizando cento e vinte ao final do dia. Quando as fichas zeravam, já vinha uma pilha novinha, então tinha de haver uma boa logística para não deixar acumular. Eram casos de baixa e média complexidade que a gente avaliava e, quando necessário, medicava e pedia exames. Eu era muito xingada por pacientes nessa época, por diversas razões. Às vezes porque, com todo esse volume de pessoas, eles demoravam para ser atendidos. Em outras situações porque queriam atestado, mas não tinham caso para isso. Confesso que, algumas vezes, após ser xingada e passar por várias situações de desvalorização e estresse, cheguei a me perguntar se aquele ambiente realmente era para mim. Pensei até em desistir e abrir algum tipo de empresa. Eu entendia o lado dos pacientes que, ao dependerem de um sistema de saúde sobrecarregado, muitas vezes lidando com dores não só físicas, mas também emocionais, acabavam perdendo a paciência. Ao mesmo tempo, sabia que era preciso, da parte deles, entender que os profissionais de saúde também têm suas dores físicas e emocionais, e que tratá-los com falta de respeito só piora toda a situação. Assim, aprendi a me impor como médica e a exigir respeito, ainda que sempre com educação. Nessa época eu percebi como era difícil estar na linha de frente, em contato direto com as pessoas, e comecei a considerar que talvez, como eu já imaginava, as minhas realizações não estivessem ali, atrás de uma mesa de consultório, mas fazendo procedimentos no centro cirúrgico. No mesmo período também peguei alguns plantões em ambulância particular e descobri que gostava de lidar com pacientes em estado grave, mas ainda dependia da residência para ter a experiência necessária nesses casos.

Assim, consegui me dedicar mais à preparação para as provas, como havia planejado desde o começo. Passava dias inteiros no cursinho e fazia grupos de estudo com as minhas amigas. A maioria delas, como eu, não havia entrado direto na residência, então a gente se apoiava muito nesse processo. Foi também ao longo desse ano que bati o martelo em relação a qual seria minha especialização.

Quando entrei na faculdade, eu queria ser pediatra. Gostava muito de crianças e achei que isso bastasse. Depois entendi que era muito mais complexo do que eu imaginava, porque, além de gostar das crianças, era necessário gostar da pediatria como um todo, com seus detalhezinhos, e gostar das mães, gostar das avós, gostar dos pais. Durante um tempo, pensei em ser cardiologista, porque adorava estudar o funcionamento cardíaco. Quando comecei a estudar hormônios, quis ser endócrino.

∗

No fim do curso, conforme frequentava o pronto-socorro, meu interesse se voltou para a cirurgia. Eu gostava de emergência, de cuidar de pacientes graves, de ter de fazer as coisas rapidamente, mas tinha dúvidas se sobreviveria à residência de cirurgia porque sabia que era uma das mais puxadas na medicina. Além disso, me perguntava se conseguiria ficar horas em pé fazendo procedimentos, sem ir ao banheiro e sem comer. A minha amiga Gabi já tinha se decidido pela anestesia e começou a chamar minha atenção para o fato de que essa especialidade reunia tudo o que eu gostava: se eu queria ser pediatra, poderia lidar com crianças também; se eu gostava de cardiologia, teria de saber muito sobre o sistema cardíaco; se me interessava por endócrino, precisaria dominar a parte hormonal; e, se a cirurgia me atraía, a anestesia contemplava tanto o aspecto emergencial quanto a possibilidade de realizar procedimentos. Pensei muito sobre todos esses pontos e, na hora de me inscrever para as provas de residência, marquei "X" em anestesia.

Como já tinha mais dinheiro para pagar as inscrições, saí atirando para todos os lados. Tinha um grupo com mais três amigas que estavam prestando a prova: a Gabi, a Karen, que estudou com a gente, frequentava a nossa casa e queria fazer residência em cirurgia, e a Luísa, que não era tão próxima durante a faculdade, mas se aproximou depois e queria pediatria. Formamos um grupo de estudos e, quando chegou o final do ano, reservamos quartos de hotel e fomos prestar prova em alguns cantos do interior de São Paulo. Não queríamos perder nenhuma chance.

Um dia, a Gabi me ligou avisando que tinha descoberto mais um hospital com residência de anestesia em Campinas e que ia me buscar para fazermos a prova. Eu estava recém-operada, porque havia realizado mais um sonho daquela lista, o de colocar silicone, mas já liberada para me movimentar, então fui com ela. Chegando lá, os candidatos faziam prova de manhã, e aqueles que fossem bem passavam para a entrevista à tarde. Eram avaliações muito difíceis e geralmente não direcionadas, ou seja, independentemente da especialização que você quisesse, encontraria perguntas referentes a toda a matéria dos seis anos de faculdade. Era um novo vestibular dentro da medicina e, com a enorme concorrência, cada detalhezinho importava. A Gabi foi bem na prova e passou para a entrevista, mas eu não. Poderia ter ficado a tarde inteira lá, triste, esperando por ela para voltar de carro, mas descobri que naquele mesmo dia ia ter uma aula de revisão na PUC de Sorocaba, direcionada para a prova de lá. Decidi manter o foco e seguir meu rumo, fui para a rodoviária de Campinas, que eu nem sabia onde era, e peguei o ônibus para Sorocaba. Assisti à aula, fiz várias anotações e, nos dias que se seguiram estudei muito, mas muito mesmo para essa prova. Eram apenas cinco vagas para mais de cinquenta candidatos, e ainda assim eu saí do exame confiante.

Alguns dias depois, foi a Luísa quem me ligou e disse: "Thelminha, saiu a lista de Sorocaba, você passou e passou muito bem, viu... em primeiro lugar". Como eu levei dois anos para entrar na faculdade, achei que precisaria de mais dois ou três para chegar à residência, então foi uma grande realização ver as coisas darem certo tão rápido. Tinha passado na Beneficência Portuguesa em São Paulo também, mas lá era estágio, não residência, então não incluía ajuda de custo e eu precisava de dinheiro para viver. Estava decidida a ir para onde eu entrasse, e lá fui eu, depois de um ano em São Paulo, de volta para Sorocaba. Fiquei muito feliz porque tinha conseguido, como combinado comigo mesma, não perder o foco.

※

A residência não foi fácil e marcou uma das fases mais transformadoras da minha vida. Fez de mim a médica que sou hoje e uma mulher muito diferente. Foi um ponto de virada.

Voltei para Sorocaba e tive de começar do zero. Não tinha mais as minhas amigas e o nosso apartamento no Cinga, mas pelo menos tinha algum dinheiro. A primeira providência que tomei foi comprar um carro. Durante meu ano em São Paulo, outro sonho que realizei foi o de tirar a carteira de motorista. Eu via minhas amigas dirigindo e achava o máximo, coisa de mulher independente, então decidi colocar foco nisso também. No começo tive muita dificuldade, por falta de confiança mesmo, mas o Denis, com toda sua paciência, me ajudou a perder o medo. Em Sorocaba eu ia passar por vários hospitais diferentes, que não ficavam perto um do outro ou da faculdade, e todo mundo dizia que ter carro ajudava muito. Fui batendo de concessionária em concessionária em busca de um carro usado e, como eu continuava sem ter crédito nos lugares, foi muito difícil achar quem aceitasse minha compra. Por fim consegui um Fox, pequenininho e automático – me sentia mais tranquila assim –, que foi parcelado em várias vezes. Fui superfeliz mostrar para a minha mãe, porque novamente era importante dividir a conquista com ela. Pegar estrada foi outro desafio, mas tomei coragem e comecei. Então, nesses três anos, na minha segunda passagem por Sorocaba, deixei de frequentar a rodoviária da Barra Funda e passei a ir e voltar dirigindo meu próprio carro.

O próximo passo era alugar um apartamento, o que foi uma saga também. Queriam que eu tivesse um fiador com imóvel próprio em Sorocaba e eu não conhecia ninguém que pudesse assumir esse papel. Com a dificuldade em achar lugar, reservei um quarto de hotel com uma menina da minha turma para passar os primeiros dias e fiquei de tirar um tempinho depois para resolver a questão do apartamento. Na segunda noite nesse hotel, comecei a sentir muita dor no corpo e a princípio pensei que fosse por causa da nova rotina, já que não estava acostumada a passar doze horas por dia em pé no centro cirúrgico, debaixo do ar-condicionado. No dia seguinte, porém, comecei a ter febre muito alta e a dor se intensificou, então voltei para São Paulo e fui ao hospital, onde descobri que estava com dengue. Quinze dias antes eu tinha viajado para Fortaleza com aquelas amigas que estudaram para a residência comigo. Fomos comemorar os resultados positivos, e tudo indica que fui picada lá. Fiquei morrendo de vergonha do meu chefe e de toda a equipe da PUC. Na residência, você é um prestador de serviço, e eu, depois de dois dias de trabalho, estava com um atestado de dengue que me manteria afastada por duas semanas.

Faltando pouco tempo para o fim desse período, eu já me sentia um pouco melhor, então voltei para Sorocaba para resolver a questão do apartamento. Não teria coragem de pedir um dia ao meu chefe depois de tanto tempo longe, então tinha de cuidar disso o mais rápido possível. Consegui uma opção não muito perto da faculdade, mas que aceitava seguro fiança, e aluguei o lugar.

Era um apartamento simples, sem móvel algum, e assim ficou por um bom tempo. Eu tinha acabado de mobiliar a casa em São Paulo e não ia dar conta de equipar mais uma logo em seguida, então garanti apenas o básico: colchão, que ficava no chão mesmo, fogão e geladeira. Até a casa começar a funcionar de verdade, demorou um tempo. Gás e luz ainda não estavam ligados quando eu aluguei, e as companhias só conseguiam resolver isso em horário comercial, que era quando eu estava no hospital. Assim, fiquei um bom período no escuro, tomando banho gelado e comendo fora. Até disse para aquela amiga com quem dividi hotel que ela poderia passar uns dias lá, porque ainda não tinha encontrado apartamento, mas avisei: "Olha, eu não tenho luz nem água quente, é quase um acampamento".

Optei por morar sozinha, como a maioria das pessoas na residência, porque sabia que a rotina seria puxada e que eu precisaria do meu espaço para estudar, mas logo a solidão começou a incomodar e quem me fazia companhia era meu filhotinho de cachorro, o Chico. Como morava no interior, dei a ele esse nome porque planejava arranjar um irmãozinho para ele e depois chamá-lo de Bento. A ideia era que ele fizesse companhia para mim, mas, como eu passava muito tempo no hospital, o bichinho é que ficava sozinho, então logo passei a deixá-lo mais em São Paulo, com o Denis e a minha mãe. Ainda assim, quando estava comigo, ele era um grande companheiro. Quando pegávamos estrada, o Chico era praticamente meu amuleto da sorte. Eu o colocava na cadeirinha, com cinto de segurança, e era como se ele me desse apoio do banco de trás. Lembro-me da noite em que pegamos uma tempestade e eu, morrendo de medo, só pensava que ele estava ali me dando força. Com o passar do tempo, comprei televisão, cama, mesa. O Denis pintou uma parede e deixou o apartamento mais alegre. Assim, minha nova casa em Sorocaba foi se formando.

O valor da bolsa que eu recebia era suficiente para cobrir meus gastos lá, mas não todas as outras contas em São Paulo. Eu tinha feito plano de saúde para mim, para a minha mãe e para o meu pai e os ajudava com os custos da casa. Meu pai estava muito melhor da doença, mas continuava se tratando e sem trabalhar. Muitas pessoas que, antes da residência, passavam um ano trabalhando em posto de saúde ou fazendo plantão como eu conseguiam guardar dinheiro para viver com mais conforto quando voltavam a estudar. Não foi o meu caso, porque eu tive de resolver todas as pendências das quais falei, de compra de roupa a reforma de casa, e ainda tinha assumido novas responsabilidades que não podia abandonar. Assim, fui para Sorocaba já sabendo que precisaria conciliar a carga horária da residência com algum trabalho fora. Eu tinha consciência de que ia ser muito puxado.

Para a residência, eu dedicava sessenta horas semanais, doze horas por dia de segunda a sexta, mais um ou dois plantões por mês de doze horas também. Quando tinha de fazer esses plantões, em geral os pegava sexta à noite e, como havia passado o dia na residência, emendava vinte e quatro horas direto de trabalho. A minha rotina era mais ou menos a seguinte: todo dia, chegava às sete horas da manhã em ponto no centro cirúrgico – se chegasse às sete e cinco, o chefe me dava "boa tarde" –, já vestida com a roupa verde do hospital, sapato apropriado, touca e máscara. Com os outros residentes, via as cirurgias do dia e as dividíamos entre nós. Sabendo de qual eu participaria, ia avaliar o paciente, entender as condições dele e por quais procedimentos passaria. Levava toda a história para o meu chefe e discutia com ele que tipo de anestesia fazer. Com tudo decidido, ia à farmácia pegar os medicamentos e me encaminhava para a cirurgia. Chegando à sala, tinha de checar e rechecar tudo: o material, o aparelho, o respirador, os instrumentos, os medicamentos. A gente costuma comparar a anestesia com a aeronáutica, porque, para minimizar ao máximo as possibilidades de erro, você tem de checar tudo muitas vezes. Quando a sala e o cirurgião estavam prontos, buscava o paciente e aplicava a anestesia com o auxílio do chefe. Ao longo da cirurgia, ia fazendo a manutenção da anestesia, reaplicando a dose, e às vezes precisava lidar com intercorrências. O procedimento poderia levar meia hora ou uma, duas, sete, oito. Às vezes eu ficava o dia inteiro em uma única cirurgia, e às vezes fazia várias. Só dava para ir ao banheiro se algum colega ficasse no meu lugar, e para comer era a mesma coisa. Em alguns dias eu almoçava às onze horas, em outros às catorze, em outros às dezessete. Isso fez com que, ao longo do tempo, eu desenvolvesse uma resistência grande, de modo que consigo passar horas e horas sem ir ao banheiro e sem me alimentar – o que com toda certeza foi de grande ajuda nas provas do BBB. Depois da cirurgia, tinha de acordar o paciente, ver se estava tudo bem e levá-lo para a sala de recuperação. Os residentes se revezavam para passar um dia da semana inteiro nessa sala, monitorando pacientes recém-operados, porque lá eles podiam ter febre, náusea, vômito, e é responsabilidade do anestesista medicá-los. Quando entendi a rotina da anestesia, eu me encontrei e vi que tinha feito a escolha certa.

No caso dos plantões da madrugada, o esquema era diferente. A gente dormia e era acordado quando chegava um caso. Algumas noites eu passava desperta e em outras, mais tranquilas, conseguia descansar. Para isso, havia uma sala cheia de beliches chamada "conforto médico". Quando tinha espaço, eu dormia lá, nas camas, e quando não tinha eu ia para o sofá ou pegava um colchão e me deitava em alguma sala vazia, descansando onde dava.

Eu digo que a residência transformou a minha vida. Ainda que eu já tivesse me formado médica, foi o que me tornou uma médica completa e qualificada. Afinal, nada mais é do que isso: ao terminar o programa, você recebe um certificado de qualificação para atuar em certa especialidade. A anestesia envolve muitos aspectos: você tem de considerar as condições do paciente, o tipo de cirurgia e até de cirurgião, já que cada um trabalha de uma forma, e pensar qual é o melhor tipo de anestesia, quantas doses, em que quantidade. Logo que eu cheguei, via os meus chefes fazendo isso e me perguntava se algum dia seria como eles. Assim como na faculdade, eu sabia que precisava aprender o máximo possível porque, saindo dali, não teria mais professores do meu lado. No terceiro e último ano, vi que eu tinha, afinal, me tornado uma daquelas pessoas: eu era capaz de ligar todos os pontos importantes e decidir o que fazer rapidamente.

Durante todo o processo de formação, os casos mais marcantes foram os mais difíceis, como a primeira vez em que perdi um paciente na mesa. Era um rapaz jovem, de vinte e poucos anos, que precisava fazer uma cirurgia no pulmão. Depois de muita dúvida sobre ele estar apto ou não para operar, já que seu pulmão estava muito debilitado, meu chefe e o cirurgião decidiram que, como ele corria risco de vida de qualquer jeito, indo para a mesa de cirurgia ou não, valia a pena tentar. Era um procedimento complicado, feito de lado, e, quando terminamos e viramos o paciente de barriga para cima, ele teve uma parada cardíaca. O cirurgião o reanimou e o abriu de novo para ver o que tinha dado errado. Fizemos tudo o que era possível, mas ele não resistiu. Eu já havia perdido pacientes que chegavam à emergência ou que estavam na UTI em estado grave, mas era a primeira vez que via um paciente de cirurgia eletiva morrer na mesa. Tive de lidar com aquela sensação inevitável de culpa, com a minha mente se perguntando se podia ter feito mais, se podia ter feito diferente. Com o tempo e a experiência, fui entendendo que não, que em geral fazemos o que é possível e que sempre haverá casos que fogem do nosso alcance. Por mais difícil que seja no começo e ainda que o cuidado e a preocupação estejam sempre presentes, a gente aprende a lidar melhor com a morte e aceita que, na medicina, nem tudo é previsível.

∗

Ainda que a rotina da residência em si fosse muito puxada, eu precisava de mais dinheiro para pagar as contas de São Paulo, então logo fui atrás de outros empregos. O primeiro que encontrei era apelidado de

"Plantão Cinderela", porque era das seis da tarde à meia-noite, horário de pico no pronto-socorro. Era perfeito para mim, porque eu o pegava voltando de São Paulo depois do almoço de domingo e ainda tinha tempo de dormir e descansar antes da residência, no dia seguinte. Eventualmente passei a fazer o "Plantão Cinderela" também no sábado, que tecnicamente era o meu dia livre. Às vezes, se a residência acabava mais cedo durante a semana, saía correndo e pegava mais um. Passei um ano nesse esquema de pegar vários plantõezinhos e, como o dinheiro não era suficiente, decidi prestar concurso público e fui aprovada. Era para dar plantão em um pronto-atendimento muito pesado de Sorocaba, que recebia ambulâncias e pacientes em estado grave. Para assumir o concurso, tive de fazer procuração para um colega que tomou posse por mim. Não podia pedir folga ao chefe da residência porque ele, em geral, não gostava que a gente atuasse em outros lugares, queria que tivéssemos dedicação exclusiva. Começou aí o período da minha vida em que eu mais trabalhei.

O único dia desse plantão compatível com os meus horários era quarta-feira, das sete da noite às sete da manhã. Então, toda quarta eu passava doze horas na residência, entre trabalho e aula, às sete da noite pegava o carro e ia correndo para o pronto-socorro dar plantão. Era ficha, paciente grave, ficha, paciente grave, até que lá pelas onze horas eu tirava meu horário de janta e comia no único lugar que tinha ali na rua, um McDonald's. Voltava e continuava a trabalhar. Por volta das duas da manhã, o fluxo de pacientes diminuía e eu conseguia me deitar um pouco, tirar um cochilo, mas sempre um sono maldormido. Antes das sete horas, tomava banho no próprio hospital e ia para a residência novamente, onde passava mais doze horas, completando trinta e seis horas sem parar.

Só havia um "porém": minha carga horária na prefeitura era de sessenta horas por mês e, indo uma vez por semana, eu cumpria quarenta e oito, então faltavam doze. Para fazer esse plantão extra, só tinha vaga na quinta-feira, de modo que, na última semana do mês, eu emendava o dia de quarta com a noite de quarta, com o dia de quinta, com a noite de quinta e com o dia de sexta, trabalhando por sessenta horas seguidas. Saía do último plantão doida para ver minha família, para voltar para São Paulo, e o cansaço era tanto que uma vez tive de parar o carro no meio da estrada porque minha perna começou a falhar e eu não conseguia dirigir. Estava sempre tomando café e energético, e meu melhor descanso era na pausa de uma hora que tinha para o almoço. Comia em cinco minutos no refeitório do hospital e ia direto para o carro, baixava o banco e dormia até a hora de voltar. Era o mais perto que eu chegava de me sentir revigorada. Hoje eu acho que, se consegui ficar vinte e seis horas em uma prova de resistência no Big Brother Brasil, foi porque eu já tinha aguentado muito mais do que isso. Era uma rotina absurda, mas da qual eu não conseguia abrir mão. Eu precisava daquele dinheiro para mim e para a minha família, para nossos custos básicos, mas também para bancar todos os sonhos dos quais eu tinha me privado por tanto tempo. Nessa época, eu comecei a viajar nas férias. Fui à Disney com o Denis, fiz um cruzeiro com a minha mãe. Eu me matava de trabalhar na residência, mas quando via o dinheiro entrar queria usá-lo também para me divertir.

A rotina era puxada, mas, por incrível que pareça, se eu tiver de dizer qual foi o maior desafio desses três anos, digo que não foi a carga horária, e sim lidar com o ambiente da residência em si. Quando eu escolhi fazer anestesia, já sabia que a especialização tendia a ser mais machista que o normal. Com essa rotina de trabalho que envolve, em geral, plantões de doze horas, o anestesista não tem a flexibilidade de uma clínica, por exemplo, na qual o médico pode definir sua carga horária e alterá-la de acordo com as necessidades. Sendo assim, eu sempre ouvia dizer que anestesia era uma especialidade ruim para mulheres, não só por ser pesada, mas porque "como poderia uma mulher cuidar dos filhos com um regime de trabalho desses?". Se a criança ficasse doente, por exemplo, a mãe sairia no meio do plantão para ajudar? Como se essas não fossem responsabilidades que pertencessem aos homens também. Eu sempre quis ter filhos e poderia ter me assustado com esses questionamentos, mas sabia que eles carregavam muito mais machismo do que preocupação. Decidi não dar ouvidos e segui em frente com a minha escolha.

Na residência, nós atuávamos em uma série de hospitais vinculados, sendo orientados por uma equipe de quinze anestesistas, dos quais catorze eram homens e uma única mulher, solteira. Tínhamos dois chefes principais para os quais prestávamos contas, o que significava, na teoria, mostrar assiduidade, pontualidade e produção acadêmica. Na prática, era muito mais do que isso, só faltava ter de bater continência. Nossa turma era de cinco pessoas, três mulheres e dois homens, e a diferença na forma como nós, garotas, éramos tratadas ficava evidente todos os dias. A convivência fluía basicamente como se eles fossem inteligentes, e nós, burras; como se eles tivessem capacidade de fazer as coisas, e nós, não. Era como se sempre estivéssemos alguns passos atrás, tendo de nos provar. Enquanto eles recebiam elogios, nós ouvíamos que não éramos boas o suficiente.

O ambiente da residência já era tenso por si só, afinal a anestesia exige muita responsabilidade. Às vezes, na sala de cirurgia, tínhamos de lidar com casos graves, intercorrências, complicações e decidir em segundos o que fazer. Além disso, manipulávamos substâncias poderosas que precisavam ser administradas com muito cuidado e precisão. A curva de aprendizado na residência é gigantesca, então, principalmente no começo, mesmo já tendo um diploma de medicina, a insegurança é enorme, você sabe que ainda tem muito a aprender. Somado a um ambiente de machismo e assédio moral, isso fazia com que o dia a dia fosse realmente difícil.

Nós, mulheres, fazíamos piada interna dizendo que éramos como três toletes de cocô na cabeça dos chefes, porque era assim que nos sentíamos: como se nossa presença não significasse nada. Muitas vezes nem se referiam a nós pelo nome. Enquanto os meninos tinham individualidade, nós éramos só "as meninas". Um bom exemplo da nossa situação é que, ao longo da residência, surgiam diversas conversas sobre onde os homens iam trabalhar e sobre a possibilidade de se manterem naquela equipe, enquanto nós sabíamos que não tínhamos a menor chance. Era algo com que eles, diferente de nós, podiam sonhar. Logo nós nos juntamos com as meninas dos outros anos e criamos um grupo que chamávamos de "Princesas da anestesia". Éramos cinco e nos unimos para apoiar umas às outras, para nos proteger e nos ajudar.

Eu já entendia que o que acontecia ali era machismo, mas ainda não conhecia o poder do feminismo. Hoje se fala muito sobre sororidade, o tipo de coisa que não era assunto na época, e eu acredito que esses anos teriam sido diferentes, e mais fáceis, se eu soubesse que tantas mulheres passavam por situações parecidas nas suas profissões e que existia uma articulação para mudar isso. Se naquele período eu conhecesse o poder dessa união, teria me sentido mais forte – como me sinto hoje – para bater de frente e reivindicar meus direitos. Com o grupo "Princesas da anestesia", eu comecei a entender isso, a importância de termos umas às outras, e na casa do Big Brother Brasil, o lugar mais machista em que eu já estive, essa compreensão se aflorou.

Depois entraram alguns homens gays na residência e, como eles também enfrentavam dificuldades naquele ambiente, existia uma empatia muito grande entre nós. No centro cirúrgico, eu nunca ouvi uma piada racista, porque o racismo já era crime e, assim, não o manifestavam de forma tão explícita. As piadas machistas e homofóbicas, por outro lado, faziam parte da rotina. Acabávamos dividindo as causas e nos unindo também.

Somava-se a todas essas questões o fato de que, como eu já mencionei antes, a medicina é um campo onde a hierarquia é muito forte, algo que só se intensifica durante a residência. Como são três anos, as turmas são chamadas de R1, R2 e R3, de acordo com o ano em que estão. Eu digo que a curva de aprendizagem da anestesia começa com uma ladeira e depois se estabiliza. É como andar de bicicleta: no começo pode ser muito difícil, mas, depois que você aprende, nunca mais esquece. Então, o primeiro ano é de um aprendizado gigantesco, em que você sente que está saindo do zero. Depois, chega um ponto em que a principal diferença entre o R2 e o R3 é que aquele que está um ano à frente já viu muito mais casos, já lidou com mais intercorrências e, por isso, aumentou seu arsenal para resolver as situações. Ainda que a variação no nível de conhecimento exista e deva ser levada em consideração, a hierarquia faz com que os alunos comprem uma dinâmica segundo a qual quem chegou depois é visto como inferior em todos os aspectos. Com isso, os R3 têm privilégios em relação aos R2, que têm privilégios em relação aos R1. Os mais velhos escolhem de que cirurgias participar e deixam aquelas em que não têm interesse para os outros. Tudo o que é mais chato, que é braçal, que é menos importante, assim como os piores plantões, fica para os alunos do primeiro ano. Esse modo de funcionamento, somado aos outros problemas, tornava a rotina ainda mais desafiadora. O ambiente na residência nunca era bom.

Havia problemas também que transcendiam o campo da anestesia, como cirurgiões que, mesmo atuando em hospitais-escolas, não queriam residentes lidando com seus pacientes. Todos que eram operados ali tinham consciência da dinâmica, e negar isso era romper com o próprio ciclo da vida da medicina, em que as pessoas precisam ser atendidas por residentes para que continue havendo médicos. Quando ficavam incomodados, os cirurgiões também nos tratavam mal.

Por fim, não tínhamos muitas distrações ou momentos de diversão. Enquanto na faculdade íamos a pelo menos uma festa por semana, na residência a nossa vida social era sair para jantar depois do expediente e conversar sobre as coisas que aconteciam no hospital.

Uma passagem do primeiro ano da qual nunca esqueço foi quando um médico me mandou pegar um ventilador no carro dele. Independentemente de ser R1, R2, R3, aquele não era o meu papel. Mas o peso de falar não e desafiá-lo de alguma forma era enorme e podia levar a advertências, e um certo número delas resultava em expulsão. O ambiente era muito político, tínhamos de fazer tudo o que eles quisessem para agradar. Por muito tempo, principalmente no primeiro ano, eu escolhi abaixar a cabeça e não discutir, como havia feito até então na faculdade e em outros espaços, como a escola de balé. A forma como eu lidava com isso era mostrando a minha capacidade. Mesmo com uma rotina intensa de trabalho, eu estudava muito para ser excelente no que fazia. Eu adorava lidar com pacientes graves e sabia que não bastava participar apenas de cirurgias simples, porque saindo de lá podia me deparar com todo tipo de situação. Sendo assim, sempre me oferecia e pedia para ajudar em procedimentos complicados, cirurgias cardíacas, de coluna, de pulmão, neurológicas; eu queria ter um arsenal de experiências bem completo.

Passei muito tempo tentando impor respeito através da minha capacidade, mas eu costumo dizer – e falei isso inclusive na seletiva do BBB – que sou como um balde no qual a água vai gotejando, gotejando, gotejando, até a hora em que transborda. Em outras palavras, chega um ponto em que eu fico de saco cheio, e foi o que aconteceu na residência. É claro que ser corrigida fazia parte do dia a dia; afinal, você está lidando com a vida das pessoas, não pode cometer erros a ponto de comprometê-las. Além disso, os chefes eram responsáveis pelos residentes e isso fazia com que qualquer problema recaísse sobre eles, o que gerava muito estresse. Eu entendi isso quando passei eu mesma a assistir residentes, mas, estando do outro lado da história, confirmei também que nada justificava o assédio moral a que nos submetiam. Em algum momento entre o segundo e o terceiro ano, eu percebi que já tinha passado tempo demais levando paulada e abaixando a cabeça, e decidi que não aceitaria mais ser tratada com hostilidade, então comecei a peitar meus chefes. Nunca faltei com respeito, mas percebi a importância de me impor, de questionar o que acontecia.

Uma vez, um chefe veio falar comigo de forma extremamente grosseira, e eu, cansada de ser tratada daquele jeito, disse com todas as palavras que nós estávamos em um ambiente profissional, no qual a função dele era me dar ordens do que fazer como anestesista para que eu as executasse, mas que, se ele quisesse gritar e agir com grosseria, fizesse isso com outra pessoa, porque eu não tinha nada a ver com os problemas dele. Hoje acho que fiz até pouco.

Em outra situação, eu já era R3 e estava prestes a entrar em uma cirurgia na qual anestesiaria uma gestante de 170 quilos. Era um procedimento de risco e uma experiência desafiadora, que tinha muito a me ensinar. De repente recebi uma mensagem de um dos chefes me mandando ir para outro hospital onde estavam precisando de gente para fazer trabalho braçal, ou seja, cirurgias de rotina. Já na reta final da residência, eram anestesias que não iam agregar nada ao meu aprendizado. Ainda que os residentes estejam nos hospitais como médicos, com a mesma responsabilidade que eles, são pessoas que estão lá para aprender, que trabalham em troca do aprendizado. Quem recebe para fazer todo o tipo de cirurgia que aparece são os médicos responsáveis. Sabendo disso, respondi ao meu chefe que não iria, que estava prestes a participar de uma cirurgia na qual precisavam da minha ajuda e que seria um caso muito significativo para o meu aprendizado, então não sairia de lá. Isso era um ato de rebeldia. Na ordem natural das coisas, eu deveria ter seguido a orientação sem questionar, mas esse já não era mais o meu perfil. Além disso, eu debatia usando argumentos, deixando claro que, se eu me retirasse daquela cirurgia, por exemplo, comprovaria que só estava lá para trabalhar para ele, e não para aprender.

Eu era a única pessoa negra da residência durante os três anos que passei por lá. Considerando também os quatro que trabalhei depois dela, não cheguei a conhecer nem cinco anestesistas negros. Sempre ouço falar, mesmo nunca tendo visto pessoalmente, de uma outra anestesista negra de São Paulo, só porque todo mundo pergunta: "Você é irmã dela? Nossa, é a sua cara". Como disse antes, nunca foram explicitamente racistas comigo na residência. Mas o racismo se coloca de diversas formas, e eu vi coisas muito tristes acontecerem. Existe uma crença de que mulheres negras são mais fortes e resistentes à dor, o que não é verdade e faz com que muitas sejam submetidas a sofrimentos desnecessários. Uma pesquisa da Fiocruz de 2017, por exemplo, analisou partos no Brasil e mostrou que a chance de mulheres negras não receberem anestesia em procedimentos de episiotomia – corte na região do períneo para ampliar o espaço de passagem do bebê em partos vaginais – era 50% maior que a de mulheres brancas. Só uma amostra de como isso está entremeado na sociedade e, infelizmente, na medicina. No hospital, em uma situação que não era de parto, vi um dos meus chefes destratar uma mulher negra e estrangeira que estava com dor. "Aguenta aí, nem tá doendo" era o tipo de coisa que ele falava para ela. Ainda que não tenha xingado a paciente ou falado sobre a sua cor explicitamente, ele subestimou a dor que ela estava sentindo e não interveio diante do seu sofrimento. Naquela situação, submissa à chefia dele, eu senti uma fragilidade muito grande e prestei a ela o máximo de assistência que pude. Falo disso com clareza hoje, mas na hora não entendi tão rápido que aquilo era racismo. Às vezes, nós, pessoas negras, passamos por situações tão chocantes que demoramos para acreditar que o que está acontecendo tem a ver com a cor da nossa pele. A ficha demora para cair e eventualmente você sente que perdeu o tempo de rebater.

Se eu entendesse naquela época tudo o que eu entendo hoje, teria me posicionado de forma diferente, teria questionado o que ele estava fazendo. Estou sempre revendo situações do passado com outros olhos e sinto uma vontade enorme de voltar no tempo e mudar o modo como me comportei. Mas a consciência que eu tenho e a forma como me coloco agora são resultado de um processo muito longo, da aquisição de uma bagagem que ainda está em construção. Eu acredito que todo tipo de opressão que eu vivi, frequentando ambientes predominantemente brancos, machistas e hierarquizados, foi despertando a gana que eu tenho hoje de questionar, de debater, de ocupar o meu espaço. Esses ambientes construíram a ativista que eu sou hoje. Eu vivi muitas situações de opressão de cabeça baixa, desde quando a professora de balé disse que eu não servia para fazer papel de polonesa, até quando o professor de medicina falou que pessoas negras tinham menos capacidade intelectual. Na residência, diante do machismo explícito, eu até comecei a bater de frente, mas sei que deveria ter batido mais. Quando eu me via em espaços que foram difíceis de conquistar e nos quais eu era minoria, achava que devia aceitar tudo quieta. Era como se eu devesse gratidão às pessoas por poder estar ali, quando na verdade foram sempre posições que eu conquistei. A residência foi o momento em que isso começou a mudar. Eu me tornei anestesista e, nesse processo, me tornei outra mulher também. Depois de "engolir sapos" até não aguentar mais, tive de colocar tudo para fora. Hoje, se eu não fico quieta diante de situações que passam por cima dos meus princípios, é porque no passado me calei demais.

CAPÍTULO 9

Libertação capilar

Por muito tempo eu me entendi negra a partir da diferença. A partir do fato de que, em diversos espaços, eu não me enxergava nas outras pessoas. Eu era a única pessoa com essa cor de pele e isso significava passar por situações diferentes das situações das minhas colegas brancas. Nas escolas particulares onde estudei, havia no máximo mais uma ou duas garotas negras. No balé também. No cursinho mais barato, até encontrava algumas pessoas. No mais caro, ninguém. Na minha turma da faculdade, só eu. Na residência, só eu de novo. Desde cedo, minha mãe reforçava essa percepção quando comemorava a presença de "outra pretinha" na escola ou deixava claro que eu precisava estar sempre impecável, que não podia ser menos que a melhor. Conforme fui crescendo, passei a fazer cada vez mais comparações. Eu sabia que as minhas amigas brancas não levariam enquadro fazendo compras na 25 de Março, como eu levei. Não teriam sua presença questionada no hospital como eu, mais de uma vez, tive. Nos mesmos cenários, nossas experiências eram diferentes por causa da cor da nossa pele. No hospital não era comum eu ser médica, mas na 25 de Março era comum eu ser ladra.

Nesses espaços predominantemente brancos, chegava um momento em que eu até era inserida e aceita, mas, quando isso acontecia, era como se apagassem a minha cor. Não por uma crença de que somos iguais e de que me tratar diferente seria errado, mas porque, se eu tinha chegado até o mesmo lugar que eles, não fazia sentido que eu fosse negra. A partir do momento em que eu era uma anestesista, dentro de um centro cirúrgico, falando de igual para igual, com autonomia e autoridade para fazer o que eu quisesse, a única forma de aceitar isso era invisibilizar a minha cor. Se falo isso é porque vivi situações e escutei comentários racistas sendo colocados para fora como se eu não estivesse ali. Na verdade, como se aquilo não fosse me atingir. Era como se dissessem: "O racismo não dói mais em você, você já é um dos nossos". Mas sempre doeu. Sempre doeu porque estar entre pessoas brancas nunca fez com que eu não me enxergasse negra. Eu sempre olhei ao redor e me senti sozinha, eu nunca me esqueci o lugar de onde eu vim e tudo o que eu vivi.

 E nunca deixei de ter em mente também o fato de que eu sou uma exceção. Quem acredita em meritocracia olha para a minha história e diz: "Tá vendo? Se ela conseguiu, todo mundo consegue", mas, em uma sociedade estruturalmente racista, a regra não é essa. Aquelas pessoas que normalizavam a minha presença em espaços difíceis de alcançar, quando questionadas sobre questões sociais mais profundas, se sentiam confortáveis para emitir comentários racistas e se posicionar contra políticas de inclusão, por exemplo. Assim, deixavam claro que, ao mesmo tempo que me viam como igual, não aceitavam que mais pessoas negras também o fossem. Aí já seria demais.

 Se por tanto tempo eu entendi o que significava ser uma mulher negra por meio da diferença e da comparação, um dia a semelhança começou a ser importante também. Sempre que eu via alguma celebridade negra se destacando, mulheres como Taís Araújo, Glória Maria e Isabel Fillardis, era muito gratificante. Mesmo sendo poucas, eu me enxergava nelas, e acompanhar o seu sucesso me inspirava. A representatividade começava a me mostrar seu poder.

 Um dos momentos em que isso foi mais forte na minha vida foi quando, já com 30 anos de idade, decidi passar pelo processo de transição capilar. Mais do que uma mudança no cabelo, foi um processo de libertação, que me fez assumir quem eu era e me orgulhar da minha história.

Eu sempre fui muito vaidosa, desde criança. Herdei isso da minha mãe, que até curso de cabeleireira fez, e da minha avó. Elas sabiam arrumar os próprios cabelos, fazer a unha, passar maquiagem, e me ensinaram tudo isso logo cedo. Elas me ensinaram também que cabelo bonito era cabelo liso. A referência delas era essa; reconhecer o cabelo crespo como belo e cuidar dele não fazia parte da vida das duas. Para elas, quem não tinha madeixas lisas tinha de correr atrás e encontrar uma forma de alisá-las. Entre os métodos que minha mãe usava, esquentar o pente de ferro no fogão e passar no cabelo, como se fosse uma chapinha, era um clássico, assim como colocar química nas mechas e enrolar em bobes, já que eles esticavam os fios, deixando-os mais lisos.

Minha mãe não sabia cuidar do meu cabelo. Lembro que, quando ela pegava para desembaraçá-los, eu sofria de dor e pedia à minha avó para assumir seu lugar. Tenho viva na memória uma imagem que tantas meninas negras têm registrada em foto: de estar sentada entre as pernas da minha avó enquanto ela me penteava. Só ela sabia fazer isso de uma forma que não doía. Ao longo da infância, o que as duas mais faziam era trançar meu cabelo crespo. Não eram tranças lindas e estilosas, eram duas marias-chiquinhas ou uma trança só no meio da cabeça.

Quando cheguei à adolescência, todas as minhas amigas do colégio tinham cabelo liso, e eu decidi que queria também. Não me lembro com clareza, mas sei que sofria algum tipo de bullying por ser a única de cabelo crespo e só usar tranças. Pedi à minha mãe que me levasse ao salão para fazer o alisamento e ela aceitou, afinal beleza era aquilo para ela também. Não havia um discurso de "seu cabelo é bonito assim" ou "vamos arrumar desse jeito". Era como se todas as mulheres crespas e cacheadas estivessem fadadas a, em algum momento da vida, alisar o cabelo para se adequarem ao padrão de beleza. Era natural.

Com mais ou menos 12 anos, comecei a colocar química no cabelo. No salão, separavam as minhas mechas, passavam um produto branco e o deixavam lá por um tempo fazendo efeito. Ardia, ardia, ardia tanto que chegava um ponto em que parecia insuportável. Mas a cabeleireira dizia que ainda faltavam alguns minutos para o efeito estar completo, e eu dava um jeito de suportar, porque sabia que valeria a pena. Quando ela lavava, era um alívio! A pior parte da queimação tinha passado. Depois de enxaguar, ela fazia escova, passava chapinha e eu saía de lá com o cabelo liso, lisíssimo, completamente chapado – o que só durava um dia, depois já não ficava igual. Saía também sentindo a cabeça queimar. Na manhã seguinte, passava a mão no couro cabeludo e percebia as feridas se formando, sentia uma casquinha do lado da outra, e logo a cabeça toda tomada delas. Isso quando não havia consequências mais sérias. Até febre vi algumas pessoas terem, mas todo esse processo era considerado normal. Pela suposta beleza, valia a pena.

Depois que eu comecei a fazer isso, logo virei refém do meu cabelo. Passados três meses, a raiz crescia crespa de novo e eu precisava repetir o procedimento. Porém, não tinha dinheiro para ir ao salão com tanta frequência nem coragem para fazer em casa. Também não conseguia comprar secador e chapinha, então tentava outros procedimentos caseiros para deixá-lo mais bonito. Como a química ressecava os fios, fazia hidratação com abacate, com ovo, com todo tipo de coisa que me falavam que era bom. Colocava uma touca plástica e deixava lá. Apesar das tentativas, depois que a raiz crescia, nenhum penteado ficava bom e eu me sentia feia com meu cabelo natural. Não gostava do que eu via. Sendo adolescente, ainda por cima, era horrível não me encaixar no padrão. Então, quando se aproximava qualquer evento ou festa da escola, eu pedia à minha mãe para pagar o salão.

Passei mais de quinze anos alisando o cabelo. Em todas as minhas fotos da adolescência e começo da vida adulta, ele está ou liso, ou meio liso, meio crespo, de quando eu não tinha dinheiro. Até que cheguei aos últimos anos narrados aqui, quando, durante a residência, muita coisa dentro de mim começou a se transformar. Conforme eu entendia melhor quem eu era, quais eram as minhas crenças e posicionamentos, mais me tornava mais crítica em relação ao mundo ao meu redor. Comecei a ver na internet um movimento de meninas fazendo o tal *big chop*, o grande corte que era o início do processo de transição capilar. Elas iam mostrando aos pouquinhos cada etapa de crescimento do cabelo e eu pensava: *Meu Deus, não tenho coragem*. Apesar da relação difícil com ele, eu era vaidosa e me orgulhava muito dos meus fios compridos, então a ideia de cortar quase todo o cabelo e esperar crescer do zero me assustava bastante.

Ainda assim, depois de assistir a tantos vídeos que mostravam meninas fazendo a tal transição, fui ficando com vontade de ter meu cabelo natural de volta. Mais uma vez, a representatividade mostrou sua importância, e ver muitas mulheres negras passando por aquele processo foi me dando coragem para encarar o meu. Eu encontrei na internet referências que não havia no meu convívio e percebi que não estava sozinha. Eu me enxerguei nelas e me empoderei por meio das suas experiências. Ao mesmo tempo, comecei a ver na mídia mais mulheres de cabelo crespo e cacheado, não só aquele liso de chapinha que predominou por tanto tempo. Tudo isso foi me dando coragem para me libertar, e decidi que havia chegado a minha vez.

Fui a um salão de cabelo étnico perguntar ao cabeleireiro se, quando eu fizesse o tal do grande corte, podia colocar um aplique para disfarçar, enquanto esperava crescer. Ele disse que não, que estragaria meu cabelo, e eu decidi que naquele dia só tiraria as pontinhas mesmo, adiando o processo mais um pouco. Lembro que o lugar tinha dois andares; fui para o de cima e deixei minha mãe esperando no andar de baixo. Quando o cabeleireiro perguntou onde eu queria cortar, eu disse que ele podia tirar o que estivesse mais quebrado, ao que ele respondeu: "Seu cabelo tá todo quebrado". Na hora, a coragem bateu e eu falei: "Então corta tudo". Só me lembro de ele prender meu cabelo num rabo de cavalo e passar a tesoura.

Quando eu vi o resultado, me senti muito insegura. Eu me perguntei por que tinha feito aquilo e só conseguia pensar no que as pessoas iam achar. Desci as escadas para encontrar minha mãe e ela ficou assustada com a minha coragem, já que estava esperando que eu tirasse só as pontas e, de repente, eu estava com o cabelo curtinho, mas logo elogiou o corte. No fim das contas, saí do salão me sentindo bem. Mesmo com a insegurança, sabia que tinha feito o que devia. As pessoas em geral elogiaram, falaram que eu fiquei bem de cabelo curto, que fiquei mais jovem, e isso com certeza ajudou. Eu fui me olhando no espelho e gostando, encontrando acessórios para combinar, fui me fortalecendo e me conscientizando do valor daquele processo. Fiquei ansiosa para ver como seria o crescimento também, afinal não via aquela parte de mim há muito tempo e, nos tantos vídeos a que assisti na internet, entendi que para cada pessoa acontecia de forma diferente.

Meu cabelo foi nascendo e eu nasci de novo junto com ele. Era como um filho que eu via pela primeira vez e queria conhecer cada pedacinho dele. Eu já não me lembrava de como ele era, não me lembrava da sua textura e descobri que, na verdade, ele tem várias. Em um lugar, o cacho é mais aberto; em outro, é mais crespo. Fui aprendendo também a cuidar dele. Testei vários produtos que, naquele momento, estavam surgindo no mercado com mais força, já que tantas mulheres voltavam aos seus cabelos naturais como eu.

Outro contato muito importante com a minha ancestralidade se deu quando, já adulta, comecei a usar *box braids* – tranças individuais feitas em toda a extensão do cabelo, que têm como papel unir os fios naturais aos sintéticos. Com as tranças, passei a me sentir ainda mais empoderada. Fazia questão de deixá-las com bastante volume, mesmo sabendo que seria um desafio colocá-las dentro das toucas do centro cirúrgico – que geralmente são pequenas e, infelizmente, ainda contam com poucas opções para o volume dos cabelos trançados. Comecei a me desafiar no que diz respeito a isso também. As muitas horas trançando valiam a pena, assim como a adaptação às toucas para, cada vez mais, reconhecer e valorizar toda a história que as minhas tranças carregavam. Fiz questão, inclusive, de levá-las para o Big Brother Brasil, de modo que entrei na casa com o cabelo trançado.

Antes de ir para o programa, eu via marcas de produtos capilares contratando embaixadoras negras, crespas e cacheadas, e sonhava em ser uma delas. Quando eu saí do BBB, quatro empresas diferentes me chamaram para assumir essa posição. Todas as minhas expectativas foram superadas. Depois de tanto tempo vivendo uma relação de sofrimento com o meu cabelo, eu o vi renascer e hoje posso compartilhar o valor dele com tantas pessoas que, como eu lá atrás, buscam inspiração e coragem para se conectar com essa parte de quem elas são. Eu sinto que tudo valeu a pena. É como se um ciclo se fechasse.

Mais do que uma mudança no meu cabelo, a transição capilar foi um processo de autoconhecimento, de reconexão com as minhas origens, com as minhas raízes. Depois de uma vida inteira frequentando ambientes brancos e tentando me encaixar nos seus padrões para ser aceita, eu me libertei. Deixei de ter vergonha de quem eu era e passei a mostrar às pessoas a Thelma de verdade, por dentro e por fora.

CAPÍTULO 10

Meu investimento de risco

Depois de nove anos em Sorocaba, seis na faculdade e três na residência, eu sabia que era hora de voltar para São Paulo. Conhecia a cidade do interior como a palma da minha mão, mas o mercado de trabalho lá não era tão grande e, na equipe machista em que eu estava, não havia chance de continuar. Além disso, eu já estava cansada de viver longe da minha família, queria voltar para perto deles e do Denis e começar a planejar meu casamento.

No fim do terceiro ano de residência, comecei a falar com meus contatos em São Paulo e percebi que, com a crise econômica de 2016, mesmo para uma área como a anestesia, o mercado não estava em seu melhor momento. Havia emprego, mas não muitas opções. Eu não pude escolher hospitais perto de casa, por exemplo, tendo de ir para lugares bem distantes porque era onde encontrava vaga. Um dos primeiros locais onde trabalhei foi um hospital em São Bernardo do Campo, para onde eu demorava, de carro, pelo menos uma hora e meia para ir e uma hora e meia para voltar – somadas às doze horas de plantão, isso significava no mínimo quinze horas por dia na rua. Depois de um tempo, consegui também vagas em locais como Guarulhos e M'Boi Mirim, passando pelos quatro cantos da cidade de São Paulo ao longo da semana. Eu trabalhava como prestadora de serviço para uma empresa terceirizada que contratava funcionários para os hospitais, então eles indicavam onde havia vaga e propunham o lugar e em quais dias da semana eu assumiria a posição. Eu conseguia montar minha escala de trabalho e, como passava muito tempo fora, no começo deixava pelo menos um dia útil livre. Como logo comecei a planejar o casamento e queria que tudo nele fosse do bom e do melhor, passei a ocupar esse dia também e, quando vi, estava trabalhando praticamente direto, de segunda a segunda. Passava por uns quatro hospitais ao longo da semana e, com aquele gás de início de carreira, logo me habituei a trabalhar muito.

Fui entendendo o funcionamento de cada hospital e as particularidades das equipes. Como eram as relações com as equipes de enfermagem, como os cirurgiões operavam, peguei os macetes dos lugares e logo criei vínculos de amizade também. Na minha vida profissional, eu diria que, entre cada dez colegas, nove foram muito receptivos. Eu tive a chance de aprender com muita gente e de ensinar também. Todo aquele esforço que fiz na residência para me envolver com os casos mais complicados fez com que eu me tornasse uma profissional muito segura, que conseguia passar isso tanto para os pacientes quanto para as equipes. Ao mesmo tempo, sempre fui muito humilde, me mostrando aberta a aprender com os outros e nunca hesitando em pedir opiniões para as pessoas mais experientes. Ainda que eu estivesse por minha conta, sem professores ao lado, continuava absorvendo o que cada colega tinha a ensinar, o que contribuía também para que eles confiassem em mim cada vez mais. A anestesia é uma especialidade que envolve muita parceria e cumplicidade, e eu nunca me senti sozinha no hospital. Passei a encarar novos desafios, como cirurgias mais complexas, e fui evoluindo muito como médica. Ao mesmo tempo, aprendi a lidar com os altos e baixos da profissão, com os dias bons, em que tudo dava certo, e com aqueles difíceis, em que casos delicados me deixavam bem chateada.

Não é que eu nunca tivesse problemas de convivência nos hospitais, já que esses são quase regra da profissão – assim como ocorre em muitas outras –, a diferença é que eu tinha aprendido a me impor. Meu trabalho sempre envolveu equipes multidisciplinares e, às vezes, por ser mulher, negra e jovem, eu tinha de lidar com questionamentos. Em geral, mostrava o meu valor trabalhando bem, cuidando dos pacientes e deixando claro que eu sabia o que estava fazendo. Mas quando era necessário me posicionar, eu já não engolia sapo como antes: cada vez mais batia de frente no meio profissional. Às vezes eu ouvia piadinhas machistas, daquelas supostamente inofensivas, ou então percebia que minha capacidade estava sendo questionada de maneira que a de um homem não seria. Era mais comum que isso viesse de homens, brancos, mais velhos, cirurgiões que, muito habituados à tal hierarquia da medicina, se colocavam em posição de superioridade mesmo sabendo que, na realidade, naquele espaço, eu era tão médica quanto eles.

Também passei por situações que, mesmo não sendo explícitas, naquele momento eu já entendia como manifestações de racismo. Algo que aconteceu mais de uma vez, por exemplo, foi cirurgiões ou outras pessoas da equipe me pedirem para realizar funções que geralmente são das técnicas de enfermagem ou instrumentadoras, como abrir material cirúrgico e levantar a mesa. Não desmereço de modo algum essas profissões – o meu ponto é que, para eles, era mais fácil me enxergar como qualquer outra pessoa ali que não a médica anestesista. Em outra ocasião, estava empurrando a maca de um paciente, ajudando a levá-lo para a UTI, como é bem comum que aconteça, e uma técnica de enfermagem bateu na minha bunda com muita intimidade e disse: "Lembrou de pegar o lençol para cobrir o paciente?". Eu sabia que ela não tinha me identificado como médica, porque do contrário nunca teria feito aquilo. Outro episódio aconteceu no conforto médico, área de convivência reservada a nós – existe uma separada para as enfermeiras, por exemplo – que tem uma copa e espaços para descansar e dormir. Eu vi que um médico estava ocupando a mesa toda com papéis e exames e perguntei se podia me sentar ali porque ia comer. Ele me olhou desconfiado e disse: "Pode sim, mas quem é você? Aqui no hospital, o que você faz?". Ele não me xingou, ele não me ofendeu, ele não me impediu de ficar lá, mas o racismo enraizado nele fez com que não me enxergasse como médica. Novamente, fazia mais sentido que eu fosse qualquer outra coisa. Muitas vezes lidei com esse tipo de pergunta, e a reação de surpresa à minha resposta, acompanhada de "Nossa, você é da anestesia?", entregava tudo. Eu deixava muito claro que era médica, e o fato de que as pessoas ficavam sem graça ou até diziam "Ai, desculpa" só confirmava que essa possibilidade não passava pela cabeça delas.

Nessa época comecei a descobrir um lado meu que ainda não conhecia muito bem. Era comum que as enfermeiras dissessem coisas como "A doutora Thelma tem essa cara de brava, de séria", "No começo, você fica com medo dela, mas é um amor de pessoa, muito boazinha e tranquila", e eu me perguntava de onde tinha vindo isso. Eu sempre fui muito relaxada em situações sociais e, em geral, ninguém me identificava como aquela que tinha "cara de séria". Assumir posturas diferentes dentro e fora do trabalho não era algo que eu fizesse de forma consciente, mas logo comecei a entender que, realmente, a imagem que eu passava no hospital era outra. Tentando entender a origem disso, percebi que vinha da minha necessidade de impor respeito. Desde cedo, quando a minha mãe dizia que na escola nem uma mosca podia tirar minha atenção, até os momentos em que tomei paulada e me vi sendo subestimada na residência, tudo o que eu vivi foi fazendo com que eu criasse uma espécie de armadura. Em ambientes não profissionais, eu relaxo e me solto, mas, quando o assunto é sério, assumo essa postura mais fechada. Até no Big Brother Brasil, percebo hoje que fiz isso. Se eu era mais séria no dia a dia da casa é porque não queria que ninguém lá dentro subestimasse minha posição como jogadora. Nos momentos de festa, por outro lado, eu relaxava. Eu nunca tive a intenção de separar as "Thelmas". Na escola de samba, todo mundo sabia que eu era médica; no hospital, todo mundo sabia que eu era passista. Mas acabei descobrindo que em diferentes espaços a minha postura mudava e que no ambiente profissional eu vestia essa armadura que a vida me fez criar.

Ainda pensando nas manifestações de racismo dentro do hospital, nunca tive problemas com pacientes e dou graças a Deus por isso, porque sei que seria muito dolorido. Era mais comum questionarem a minha idade: "Nossa, você é anestesista? Tão novinha". E mesmo isso eu me pergunto se um homem, na mesma posição, teria ouvido. Por outro lado, já tive muitos pacientes, negros principalmente, que se mostraram felizes ao ser atendidos por uma médica negra. "Posso falar? Tô muito feliz, eu nunca fui atendido por uma médica negra antes. Parabéns!" Eu me sentia extremamente feliz ao ser reconhecida pelos meus. Era uma relação de irmandade.

Houve uma situação, extremamente triste, que me marcou muito e fez com que eu refletisse mais uma vez sobre a importância de me posicionar. Um dia, eu estava saindo do hospital para almoçar e vi uma confusão na sala de medicação do pronto-socorro. Ao me aproximar, me deparei com uma mãe, que acompanhava a filha adolescente, gritando que ela "não podia ficar perto daquele preto fedido", em referência ao morador de rua que estava na maca ao lado. As enfermeiras tentavam acalmá-la, dizendo que ele tinha tomado banho e que não havia motivo para ela dizer aquilo. Foi o tipo de situação tão terrível, mas tão terrível, que a minha ficha demorou para cair; eu demorei para acreditar no que estava vendo e ouvindo. Eu sabia que ela não podia falar aquilo, que até crime aquelas palavras configuravam, mas ao mesmo tempo me sentia confusa, sem saber o que eu, como médica, podia fazer naquele momento, se cabia a mim chamar a polícia ou não. Fui almoçar, não consegui comer nada e voltei decidida a falar com a mulher. Quando cheguei ao hospital, ela e a filha já tinham ido embora e eu me arrependi profundamente de não a ter abordado quando tudo aconteceu. Muitas vezes, o racismo faz isso, ele deixa você em choque, sem reação, e depois o consome com arrependimento por não ter feito outra coisa, falado outra coisa. Depois desse dia, eu jurei a mim mesma que não deixaria mais esse tipo de situação passar, sendo comigo ou com outra pessoa, em ambiente de trabalho ou não. Eu iria rebater, eu iria me impor, eu iria chamar a polícia se necessário.

Foi mais uma paulada que fez nascer a ativista dentro de mim. E eu levei bem a sério a promessa que fiz. Um bom exemplo disso é uma situação pela qual passei pouco tempo depois. Para alguns hospitais nos quais eu trabalhava, era mais fácil ir de ônibus ou trem, então volta e meia eu passava pela estação da Barra Funda. Um dia, esperando o Denis me buscar lá, um homem usando uniforme de empresa rodoviária parou ao meu lado muito bravo e de repente começou a falar sozinho, alto, para todo mundo ouvir: "Preto e nordestino são a escória desse país mesmo!". As pessoas na estação olharam umas para as outras com cara de "nossa", mas não fizeram nada a respeito. Eu, que já tinha prometido não deixar esse tipo de coisa passar, respirei fundo, fui até ele e disse que o que ele estava falando era crime. A reação do homem foi vir para cima de mim, me agredir, mas na hora eu desviei e dei um tapa na cara dele. Logo outras pessoas surgiram para apartar a briga, eu virei as costas e fui embora. Naquele tapa, eu sinto que descontei toda a raiva que eu sentia não só do racismo dele, mas também do racismo de tantas outras pessoas que eu não tinha enfrentado no passado. Eu pensava: *Da próxima vez que ele for racista desse jeito, vai se lembrar do tapa que levou.* Quando encontrei o Denis, contei que tinha batido em um racista e ele ficou desesperado, perguntou se eu queria voltar lá e eu disse que não, que estava tudo resolvido. Ainda que eu não tivesse planejado agredir alguém, foi um alívio não ter ficado calada.

*

Apesar dos desafios da profissão, eu sempre gostei muito de atuar como anestesista, sendo a parte mais gratificante do trabalho a sensação de missão cumprida depois de uma cirurgia. Desde o lado mais básico, que é ver um paciente acordar bem e sem dor, até a percepção de que seu esforço realmente fez a diferença na vida de alguém que estava em situação de risco. Meu contato com os pacientes sempre foi breve, mas em um momento essencial, já que a maioria das pessoas tem muito medo de anestesia. Então, conversar com elas antes da cirurgia envolve muita habilidade. Conforme você passa anos trabalhando com a mesma coisa, é comum que certos procedimentos se tornem automáticos, e eu sinto que duas experiências específicas foram muito importantes para reforçar em mim o lado humano da profissão, me tornando uma anestesista melhor. A primeira foi quando eu tive de ser anestesiada para uma endoscopia e, mesmo sendo um procedimento simples, pude me colocar no lugar dos pacientes e ver como era mágico passar por um procedimento sem sentir nada. A segunda foi quando eu anestesiei o Denis, nesse caso em um procedimento um pouco mais complicado, realizado para corrigir um desvio de septo nasal. Hoje eu não faria isso de novo porque, mesmo não sendo algo errado, sei que o envolvimento psicológico poderia me deixar muito abalada em uma situação de emergência. Ainda assim, fazer a anestesia nele, entubar o meu marido, fez com que eu lembrasse que sempre tem alguém lá fora que ama o paciente que está na mesa, alguém para quem ele é a pessoa mais importante do mundo. O paciente é o amor da vida de alguém.

Nos primeiros anos trabalhando como anestesista consegui pagar meu casamento e montar meu apartamento, mas logo comecei a refletir sobre a instabilidade do meu regime de trabalho. Eu não tinha vínculo empregatício, trabalhava por plantão e, se precisasse faltar por alguma eventualidade, não recebia. Além disso, não tinha qualquer tipo de licença ou férias. Caso ficasse doente, tinha que ponderar muito bem se era o suficiente para abrir mão de um dia de plantão – não só pelo dinheiro, mas pela responsabilidade com o hospital e com os meus colegas. Para dar ideia de como era a situação, a única vez em que liguei para o meu chefe e avisei em cima da hora que não ia trabalhar foi quando meu pai morreu. Comecei a ficar preocupada com a falta de estabilidade e com o fato de que meu trabalho dependia muito do meu corpo. Quando um colega passou por um acidente de carro e quebrou a mão, por exemplo, fiquei desesperada ao perceber que, se aquilo acontecesse comigo, teria de ficar um bom tempo sem trabalhar e sem receber. Outra coisa em que pensava às vezes era como seria quando eu quisesse ter filhos. Não tanto por conta da rotina puxada, isso eu sabia que era capaz de conciliar, mas porque muitas coisas poderiam acontecer em uma gestação e me impedir de trabalhar. Tive uma colega, por exemplo, que no terceiro mês de gravidez precisou ficar em repouso absoluto. Eu sabia que só seria possível engravidar tendo um bom dinheiro guardado, mas ainda não conseguia fazer essa reserva.

Tirar férias era muito difícil também. Para passar dez ou quinze dias viajando, eu precisava encontrar pessoas que me substituíssem em todos os plantões nos quatro hospitais, tendo de planejar tudo com muita antecedência. Além disso, era um prejuízo grande porque, além de gastar com as viagens, eu deixava de receber todos esses dias, então tinha de valer muito a pena. No hospital não existem férias coletivas, nem Natal ou Ano-Novo. Se essas datas caem no dia do seu plantão, você tem de trabalhar ou correr atrás de alguém que aceite cobrir seu horário.

Além disso, a medicina é uma profissão em que, depois que atinge um certo padrão, você esquece a sua qualidade de vida e coloca foco em trabalhar para mantê-lo ou superá-lo. É comum que médicos tenham casas legais, carros incríveis e não consigam usufruir deles. Há quem planeje chegar a um certo ponto da vida para só então diminuir o ritmo, mas é muito difícil puxar o freio de mão e arriscar o padrão alcançado. E olha que o meu nem era muito alto, já que eu tinha uma família inteira para ajudar. Meu pai e minha mãe tinham se aposentado com apenas um salário-mínimo cada, e ele demorou anos para começar a receber. Então, por muito tempo, foi só o dela para os dois. Assim, eu me tornei responsável por eles financeiramente, assumindo todas as contas da casa. Ao mesmo tempo, o Denis vivia uma realidade bem instável como fotógrafo. Com várias pessoas dependendo de mim, o meu padrão de vida não era alto, mas eu queria manter o que havia alcançado.

Logo percebi que estava perdendo toda a qualidade de vida. Comecei a me distanciar cada vez mais da minha família, porque vivia para trabalhar, e não tinha qualquer perspectiva de reverter isso. Em busca de mais estabilidade, decidi prestar um concurso público em 2018. Pagava menos que os meus outros trabalhos, mas me daria um vínculo empregatício. Fui aprovada e, com ele, comecei a assumir, toda sexta-feira, vinte e quatro horas em um hospital. Sendo CLT, poderia me ausentar caso ficasse doente e teria licença-maternidade se engravidasse, mas tudo isso relativo a um único dia de trabalho por semana, de modo que era uma segurança bem relativa. Um tempo depois, influenciada por essas questões, faria meu maior investimento de risco: largar tudo e ir para o Big Brother Brasil.

Mas, antes de chegar lá, preciso contar como foram esses últimos anos também, quando eu já trabalhava como médica em São Paulo e o meu pai faleceu. Na fase final da doença, seu sistema imunológico estava muito comprometido e ele começou a pegar várias infecções de repetição, como pneumonia, foi ficando fraco e teve de usar bengala, fralda, cadeira de banho. Eu, como médica, consegui me adiantar diversas vezes, começando a tratá-lo já nos primeiros sintomas,

mas chegou um ponto em que não havia muito o que fazer. Quando piorou de vez, foi tudo muito rápido. No sábado, ele começou a passar mal; no domingo, eu o levei ao hospital e, a partir do momento em que ele foi entubado, eu soube que não sobreviveria. Nesse ponto, uma das médicas do meu pai era a Ana, aquela minha amiga da faculdade que tinha bolsa do Prouni também e que se negava a baixar a cabeça para as regras de trote. Ela fez residência no Emílio Ribas e se tornou infectologista, o que fez com que a nossa vida, para além da amizade, se cruzasse profissionalmente algumas vezes. Quando eu tive dengue, por exemplo, me consultei com ela. Se eu desconfiava – um pouco hipocondríaca – que tinha qualquer doença infecciosa, ia atrás da Ana. Ela trabalhava no Icesp, Instituto do Câncer do Estado de São Paulo, onde meu pai passou nove anos se tratando do câncer, de modo que, entre consultas e internações, começou a atendê-lo do meio para o final da doença. Por exemplo, quando meu pai passava mal e eu, fazendo plantão, não conseguia acompanhá-lo ao hospital, nem minha mãe, a Ana me ligava e explicava tudo o que estava acontecendo. Já no fim da vida do meu pai, o dela também descobriu um câncer e se tornou paciente do mesmo Icesp. De repente, aqueles dois pais sobre os quais a gente desabafava no ônibus voltando para casa estavam internados no mesmo lugar.

Quando meu pai foi internado pela última vez, eu sabia que não tinha mais jeito e nem avisei a Ana. Recebi uma ligação do hospital pedindo que eu fosse até lá para me despedir, porque ele ainda não tinha falecido, mas era só uma questão de tempo. Entrei com o Denis na sala onde ele estava, entubado e sedado. Não consegui ficar ali por muito tempo, então apertei a mão dele, dei-lhe um beijo na testa, perdoando todas as mágoas do passado, e saí da UTI. Eu perdi as contas de quantas vezes visitei meu pai em um leito de hospital, de quantos medicamentos apliquei, de quantas fraldas troquei, em vários momentos me despedi dele temendo que fosse o último, e dessa vez realmente era. Um pouco sem reação, decidi ficar com o Denis na frente do Icesp esperando o próximo horário de visita, caso ele ainda estivesse lá. Era muito triste saber que a vida dele estava chegando ao fim e, ao mesmo tempo, não ter certeza se ele tinha mais uma, duas ou vinte e quatro horas. Enquanto esperávamos, a

Ana apareceu acompanhada da mãe dela e perguntou o que eu estava fazendo lá. "Amiga, o meu pai tá morrendo", foi o que consegui dizer. Ela me abraçou e deu todo o suporte que era possível naquele momento. Uma hora depois, meu pai faleceu e, assim que saiu do plantão, ela foi ficar comigo de novo. Descobri que o pai dela estava no pronto-socorro e, um mês depois, ele morreu também, de modo que foi a minha vez de apoiá-la. Mesmo nunca tendo se distanciado totalmente, foi muito impactante que a gente se reencontrasse com tanta força naquele momento. Tínhamos muita mágoa dos nossos pais e uma solidariedade grande em relação às nossas mães, então entendíamos muito bem pelo que cada uma estava passando. Além dos problemas familiares, havíamos compartilhado durante toda a faculdade as dificuldades financeiras e o esforço para nos tornar médicas. Anos depois, a vida nos colocou juntas mais uma vez para passar por um momento difícil. Pudemos dividir as mesmas dores e ser o apoio uma da outra.

    Quando deram o diagnóstico de linfoma ao meu pai, nós sabíamos que a expectativa de vida dele era de mais dez anos, e ele viveu nove, entre melhoras e pioras constantes. No começo, eu ficava muito chateada, porque sempre que ele estava bem voltava à vida boêmia e não se cuidava, por isso eu sentia como se toda a minha dedicação a ele não valesse nada, era como se ele não se amasse o suficiente para preservar a própria vida. Foi o Denis que me fez olhar para a situação de outra maneira e entender que talvez, na iminência do fim, ele tivesse escolhido viver dessa forma. Com o tempo, fui capaz de amadurecer a minha percepção e os meus sentimentos em relação a ele. Abri o coração para lidar com as mágoas que eu tinha e me permiti ser mais compreensiva e amorosa.

    Apesar de ser muito boêmio e cheio de amigos, nenhum deles apareceu na hora da morte, então no velório havia só algumas pessoas da família. Fui tomada por um tristeza imensa, mesmo sabendo que ele tinha descansado de tanto sofrimento. Eu me isolei de grupos sociais nos primeiros dias, e os meus amigos no geral não se importaram tanto, já que sempre souberam do meu relacionamento conturbado com ele. Mas o fato é que a morte do meu pai doeu em mim como se a nossa relação tivesse sido perfeita durante os trinta e cinco anos em que convivemos. Aos poucos, a dor foi sendo substituída por saudade. Em alguns momentos dentro do BBB, principalmente nas provas de resistência, eu pude sentir a força dele me ajudando.

✳

Nesse período, por conta de todas as questões com a medicina que mencionei antes, eu vinha pensando muito em outros caminhos para a minha vida. Sempre quis ser famosa. Quando adolescente, fiz alguns testes para virar modelo achando que, por ser muito magra, tinha alguma chance, mas diziam que eu não era fotogênica. Sempre gostei de câmeras, de me apresentar, de falar com o público, de ser vista, e por isso, em 2017, o Denis e eu decidimos criar meu canal no YouTube. Ele consumia muito conteúdo de lá e eu comecei a acompanhar também, seguindo, por exemplo, as criadoras que me incentivaram a fazer a transição capilar. No fim daquele ano gravamos meus primeiros vídeos. Usávamos a nossa sala como cenário, o Denis gravava com a câmera profissional dele, editava e a gente subia. O problema é que eu, como médica, tinha muita vergonha de divulgar o canal entre meus amigos. Quando você já é famosa, a situação é uma; quando você é uma pessoa querendo ser famosa, é outra. A sensação era que eu ia falar para os meus colegas e eles iam dizer: "Tá bom, beleza, vai lá", sem dar moral de verdade ao que eu estava fazendo. Então, por um bom tempo, o canal não crescia, ficando parado nos duzentos inscritos que provavelmente chegaram por demanda espontânea.

Quando vi, em 2018, que as inscrições para o BBB do ano seguinte estavam abertas, pensei que participar do reality seria a oportunidade perfeita de fazer as pessoas me conhecerem e, assim, seguirem o meu canal. No fundo, eu já tinha essa vontade há muito tempo, mas na hora o meu destino como youtuber pareceu uma boa desculpa.

Como muitos brasileiros, eu cresci assistindo ao BBB e sempre me imaginei lá dentro. Acho que é bem comum fazer isso, pensar em como você se comportaria nas diferentes situações pelas quais os participantes passam e no que o público acharia de você. Ainda assim, para algumas pessoas é só especulação. No meu caso, era algo que eu realmente queria. Era um sonho? Posso dizer que sim, mas um sonho em relação ao qual eu tinha os pés no chão, porque sabia que pouquíssimos conseguiam chegar até lá. Era uma vontade muito grande.

Eu adorava o jogo e sempre ficava me imaginando nas provas. Sabia que me daria bem nas de resistência, já que, habituada a uma rotina puxada, passei por muita privação de sono e me acostumei a ficar horas sem comer e fazer xixi. Nas provas que exigissem habilidades esportivas, mira, pontaria, esse tipo de coisa, eu sabia que seria péssima, sempre fui – era a última a ser escolhida na educação física, né? Já para as provas de memória e conhecimentos gerais, eu também me considerava bem-preparada.

Outra coisa que eu amava era assistir às finais. Ficava muito impactada vendo as pessoas reunidas, a plateia, os shows, o anúncio do campeão ou da campeã. Era como se eu soubesse que um dia estaria lá.

Eu me inscrevi em 2018 e passei na primeira etapa, do vídeo. Fiquei muito empolgada e coloquei as expectativas lá em cima, mas não evoluí no processo. Hoje sei que foi melhor assim. O meu pai estava muito doente nessa época e, mesmo que eu fosse chamada, teria de pensar duas vezes antes de ir porque seria muito difícil ficar lá dentro sem saber o estado de saúde dele. Conforme passei na primeira fase, ao mesmo tempo que uma chama de esperança se acendeu – afinal, entre milhares de pessoas, eu não tinha sido descartada logo de cara –, virou uma questão de honra mostrar que eu era capaz de ir além. *Vocês não conhecem a minha história de vida*, eu pensava, e me vi decidida a contar. Entrar no BBB 20 se tornou meu objetivo.

Em 2019 comecei a me preparar com antecedência para a seleção. Eu pensava muito no que os realizadores buscavam e em como eu poderia me destacar. Sabia que gostavam de histórias de vida interessantes e decidi mostrar a minha da forma mais completa possível. Planejei tudo, não só o texto que eu falaria no vídeo, mas a movimentação corporal, a roupa, o cabelo, o cenário, eu tinha em mente que precisava chamar atenção em cada aspecto. Esquematizei a minha história e os meus objetivos de modo claro, e o que falei no vídeo mostra bem a forma como escolhi me apresentar durante toda a seleção:

"Está na hora de vocês escolherem uma pessoa negra que tenha papel de destaque nesse programa, que entre para vencer. Se vocês me levarem, estarão escolhendo uma mulher negra, médica, totalmente diferente dos médicos que vocês já escolheram para as outras edições. Eu sou uma pessoa que ama viajar, uma pessoa extremamente divertida, que ama dançar, eu sou bailarina clássica formada. Quando chega o Carnaval, eu me jogo de cabeça. Sou passista de uma escola de samba. Eu escolhi o Big Brother como um projeto pessoal de vida. Eu não vou largar minha vida aqui fora, que é supercheia de compromissos, para entrar aí e não ganhar esse jogo."

Gravei o vídeo e esperei as inscrições abrirem. Sabia que elas se encerravam muito depressa, então comecei a atualizar o site todos os dias para garantir que eu não ia perder. Foi durante um plantão no hospital em São Bernardo que, ao atualizar a página no celular, vi que estavam abertas. Liguei para o Denis e falei para ele entrar no computador e começar a preencher os dados pessoais que eu terminaria assim que chegasse. Passei o resto do dia ansiosa e, quando acabou o plantão, fui para casa correndo. Eu me sentei no computador, preenchi tudo e enviei. Por causa da decepção do ano anterior, eu entendi que estava em um processo seletivo muito concorrido e decidi que dessa vez não criaria grandes expectativas, que eu ia lidar com uma etapa de cada vez. Chegou e-mail ou ligação avisando que eu passei para a próxima? Bacana, vamos lá! E foi dando certo.

Eu sabia que, durante todo o processo, precisava chamar atenção. Então, comecei a refletir sobre o que havia de mais curioso no meu perfil e cheguei à conclusão de que era o fato de ser médica e passista de escola de samba. Na cabeça das pessoas, isso é um paradoxo absoluto. O estereótipo da passista, no máximo do preconceito, é o do corpo negro, sexualizado, que serve como exportação para os gringos. Só corpo, sem formação, sem graduação, sem cabeça para atividades intelectuais. A médica, por outro lado, como carrega o status e a imagem da profissão, é vista por muitos como apenas cabeça, como uma pessoa séria que não pode se prestar à sexualização. Postar foto de biquíni nas redes sociais? Jamais. No hospital, sempre chamou atenção o fato de eu ser passista, e na escola de samba sempre chamou atenção eu ser médica. Então decidi que era sobre isso que eu deveria falar. Todo o resto, o meu casamento, a minha família, eu decidi que eram coisas que faziam parte da vida de qualquer um. O que era único em mim e que eles tinham de saber naquele processo de seleção era isto: mulher, negra, médica e passista de escola de samba. Com a minha história, eu poderia quebrar esse suposto paradoxo e mostrar que uma mulher pode ser o que ela quiser.

Foi com esse discurso que passei por cada uma das etapas. Conforme eu ia para a seguinte, me animava, mas tentava manter os pés no chão, focada em viver uma delas de cada vez. Ainda assim, chegou um ponto em que, já tendo sido aprovada em muitas fases, mas ainda sem saber se tinha sido selecionada, não consegui mais segurar o nervosismo. Era uma ansiedade exponencial, que aumentava a cada dia sem a certeza de que eu estava dentro. Na seletiva de 2018 eu contei para muita gente que ia me inscrever e as reações sempre ficavam entre "Ah, você e a torcida do Flamengo, né?" ou "Nossa, mas você teria coragem mesmo?". Então, no ano seguinte decidi compartilhar só com as duas pessoas que sempre me apoiaram, aquelas para as quais eu posso falar "amanhã tô indo pra Lua, acredita?" e ouvir um "sim" como resposta: minha mãe e o Denis. Eles eram os únicos com quem eu falava sobre isso e, sem poder dividir o nervosismo com mais gente, ficava com os sentimentos fervilhando dentro de mim. Eu me perguntei muitas vezes se deveria mesmo abrir mão da minha vida, se realmente era aquilo que eu queria, e decidi que era.

Entre o final de 2019 e o começo de 2020, eu percebi que, mesmo não tendo ouvido ainda "você está dentro!", se eu quisesse ir era hora de começar a me preparar. No fundo, eu realmente acreditava que ia entrar, então mantive o foco no meu projeto. Fiz check-up em mim e na minha mãe – porque, para passar três meses longe, eu precisava saber que ela estaria bem aqui fora –, pratiquei bastante atividade física, cuidei do meu cabelo e da minha pele, e até comprei o vestido para a final com a qual eu tanto sonhava.

Conforme o início do programa se aproximava, eu aceitei que parte da preparação era me desfazer de alguns aspectos da vida que eu tinha até então. Foi quando vivi o que eu chamo de semana do luto. Comecei pelas pequenas coisas, como cancelar a matrícula da academia. Depois, tive de pedir demissão dos meus empregos. Como não podia falar para os meus chefes o que estava acontecendo – e só dizer que estava saindo, sem justificativa, soaria estranho para uma médica comprometida como eu –, inventei que ia mudar de cidade. Um tempo antes, já havia avisado também que não participaria dos desfiles da Mocidade, no qual finalmente sairia na ala de passistas com o grupo Miscigenação, e da Pérola Negra, no qual participaria da comissão de frente. Em catorze anos de escola de samba, a medicina nunca tinha me impedido de ir a um Carnaval. Como estudante, como residente e como médica, eu sempre dei um jeito. No dia em que contei aos meus amigos mais próximos que não poderia participar porque estava de plantão, eles ficaram em choque. Tive de dizer que tinha aparecido uma proposta irrecusável, e deixei por isso mesmo, sem dar muitos detalhes. Eles acharam estranho, mas aceitaram. Por último, pedi exoneração. Abri mão do meu cargo público, da minha única estabilidade. Foi com certeza um dos momentos de maior coragem da minha vida. Para minha família passar pelos possíveis três meses em que eu estaria no BBB, tive de fazer um empréstimo. Quando terminei de me desfazer dos empregos, no último dia em um dos hospitais, eu me sentei no carro, parado no estacionamento, e chorei. Eu não tinha mais nada para trás, só uma história nova a ser construída dali para a frente.

No fundo, eu sentia muito medo. Se eu não tivesse entrado no BBB, ou se entrasse e saísse nas primeiras semanas, eu perderia muita coisa, teria de começar do zero. Na pior das hipóteses, eu poderia sair de lá com rejeição. Lembro de uma amiga dizer: "Qualquer coisa, você vai trabalhar em outra cidade, onde as pessoas não te conheçam. Depois de seis meses, todo mundo já esqueceu". O que me fazia seguir em frente era a minha autoconfiança – misturada com fé, desespero e sexto sentido. Eu acreditava que entraria e que seria para vencer. Eu me imaginava na final, com o vestido azul de brilhos que encomendei com tanto carinho.

Além disso, eu tinha algumas certezas que me tranquilizavam. Eu amava ser médica e sabia que ninguém ia tirar isso de mim. Se tudo desse errado, eu tinha para onde voltar. Como já disse aqui, eu sou meio fênix. Quando não passei para a segunda fase da Fuvest, chorei uma noite inteira, mas acordei pronta para estudar. Quando fui fazer prova de residência com a minha amiga Gabi e não me chamaram para a entrevista, passei um tempo triste, mal, mas peguei o ônibus para Sorocaba e fui assistir à aula para outra prova. Se o BBB não desse certo, eu ia chorar um dia inteiro – uma semana inteira, talvez –, mas ia me levantar. Eu sempre soube recomeçar.

Por fim, eu estava cansada de viver para trabalhar e não conseguia mudar isso. Estava me endividando porque não abria mão de fazer as coisas que eu queria e via meu cartão de crédito virar uma bola de neve. Era um círculo vicioso. Ao mesmo tempo, sabia que o Denis estava frustrado profissionalmente e, assim como ele me ajudou no começo da minha profissão, queria ajudá-lo também. Eram vários fatores que faziam com que o meu investimento de risco, a minha ida para o BBB, valessem a pena.

Eu sinto que às vezes, na vida, a gente luta muito para alcançar um objetivo porque acha que aquilo vai ser o ápice, que vai chegar a ele e realizar tudo o que sempre quis. Como médica, em geral, eu estava numa posição confortável. Eu tinha uma profissão, eu tinha um bom salário – estava endividada, sim, mas por escolhas que eu havia feito –, tinha o meu casamento, tinha um carro e o apartamento montado do jeito que eu queria. Eu poderia parar por ali e ficar naquela situação, aparentemente ótima. Mas eu queria mais, eu queria alçar outros voos, e eu só precisava de um ato de coragem para isso. É natural que, depois de chegar a um lugar bom, a gente olhe para os sonhos mais altos e pense *Não, aí já é impossível*, com medo de arriscar o que tem. Mas eu acredito que, se você ousou pensar naquilo, é porque a possibilidade existe, sim. Eu nunca me contentei com um sonho só; a cada realização, criava outros. Sabia que era possível buscar e conquistar mais. E o BBB era o que eu queria naquele momento.

Na semana anterior ao programa, eles avisaram que iriam à minha casa fazer uma gravação. Não disseram que eu estava dentro, mas eu supus que só podiam estar vindo me buscar. Coloquei alguns últimos afazeres na lista, muitos dos quais não consegui cumprir, e no dia anterior à visita falei para o Denis que eu precisava ir à casa da mãe dele contar tudo, já que ela não sabia ainda, e me despedir.

Tínhamos um carro bom nessa época, mas usado, como todos os que a gente teve. Um mês depois de comprá-lo, o tanque de combustível quebrou e, quando a gente levou para a revisão, falaram que ele precisava ficar lá por pelo menos uma semana para entenderem de fato o que tinha acontecido. Como eu vivia indo para hospitais em vários cantos de São Paulo, não conseguia ficar sem ele por tanto tempo e fui postergando esse conserto. Então, nesse dia, às dez horas da noite, enquanto íamos para a casa da mãe do Denis depois de já ter passado por mil lugares para resolver as últimas pendências, a gasolina do carro acabou. Quando a gente fala que a nossa vida é cheia de altos e baixos, é porque passar perrengue é a nossa especialidade! Fizemos três viagens a pé até o posto de gasolina para tentar encher a bomba de combustível com galão. Como o carro estava em um declive, não funcionou. No fim das contas, chamamos o seguro e veio um funcionário que não tinha mangueira. Lá fomos nós para o posto de novo implorar que emprestassem uma. Moral da história: passamos a última madrugada antes da minha provável ida ao BBB na rua tentando resolver o problema do carro e chegamos em casa às cinco da manhã cheirando à gasolina. Não me despedi da minha sogra e não consegui cumprir um dos últimos itens da minha lista de afazeres, me sentar com o Denis para passar algumas coordenadas em relação às responsabilidades da casa que até então eram minhas, como pagar os boletos – quando voltei, três meses depois, às vezes aparecia um boleto perdido, com pagamento atrasado.

O Denis esteve do meu lado durante todo esse processo. A cada etapa que eu passava, ele comemorava comigo. Em cada momento de ansiedade por não saber se eu ia entrar e por estar me desfazendo de tanta coisa, ele me apoiava. Em um dia, quando eu já tinha passado por muitas etapas, ele virou para mim na cozinha de casa e disse: "Você vai entrar e você vai ganhar esse negócio. Com a sua história de vida e do jeito que você é, você vai vencer". E, nos últimos dias de confinamento, era só nisso que eu conseguia pensar. Eu me apeguei às palavras dele e tirei dali muita força.

Chegando em casa depois de resolver o problema do carro, foi uma correria enorme. Só deu tempo de tomar banho e arrumar minha mala antes que a produção chegasse. Já nesse momento, eles disseram: "A gente veio ver se tudo o que você falou no processo é verdade, mas ainda não sabemos se é você. Tem algumas pessoas de São Paulo para serem analisadas e a produção vai escolher". Minha vontade era falar: "Vocês estão de brincadeira, né?", mas respirei fundo e esperei. Filmaram a minha mãe, filmaram o Denis e, depois de um tempo, finalmente confirmaram que eu tinha sido selecionada. O produtor disse que, a partir daquele momento, a minha vida nunca mais seria a mesma, e eu ainda não imaginava o quão sério ele falava.

Foi tudo muito rápido. Entreguei meu celular, fui mostrar a eles a minha mala, e ao mesmo tempo respondia a perguntas de um jornalista do Gshow, enquanto outra pessoa entrevistava minha mãe e o Denis. Perdi o controle da situação e, quando vi, um segurança estava me levando para o carro. Quando me despedi da minha mãe, a última coisa que ela perguntou foi: "Então você não vai estar aqui no meu aniversário?", que era no dia 21 de abril, e o programa acabava dia 23. Eu olhei nos olhos dela e respondi: "Mãe, pelo amor de Deus, você tem de torcer pra que eu não esteja aqui no seu aniversário porque, se isso acontecer, é sinal de que eu estou muito bem". Dei um abraço bem apertado nela e falei: "Tchau!". O Denis desceu comigo até a garagem e a última imagem que eu guardei foi dele em pé dando tchauzinho para mim, enquanto o carro se afastava.

Eu me senti em um filme de ação no aeroporto, sem bolsa, sem celular, só com o RG e acompanhada por um segurança que carregava minha mala e não falava comigo. Como não tinha dormido na noite anterior e estava há dias muito ansiosa, minha energia baixou e eu cochilei o caminho todo, no aeroporto, no carro, no avião. Cheguei ao hotel e, apesar de estar muito feliz, até o último minuto não me permiti ter certeza absoluta de que entraria na casa. Tinha ouvido boatos de que haveria a casa de vidro – dinâmica em que possíveis participantes ficam dias em uma casa de vidro dentro de um shopping, sendo vistos pelo público, que é quem escolhe quem vai entrar – e morria de medo de que me mandassem para lá. Sendo assim, continuei vivendo um dia de cada vez.

Aproveitei o tempo no hotel para fazer um trabalho mental de me desprender das coisas que eu tinha do lado de fora e me concentrar no jogo. Tive de aceitar, por exemplo, que, se não tinha dado tempo de explicar tudo sobre as contas para o Denis, eu não podia fazer mais nada em relação a isso. Por muito tempo me preocupei com o que os meus amigos do hospital pensariam ao me ver no BBB, e essa foi mais uma inquietação da qual tive de abrir mão. Não parava de pensar se já tinham anunciado os participantes, se eu já tinha aparecido na TV. Olhava pela janela, via as pessoas andando na rua e me perguntava: "Será que elas já me conhecem?".

Os dias passaram muito rápido e de forma dinâmica porque sempre estávamos fazendo alguma coisa, como fotos e vídeos finais. Em geral, não foi um período difícil para mim. O único dia sofrido mesmo foi o último, o dia de ir para a casa do BBB. Eu estava muito ansiosa e as horas não passavam. Quer dizer, eu não sabia que horas eram de verdade, mas sentia como se elas não passassem. Volta e meia um produtor falava: "A gente já vai vir te buscar, mas dá tempo de fazer mais um xixi, viu?", frase que virou piada dentro da casa porque eles falavam isso para todo mundo e demoravam séculos para voltar. Sentada na cama com a minha mochilinha de céu nas costas, eu esperava respirando fundo. Quando finalmente vieram, colocaram uma venda nos meus olhos e me levaram em direção ao carro. Eu apertei tanto a mão da produtora no caminho que, saindo do BBB depois, fiz questão de falar com ela para me desculpar e agradecer.

Já no carro, indo vendada até o Projac, eu estava nervosa e com um pouco de medo, mas me sentia muito feliz. Muito mesmo! Sabia que todos os participantes iam ao mesmo tempo e me perguntava se havia helicópteros sobrevoando a gente, se estavam filmando aquela caravana. Chegando lá, a produção foi direcionando cada um dos meus passos: "Sobe aqui", "Cuidado com o degrau", "Vira pra lá". Eu me lembrava de um BBB em que os participantes chegaram na casa dentro de contêineres e tinha a impressão de que era isso que estava acontecendo. Fui sentindo a presença de outras pessoas ao meu redor e me perguntava se eram os outros participantes. Acho que ficamos enfileirados, um ao lado do outro, e eles foram mandando um por um entrar. Sempre que alguém colocava os pés lá dentro, ouvíamos os gritos e o frio na barriga só aumentava. De repente, tiraram a minha venda e eu estava diante de uma porta. Meu estado de choque era tamanho que, em vez de abrir e entrar, eu bati na porta, como se estivesse esperando alguém abri-la para mim. O produtor falou "Abre!" e, quando eu vi, já estava dentro do BBB.

CAPÍTULO II

Xeque-mate

A primeira coisa que eu enxerguei foi um lugar todo colorido. Lembro-me claramente de ver a parede amarela, da xepa, e de olhar para as quatro pessoas que já tinham entrado na casa. Abracei todas elas, eufórica, e fiquei na expectativa, esperando os próximos. Eu olhava em volta e só pensava: *Já tá gravando? Tá valendo?* Eu me vi tomada por uma felicidade inexplicável, acompanhada de uma sensação de realização: eu tinha conseguido, eu era uma das participantes do Big Brother Brasil 20.

Em um primeiro momento, esperamos para ver se mais alguém entraria, afinal éramos só nove até então e o BBB, em geral, tem em torno de vinte participantes. Quando percebemos que não, fomos conhecer a casa e, diante daqueles cômodos cheios de decoração e cenografia, a minha vontade era olhar com calma cada coisinha. Cada objeto da Sala Selva, cada informação do Quarto Céu, a casa era linda e eu queria absorver o máximo possível já no primeiro momento. Depois de passar por todos os cantos, fomos para a cozinha e fizemos uma roda de apresentação. Em seguida, começamos a cozinhar. No mesmo dia, eu e todas as meninas fomos para a jacuzzi e tomamos banho. Na euforia da chegada, a vontade era fazer tudo ao mesmo tempo, experimentar cada experiência que o BBB podia proporcionar.

Também começamos a conversar com nossos vizinhos que estavam do outro lado do muro. Logo que entramos na casa, nós percebemos que havia uma divisão bem no meio do jardim, mas não ouvimos nenhum som vindo de lá. Foi enquanto fazíamos o almoço que escutamos um barulho e saímos correndo para ver o que era. Começou a gritaria de um lado para o outro e nós entendemos que a outra metade dos participantes estava ali, separada de nós. Conforme nos apresentávamos, surgiu a especulação de que eram pessoas famosas, mas até o último minuto, honestamente, eu não acreditava nisso, achava que eram anônimas também, até porque muitas delas, mesmo pelos nomes artísticos, eu não conhecia.

Conforme foi anoitecendo, começamos a nos preparar para o programa ao vivo. Eu estava bem ansiosa com a minha primeira aparição na TV e animada pelo fato de que, a essa altura do campeonato, as pessoas que me conheciam já sabiam que eu estava lá dentro, e as que não conheciam acabavam de conhecer. Em geral, a gente não era avisado de nada dentro da casa, tendo de seguir nosso sexto sentido para saber que era hora de se vestir e ir para a sala esperar o início do programa, por exemplo. Enquanto nos arrumávamos para aparecer bonitos no "ao vivo", ouvimos pela primeira vez o famoso "Roupas leves e tênis" vindo da produção, frase que virou um bordão repetido toda hora pelos participantes. Era uma indicação de como deveríamos nos vestir para o que viria pela frente. Então, nós nos trocamos, nos sentamos na sala e esperamos. Comecei a perceber ali como era estranha a sensação de nunca saber o que ia acontecer. Não era comum passar por provas já na primeira noite de BBB, mas a observação sobre nossas roupas indicava algo do tipo. Um simples aviso como esse nos deixava cheios de expectativas e perguntas, de modo que vivíamos em um estado de alerta constante e muito estressante.

Quando falamos pela primeira vez com o Tiago Leifert, apresentador do programa, ele disse: "Vocês são os nove selecionados" e caiu a minha ficha de que, entre milhares de brasileiros que tinham se inscrito, eu havia sido escolhida. Eram só quatro meninas na "Pipoca", como chamaram o grupo de anônimos, e eu era uma delas. Isso fez com que, nos primeiros dias, eu me sentisse ainda um pouco presa ao processo seletivo. Tinha passado tanto tempo focada em transmitir uma imagem pela qual a produção se interessasse que, lá dentro, eu continuava pensando: *O que eles querem de mim? Por que eles me escolheram?* Preocupada com isso, em um primeiro momento eu me esqueci de pensar nas pessoas que assistiam ao programa, mas logo me lembrei de que não importava o porquê da minha seleção, e sim o que eu tinha para mostrar.

    Na primeira noite já tivemos que disputar uma prova que valia imunidade, o grupo da Pipoca contra o grupo do Camarote, como foi chamado o lado dos famosos, e eu me tremia toda de nervosismo porque tinha muito medo de passar vergonha. No que diz respeito a habilidades, eu sabia que isso podia acontecer e não me preocupava tanto. Se tivesse que jogar vôlei, por exemplo, não tinha o que fazer, eu não era boa e ponto. O meu maior medo, na realidade, era ir mal do ponto de vista intelectual. Acho que isso veio lá da minha infância, quando eu tinha de tirar notas boas sempre, para me provar, até a faculdade, em que eu precisava fazer valer a minha bolsa, e a residência, na qual me mostrar capaz para ser menos humilhada era parte da rotina. Eu tinha medo de que me achassem burra: era isso. Assim, sempre me concentrava bastante para entender o que eu tinha de fazer. Nesse dia, prestei muita atenção e, quando o Tiago falou que poderia haver diferentes estratégias para se sair bem, comecei a pensar em formas inteligentes de realizar a prova. Conforme as ideias surgiam, logo ficou claro que as sugestões de nós, mulheres, não seriam acatadas, que precisava um homem falar para que o grupo aceitasse tentar. Era como se eles quisessem ter o controle da situação e, nesse primeiro momento, já ficou claro para mim que teria alguns problemas de convivência ali. No mesmo dia, mais cedo, quando estava me apresentando e falei que era casada, tinha ouvido um dos meninos dizer algo como: "Nossa, seu marido tá correndo risco, hein?". Respondi que meu marido podia escrever um livro sobre como confiar no próprio taco e vi os comentários irem de mal a pior. Ouvia o que eles falavam e me perguntava se as pessoas já tinham se esquecido de que estavam sendo filmadas.

    Eu nunca imaginei que pudesse ter problemas para me relacionar dentro do BBB. Sempre fui sociável e fiz amigos, ou pelo menos colegas, pelos lugares por onde passei. Assim, acreditava que lá aconteceria o mesmo. Porém, logo que entrei na casa tive de lidar com um choque de realidade: perceber como as pessoas lá dentro eram diferentes de mim. Hoje eu entendo que isso é proposital, que colocar perfis opostos para conviver faz parte do programa e é necessário para gerar conflitos, tensões e o tal do entretenimento. Aqui fora, sempre existiram também diferenças entre minhas amigas e eu. Acontece que, apesar dessas diferenças, os pontos de semelhança e coisas em comum permitiram que nos aproximássemos. Era esse elo que eu não conseguia encontrar nas pessoas lá dentro, e perceber isso de cara me abalou.

Ganhamos a prova e, assim, nós da Pipoca conquistamos imunidade na primeira semana. Apesar disso, antes mesmo de o muro que nos separava dos famosos cair, as pessoas que estavam do meu lado se viram ameaçadas por aqueles que, aparentemente, já eram conhecidos do público, e assim decidiram que precisávamos nos unir e nos proteger. Tínhamos disponível para assistir durante o confinamento no hotel o filme *Um suburbano sortudo*, em que o protagonista usava a sigla "JJ" para dizer "geral junto", e o pessoal da Pipoca começou a dizer que nós deveríamos ser "JJ" também. Eu fui uma das primeiras a querer romper com essa história, primeiro porque já tinha gente com quem eu não ia com a cara e que não me transmitia verdade, então não faria sentido me unir a essas pessoas e me fechar para outras. Segundo, porque eu ainda não tinha me identificado totalmente com ninguém, então estava ansiosa para ver como seriam os outros participantes e queria me aliar àqueles com quem eu me desse bem, famosos ou não. Eu não sentia o mesmo medo em relação ao pessoal do Camarote que os outros anônimos, tanto que sempre dizia a eles que a produção não teria criado esse tipo de dinâmica se acabasse com as nossas chances e que, querendo ou não, os participantes que já eram conhecidos e expunham a vida do lado de fora estavam correndo muito mais risco do que nós. Falei, inclusive, que só quem me colocaria medo lá dentro seria a Beyoncé, porque eu sabia que a audiência do BBB girava em torno de 130 milhões de pessoas, e ela, sim, tinha mais de 130 milhões de seguidores nas redes sociais. O fato de que algumas participantes tinham 1, 2 ou 8 milhões de seguidores não me assustava.

O muro caiu na segunda noite do programa, revelando os outros nove participantes. Todos fizemos uma nova rodada de apresentações e a produção liberou algumas bebidas para aproveitarmos a madrugada. Já nesse dia conversei bastante com o Babu, feliz de ver que havia um homem negro na casa. Como acontecia sempre, quando eu entrei e vi as pessoas que formavam o grupo da Pipoca, não demorou nem dois minutos para que pensasse: *Meu Deus, eu sou a única negra retinta aqui*. É algo que os brancos em geral não percebem, mas que, para a única pessoa nessa posição, fica evidente logo de cara. Quando o muro caiu e vi o Babu lá, foi como aqueles momentos, ainda na escola, em que a minha mãe dizia: "Olha, tem mais um pretinho aqui". Foi importante me enxergar em alguém e logo surgiu entre nós uma sensação de irmandade. O Babu sempre foi uma das melhores pessoas com quem conversar lá dentro. Ele contava sobre a família dele, os filhos, a história de vida, o trabalho como ator, e era alguém com quem eu me sentia bem para falar sobre mim. Nessa primeira noite, por exemplo, lembro que conversamos muito sobre Carnaval. Também falei bastante com a Rafa e com a Manu e gostei delas logo de cara. No dia seguinte, começaram a conspirar na academia e eu deixei claro que para mim realmente não tinha essa história de "JJ", não. Por uns dois dias, senti que a casa se manteve ainda um pouco dividida, todo mundo se tratando bem, mas Camarote para um lado e Pipoca para o outro, porque era onde cada um se sentia mais confortável.

    Logo veio a primeira prova de liderança. O líder, em geral um por semana, tinha imunidade, o poder de indicar alguém para o paredão e alguns privilégios, como um quarto melhor. Logo após a primeira, ficou claro que o grupo "JJ" não existia mesmo, porque, na hora de separar quem iria para o VIP e quem iria para a xepa – divisão decidida pelo líder que determina quem tem acesso a comidas melhores –, ele, que era da Pipoca, levou para o VIP alguns meninos parecidos com ele, tanto da Pipoca quanto do Camarote, e as meninas do Camarote, deixando na xepa as do "JJ".

    A separação da casa começou a se moldar melhor a partir daí. No BBB, em geral, o líder indica uma pessoa para ir ao paredão, o resto dos participantes vota em outra e, nos últimos anos, algumas dinâmicas alternativas definem uma terceira e, às vezes, uma quarta opção. Como só duas ou três são submetidas ao voto do público, que decide quem eliminar, foi criada a prova "bate e volta", em que um dos possíveis indicados – menos aquele definido pelo líder – se salva. Na nossa primeira formação de paredão, um dos únicos membros do Camarote que ficou na xepa, levou nove votos e só não correu risco de eliminação porque escapou graças à prova bate e volta. Foi um choque ser indicado por tantas pessoas já no começo do programa e ele ficou muito grato a mim, à Marcela e à Gizelly, que estávamos na xepa também, por não votar nele. Acabamos nos aproximando e, assim, formamos o que chamamos de "Quarteto Xepa".

A dinâmica de votação logo faz com que a gente perceba que está no BBB para julgar as pessoas. Toda semana temos de apontar alguém que gostaríamos de ver fora da casa e dar uma justificativa para isso. Como se não fosse o suficiente, foram criados nos últimos anos os "jogos da discórdia", em que toda segunda-feira novas brincadeiras fazem com que os participantes rotulem e ataquem uns aos outros. Durante essas dinâmicas, eu sentia como se um anjinho e um diabinho surgissem ao lado dos meus ouvidos, o primeiro falando "Ah, eu não quero brigar com ninguém hoje" e o segundo, "Ué, você não vai se comprometer? O público vai achar que você é frouxa e tá fugindo do jogo". Sabendo que se posicionar é necessário, os participantes acabam se apegando a qualquer coisinha para ter o que falar e em quem votar. Seja porque você não foi com a cara de uma pessoa, porque ela falou algo de que você não gostou, porque é quieta demais ou bagunceira demais, tudo vira justificativa. Assim, além de lidar com o inevitável julgamento por parte do público, estávamos sempre cientes do julgamento entre nós. Ainda que na vida fora da casa a gente também tenha muitas opiniões sobre as pessoas ao nosso redor, em geral podemos guardá-las para nós ou comentar só com quem é próximo, enquanto lá dentro as dinâmicas fazem com que tudo fique explícito e seja constantemente reafirmado. Lidar com isso por uma, duas ou três semanas até vai, mas chega um ponto em que, a longo prazo, se torna muito estressante.

Outra diferença para a vida normal é que, aqui fora, quando temos um problema com uma pessoa, geralmente é possível dar uma oportunidade, esperar que ela aprenda com o erro e se redima. Perdoar é uma possibilidade e algo muito bom quando acontece. Lá dentro, por outro lado, chega um momento em que você não quer fazer as pazes, porque do contrário fica sem opção de voto. Depois que seus alvos estão definidos, mesmo que você queira se aproximar de alguém com quem não se dava tão bem até então, mesmo que você não tenha mais nada contra aquela pessoa, não é interessante para o jogo. E é por essas e outras que eu sinto que o reality coloca para fora o que existe de melhor e de pior dentro da gente.

O BBB é um jogo de estratégia. Fazendo analogia com outros jogos, acho válido lembrar que no pôquer é preciso escolher o momento certo para o *all-in*, e que no futebol não basta atacar, é preciso se defender também. Na minha cabeça, o jogo do BBB se organizava como um tabuleiro de xadrez. Primeiro, porque havia dois lados e eu tive de escolher um deles. Segundo, porque lá dentro existem os alvos mais fáceis que, tal qual os peões do xadrez, são os primeiros a serem eliminados. Alguns participantes mais ousados escolhem fazer jogadas arriscadas, que muitas vezes podem dar errado. Ao longo das semanas, você vai aumentando a complexidade dos seus movimentos até conseguir o xeque-mate. Mas existe um detalhe importante aí: as peças do jogo são humanas e isso faz muita diferença. Eu gostava muito de jogar xadrez, desde que aprendi nas aulas de matemática do professor Cícero, lá no Colégio 14 de Julho, e eu estava focada nessa que seria a partida mais importante da minha vida.

Sabendo disso, eu sempre me posicionei quando necessário, nunca hesitei na hora de votar ou de participar de um "jogo da discórdia", mas por um bom tempo a minha principal estratégia dentro do BBB foi me colocar no lugar de observadora. Eu não queria ir ao paredão nas primeiras semanas e sabia que para isso era necessário manter certa política da boa vizinhança. Muita gente chega ao jogo com tudo, brigando, apontando dedos e se comprometendo logo de cara, o que faz com que vire alvo muito rápido. Eu, por outro lado, mesmo não indo com a cara de algumas pessoas desde o começo, via que elas eram queridas pelo resto da casa e tinha consciência de que não valia a pena expor minhas questões tão cedo e correr o risco de os outros se voltarem contra mim. Acredito que eu tinha inteligência emocional para saber quais brigas comprar e, muitas vezes, a espera valia a pena porque as máscaras caíam e o público acabava eliminando aqueles que me incomodavam. Diante da enxurrada de machismo com que tivemos de lidar logo no começo, por exemplo, ainda que eu respondesse ao que mais me chocava, porque não conseguia ouvir calada certos absurdos, muitas vezes só pensava *Menos um* quando os homens mostravam quem eram, imaginando que não estavam sendo bem-vistos do lado de fora.

Outro ponto importante da minha estratégia é que, enquanto muita gente conversava o tempo inteiro sobre as impressões em relação ao jogo, eu não verbalizava. Todos os dias eu me deitava na cama, enfiava a cara embaixo do edredom e lá eu pensava. Organizava minhas ideias e dividia as pessoas entre quem me ameaçava e quem não me ameaçava, quem votava em mim e quem não votava, quem eu achava que iria para o paredão e quem não iria, quem me eliminaria se fôssemos juntos e quem eu tiraria da casa. Desenhava o jogo todo na minha cabeça, de modo que a cada semana eu tinha pelo menos três possibilidades de voto, e não as compartilhava com ninguém, não verbalizava minhas estratégias. Foi um jogo arriscado com o público, já que quem assiste ao programa em geral quer saber o que os participantes estão pensando, mas totalmente consciente. Em casa, eu falo muito sozinha, em voz alta, e durante os noventa e oito dias de BBB me policiei para não fazer isso. Não queria que soasse como um "VT", ou seja, uma encenação forçada, não queria virar alvo de torcidas adversárias antecipadamente, o que poderia acontecer caso expusesse meus votos, e não tinha qualquer intenção de abrir o jogo que estava na minha cabeça para os adversários. O BBB é um jogo complexo, em que se joga ao mesmo tempo lá dentro, com o público aqui fora e com a produção, que tenta atrapalhar as nossas estratégias a todo custo através da criação de diferentes dinâmicas.

É claro que era enlouquecedor guardar todas essas ideias só para mim, mas isso, modéstia à parte, me permitiu ter uma visão bem acertada do jogo. Talvez a única exceção, a única coisa que eu realmente não consegui enxergar, era o que acontecia comigo na dinâmica da casa, ou seja, a forma como eu passei a ser excluída pelas pessoas em determinado momento. Acredito que tenha sido assim porque é sempre muito mais difícil ter uma visão clara das situações em que estamos diretamente envolvidos.

As relações dentro da casa continuaram a se delinear na segunda semana, quando aconteceu um dos momentos mais marcantes da nossa edição. Eu já vinha me incomodando com as atitudes de alguns dos homens há muito tempo. Suas falas eram extremamente machistas e eu chegava a dar risada do quanto eles tinham o ego inflado, porque parecia difícil acreditar. Um dia, a Marcela e a Gizelly reuniram algumas das meninas e contaram que um grupo de meninos tinha falado com elas sobre um plano. Iam dar em cima das famosas que eram comprometidas, especialmente da Mari Gonzalez, até que elas cedessem e, assim, prejudicariam a imagem que tinham do lado de fora. Eu fiquei chocada com o fato de eles terem tido coragem de verbalizar algo assim em frente às câmeras, porque, mesmo já tendo ouvido tantas barbaridades e sabendo que o machismo sempre esteve presente no jogo, nunca tinha imaginado que ele pudesse ser usado como estratégia de forma tão baixa e explícita. Sempre acreditei nelas. Não só eu, como todas as mulheres, que decidiram se unir para tirar satisfação com eles. Quando vi que estávamos juntas e nos apoiando, pensei: *Caramba, isso é sororidade*. Exigimos explicações em relação ao que tinham dito, mas eles negaram até o final que aquilo tivesse acontecido. A situação causou uma movimentação grande entre o público, levantando discussões sobre machismo e fazendo com que as pessoas se motivassem a eliminar os homens que estavam por trás daquelas atitudes assim que fosse possível. Mas essa foi a repercussão fora da casa. Lá dentro, ainda que, em um primeiro momento, tivesse acontecido uma união geral das mulheres contra eles, nos dias que vieram depois cada uma agiu de uma forma, e algumas começaram a ter dúvidas em relação à veracidade do que as outras tinham contado. Virou o famoso "diga-me com quem andas e te direi quem és" dentro de um reality show, onde a convivência é tão intensa que, se você se aproxima de uma pessoa, é de alguma forma conivente com as atitudes dela. Eu já não tinha paciência para esse grupo de homens desde o começo, então depois disso evitei contato mesmo. A Manu e a Rafa, que tinham um senso de justiça muito forte e acreditavam no que a Marcela e a

Gizelly haviam contado, também não queriam a proximidade deles, então foram se juntando a nós do "Quarteto Xepa".

Conforme os primeiros participantes foram sendo eliminados, eu tinha muita clareza de que o que tirava as pessoas do programa eram as suas atitudes, tanto que, se os seguidores dos famosos não me assustavam, era porque eu acreditava que, se eles "pisassem na bola", não tinha número em rede social que os salvasse.

Após essa briga, em um contexto no qual muitas incertezas pairavam na casa, entraram no jogo mais dois participantes que tinham sido escolhidos através da casa de vidro. Casa de vidro essa da qual eu tinha pavor de participar, porque imaginava que nunca seria selecionada pelo público. Para mostrar simpatia e chamar atenção lá dentro, era preciso pular e gritar o dia inteiro, coisas que não fazem parte do meu perfil – acho que as pessoas perceberam isso durante os três meses em que me expus dentro da casa. Eles logo contaram que as pessoas tinham mostrado para eles cartazes com os dizeres "A Marcela está certa", em referência à briga com os homens, ou seja, que o que ela tinha contado sobre o plano deles de dar em cima das meninas comprometidas era real. Foram notícias boas para o nosso grupo, que fizeram com que de cara gostássemos deles e os trouxéssemos para perto. E foi assim que a "Comunidade Hippie" acabou se formando com oito participantes. O nome foi esse porque a Manu dizia que não estava em um jogo, mas em um retiro espiritual, e nós entramos na brincadeira de que estávamos lá para curtir a vida.

※

Nessas primeiras semanas, uma coisa que eu logo percebi foi que a maior parte daqueles participantes de perfis conflitantes e, em geral, tão diferentes do meu passavam o tempo inteiro disputando o lugar de protagonista, ou seja, buscando formas de se destacarem mais do que os outros. Isso é esperado em um reality show no qual você tem de agradar o público, mas às vezes a convivência ficava impossível. Havia os VTs clássicos, claro, nome dado àquelas cenas feitas para chamar atenção. No começo do programa, por exemplo, até limpar banheiro virava VT, com várias pessoas reunidas para fazer faxina em um espaço pequeno, tirando foto e dançando, quando poucas semanas depois já não se importavam com a sujeira. Mas isso não era o que mais incomodava, e sim o fato de que a dinâmica normal de uma conversa, em que você se senta para tomar cerveja com seus amigos e cada um fala um pouco, alguns mais, outros menos, mas respeitando o espaço alheio, parecia impossível lá dentro, já que cada pessoa sempre queria se exibir mais que as outras. Tinha gente para quem eu tinha vontade de perguntar: "Você tá falando comigo ou com a câmera? Porque se for só com a câmera eu não preciso estar presente". Depois de um tempo, comecei a perceber como às vezes até a escolha por puxar um certo assunto era direcionada para algo que a pessoa queria mostrar dela. Na hora de contar suas histórias, por exemplo, os participantes tinham a necessidade de colocar os momentos mais difíceis de suas vidas sempre em evidência, porque existe essa ideia de que uma forma de ganhar o BBB é mostrar que você é quem precisa mais do dinheiro.

Todo o incômodo com essa situação e a dificuldade em me adaptar à disputa por espaço fez com que eu passasse por um grande processo de autoconhecimento lá dentro. Antes de entrar na casa, eu tinha certeza de que eu era exibida, extrovertida, a mais louca dos "rolês", ou seja, como essas pessoas de quem estou falando. Entre as minhas amigas, eu sempre fui comunicativa, divertida e nunca tive dificuldade para me relacionar, mas, chegando lá, descobri que os outros participantes estavam anos-luz à minha frente nesses quesitos. No começo eu até tentava encontrar espaço para falar, mas fui vendo que era muito difícil e que para mim as conversas tinham de fluir naturalmente. Se me davam espaço, eu falava, mas não forçava a barra.

Comecei a me questionar muito e a me sentir mal por estar quieta, séria, com medo de ser considerada "planta", como costumam chamar as pessoas que não aparecem muito no jogo. Eu me perguntava se era chata, se não estava agradando, se deveria mudar meu comportamento. Quando me sentia pior, prestes a perder a cabeça, eu ia para o varal, lugar da casa que não tem câmeras – e onde, por conta disso, a gente nunca podia subir acompanhado – e falava sozinha. Eu sempre fiz muito isso – sou o tipo de pessoa que às vezes precisa fingir que está cantando na rua para não causar estranhamento nas pessoas – e, no começo do programa, até falava diante das câmeras, mas fui ficando com vergonha e o varal virou meu refúgio, o lugar onde eu conversava comigo mesma. Tem um vídeo da Manu Gavassi lá dentro em que ela diz: "Eu tenho medo de perder quem eu realmente sou aqui dentro", e era isso que eu sentia. No confinamento, o único jeito de não enlouquecer é se prender o tempo inteiro a quem você é. Acontece que, para isso, eu precisei primeiro entender melhor quem eu era de verdade. Tive de me confrontar com a imagem que eu tinha de mim mesma e aceitar que estava tudo bem se eu fosse um pouco diferente daquilo. Eu sou uma pessoa legal, mas mais séria e observadora, mesmo. Eu não chego aos lugares gritando e chamando atenção. Ainda que eu seja educada e sorridente, só me solto para falar besteira e me abro para as pessoas quando tenho mais intimidade, como é com as minhas amigas. Pensando nelas, inclusive, nas pessoas que escolhi ter perto de mim na vida, percebi que tinham um perfil parecido com o meu, um pouco mais sério. Na minha cabeça eu era outra pessoa, e no BBB foi como se eu saísse do meu corpo e olhasse para mim de verdade, como se eu tivesse descoberto a Thelma, alguém que eu tinha acabado de conhecer.

O momento em que eu achava mais fácil me soltar – e isso eu já sabia que fazia parte da minha personalidade – era durante as festas, quando todo mundo confraternizava, independentemente dos conflitos e das diferenças. A bebida ajudava a ficar mais sociável e até com os objetos da casa eu acabava conversando – bêbada, a mania de falar sozinha só se intensificava. Acabava sempre batendo papo com a garça Clotilde, um objeto de decoração, e acho que era o meu único VT no programa, já que no geral eu não tinha paciência para ficar fazendo cena.

Esse processo de introspecção e de olhar para dentro ao longo das primeiras semanas foi intensificado por uma situação pela qual passei sem que praticamente ninguém soubesse: eu fiquei doente. Como muita gente, eu queria entrar no BBB com um corpão, eu me achava muito magra e queria fazer o perfil gostosona. Fiz muita academia, mas, conforme o início do programa se aproximava, pedi à nutricionista alguma coisa que otimizasse a minha massa magra e ela me indicou proteínas injetáveis. Na correria do trabalho, eu não conseguia ir à clínica e comecei a fazer as aplicações eu mesma, nos dois glúteos. Acontece que o volume provavelmente foi muito grande e causou um inchaço no meu bumbum, o que, a princípio, era só um problema estético. Na primeira prova do programa, como passamos nove horas subindo e descendo escada, o atrito da roupa na minha pele acabou gerando uma inflamação que formou dois abcessos, um em cada glúteo, do tamanho de um limão cada um. Eles tiveram de ser drenados algumas vezes dentro do próprio BBB e, em decorrência do processo inflamatório, tive também linfonodomegalias – ínguas muito dolorosas nas duas virilhas. É por isso que, nos primeiros quinze dias, uma das razões que me fez ficar quieta e séria, para além da minha personalidade, foi que eu estava com muita dor. Eles me passaram remédios e um médico acompanhou toda a situação, ao mesmo tempo que eu, como médica também, fazia tudo que era necessário para me cuidar. Assim, eu não entrava na piscina ou na jacuzzi e nem biquíni usava, vestindo sempre um shortinho. Havia dias em que eu andava mancando de tanta dor e só queria ficar deitada porque fazer qualquer coisa além disso era difícil. Eu sabia que estava em um reality show, que precisava aparecer e entreter as pessoas, que tinha de socializar com os outros participantes, mas eu estava sofrendo.

Tudo foi ainda pior porque eu decidi não contar a ninguém da casa, já que eu tinha medo de como seria visto aqui fora e de quais questionamentos poderiam levantar. Assim, mesmo que eu precisasse desabafar, virar para alguém e falar: "Olha, eu tô mal", acabava sofrendo sozinha. Eu chorava muito à noite, embaixo do edredom, e sentia falta do apoio da minha mãe e do Denis, principalmente na hora de trocar os curativos. O cheiro era ruim e mexer na ferida me causava muito dor, tanto que, enquanto escrevo esse relato, volto a chorar com a lembrança. Certa vez, o sangramento da ferida sujou meu lençol e eu fiz de tudo para disfarçar o que havia acontecido diante das câmeras e levar a roupa de cama até o tanque. Tomar banho também era difícil, de modo que nos piores dias precisei entrar no chuveiro de camisola para não chocar o público com o tamanho da lesão nos glúteos. Eu temia que vissem meu estado, que a situação se agravasse e me tirassem do BBB, que houvesse uma prova de resistência e eu não conseguisse participar, que o público não estivesse gostando de mim, e lidava com tudo isso sem compartilhar nada com ninguém. Foi esse problema de saúde que fez, inclusive, com que eu perdesse peso no começo do programa, algo que veio à tona aqui fora e deixou as pessoas preocupadas pela possibilidade de que fosse a má alimentação. Mesmo diante de tudo isso, eu nunca deixei de fazer uma prova, nunca deixei de socializar dentro da casa nem de curtir as festas, participava ainda que precisasse lidar com a dor. Vale ressaltar também que recebi toda a assistência médica necessária lá dentro, à qual sou muita grata.

Todo esse processo me fez evoluir muito. Eu percebi que, preocupada em ter um corpo considerado bonito dentro de um certo padrão de beleza, acabei prejudicando o corpo que eu já tinha e colocando em risco a participação no programa que mudaria a minha vida. Foi algo que fez com que eu entendesse de verdade a importância de me aceitar do jeito que sou, não só como um discurso da boca para fora. Assim, o BBB mudou a percepção que eu tinha sobre o meu corpo tanto quanto me fez enxergar de verdade a minha personalidade. Quando a situação realmente melhorou e a ferida cicatrizou, eu percebi que já tinha vencido minha primeira prova de resistência no programa. Eu me senti muito orgulhosa porque em nenhum momento pensei em desistir, em tocar no confessionário e pedir para sair. Eu sabia que nunca me perdoaria se abandonasse o meu sonho por causa de algo que eu mesma busquei, que foi resultado das minhas ações e da minha vaidade. A partir desse momento, eu tinha a tranquilidade de que, se fosse eliminada do BBB, já tinha vivido uma grande superação pessoal lá dentro.

Enquanto tudo isso acontecia, eu descobria aos poucos como era viver na "casa mais vigiada do Brasil". A realidade é que, no que diz respeito à estrutura em si, não havia muitas coisas que me incomodassem. Acostumada a dormir em hospital com barulho, luz e poucas horas disponíveis, eu me habituei a apagar em qualquer ambiente, então descansava bem. O mais difícil era lidar com o ar-condicionado, muito gelado. Às vezes eu queria ficar na sala, porque era para mim um dos espaços mais bonitos da casa, mas simplesmente não aguentava. O chuveiro também incomodava porque não sustentava a temperatura por muito tempo e eu sempre gostei de tomar banho com água quente, pelando. Se você fosse a primeira pessoa a usar, pegava a água morna, mas daí para a frente era ladeira abaixo. A gente amava ir para o quarto do líder porque lá o chuveiro era quentinho, perfeito, e o vidro embaçava os espelhos que eram câmeras, então ficávamos ainda mais confortáveis. A diferença na alimentação entre xepa e VIP, em geral, não era um grande problema também; a gente sempre tinha comida, mas na xepa precisava dividir tudo direitinho pensando na semana como um todo para garantir que, no final, não faltaria e que conseguiríamos nos alimentar bem nos dias de prova. Houve uma noite em que eu acordei chorando porque estava sentindo dor de estômago, de fome. Ainda era cedo para comer meus biscoitos, que estavam contados para o dia seguinte, então fui falar com outro participante para ver se ele trocava um ovo, que eu tinha de sobra, por biscoito. As imagens fizeram com que subissem no Twitter a hashtag #fomenãoéentretenimento e foi uma grande polêmica aqui fora. Nós não passávamos fome lá dentro, não faltava alimento. O que acontece é que lidar com o racionamento, ainda mais em uma situação de confinamento, onde tudo se amplifica, pode ser difícil e estressante.

Não à toa, muitas brigas da minha edição aconteceram por causa de comida, como as famosas "Guerra do Biscoito" e "Guerra do Feijão". Em alguns conflitos eu não me envolvia, assistindo de longe como se estivesse vendo o BBB do sofá da minha casa, enquanto em outros tomava partido e acabava abraçando as dores de alguém. O primeiro conflito que eu mesma puxei foi o que ficou conhecido como "Briga das Zero Estalecas". Ao longo do jogo, todos os participantes recebiam estalecas, uma espécie de moeda do BBB, para fazer compras. Logo ficou claro que elas poderiam servir para obter outros benefícios lá dentro, como a participação em uma prova, então as pessoas passaram a guardar um pouco do que recebiam, não colocando tudo nas compras. A gente sempre conversava antes de dar o dinheiro do mercado e cada um dizia quanto ia disponibilizar, assim tínhamos uma noção melhor do que conseguiríamos comprar. Houve uma semana em que um dos participantes decidiu não ajudar com nada e não falou para ninguém. Quando eu entendi o que tinha acontecido, depois de ver que faltou dinheiro para as compras e que o saldo dele não tinha diminuído, decidi confrontá-lo. O que me incomodou foi o fato de ele ter ficado quieto, tentando passar por vilão com uma estratégia brilhante, sem assumir seus atos. Assim como escolhi não comprar outras brigas, muitas pessoas se abstiveram dessa, mas para mim foi a hora de soltar tudo o que eu estava pensando.

*

Se na primeira parte do BBB 20 a pauta foi o machismo, na segunda outras narrativas começaram a surgir dentro da casa, e temas como exclusão e solidão ganharam evidência no programa. A forma como os participantes da casa de vidro entraram no jogo contribuiu para que eu começasse a me sentir excluída dentro do meu grupo. No começo, eu, a Marcela e a Gizelly éramos um trio e, quando eles chegaram trazendo a mensagem de que elas estavam certas naquela briga e não falaram nada sobre mim – talvez porque ninguém tenha ido até a casa de vidro levantar um cartaz com meu nome –, as duas se uniram mais e logo os abraçaram.

Uma coisa que incomodava algumas pessoas da "Comunidade Hippie" era a minha amizade com o Babu. Nós dois logo nos aproximamos porque, sendo duas pessoas negras na casa, conseguíamos dividir questões que as outras pessoas não compartilhavam. Não combinamos, oficialmente, de formar uma aliança, mas sabíamos a importância de nos proteger e nos respeitar. Já na segunda semana do programa, o Babu ganhou a prova do anjo, que dava a ele o direito de imunizar uma pessoa que não poderia ser indicada ao paredão, e me escolheu. Como eu sou alguém que gosta de retribuir o que fazem de bom por mim, passei o BBB inteiro falando que, se um dia ganhasse o anjo, daria a ele, independentemente de quem fossem as pessoas mais próximas de mim no momento. Além disso, muitas provas do programa eram em dupla e era comum que nós dois sobrássemos e nos juntássemos. Sem uma melhor amiga ou amigo lá dentro, eu não tinha a tranquilidade de saber quem faria as provas comigo, então, na hora de formar dupla, esperava os outros escolherem e via quem restava. Tanto a exclusão do meu próprio grupo quanto essa dinâmica na hora das provas me faziam ter cada vez mais a certeza de que eu estava jogando sozinha. Naquele tabuleiro de xadrez imaginário, eu tinha escolhido um lado, e não sabia que logo seria a peça responsável pela quebra da "Comunidade Hippie".

O Babu teve de lidar também com muita exclusão dentro da casa. Sua personalidade era interpretada de forma incorreta diversas vezes e, se utilizando disso, o colocavam com frequência no paredão. Eu não gostava e não concordava com a forma como ele era pré-julgado, e fazia questão de preservar a minha amizade com ele. Isso começou a me colocar em um lugar muito perigoso no jogo, como o Tiago até disse uma vez, porque o meu grupo de aliados era a "Comunidade Hippie", mas ao mesmo tempo eu era próxima do Babu e o defendia, mesmo ele teoricamente estando do outro lado. Algumas pessoas entendiam isso, mas para o restante acabava sendo mais uma razão para se afastar e algo que poderia me colocar como alvo. O que eu fui entender depois foi que lá dentro se formou um jogo muito complexo, onde diferentes histórias foram contadas, e que justamente quem confiou na suposta segurança da "Comunidade Hippie" – que em certo momento se via como um grupo em vantagem, influenciado pelas informações trazidas de fora – acabou sendo malvisto pelo público.

A clareza de que eu assumi uma posição alinhada com os meus princípios e de que isso contribuiu para que eu me tornasse campeã não muda o fato de que lidar com a solidão lá dentro foi muito duro. Aqui fora é normal que você tenha vários melhores amigos e amigas, mas dentro de um reality show, como você sempre tem de escolher entre as pessoas, é necessário ter as suas prioridades bem claras. E eu, no BBB, sabia que não era prioridade de ninguém.

Antes de entrar, eu tinha um certo preconceito em relação a amizades de reality show. Eu achava que, em um ambiente onde todos são concorrentes e estão focados no prêmio em dinheiro, não tinha como as pessoas ficarem realmente amigas, ainda mais tão rápido. Eu cresci com a percepção de que amizade não era algo que surgia de um dia para o outro, até porque as relações que eu construí envolveram passar por muita coisa, inclusive pelos momentos mais difíceis da vida de cada pessoa. Sendo assim, sempre que assistia ao programa ficava desconfiada ao ver os participantes se declarando uns aos outros depois de poucos dias. Ao mesmo tempo, para ser bem honesta e por mais paradoxal que seja, eu tinha a expectativa de fazer uma melhor amiga ou amigo lá dentro. Mesmo tendo um pé atrás com essas amizades, era algo que eu queria. Fora da casa, eu tinha feito amigos em todos os lugares por onde passei, na faculdade, na escola de samba, na residência, no hospital, então imaginava que no BBB não seria diferente.

Mas o desenrolar da história foi outro e, no fim das contas, eu olhava em volta e não tinha alguém de quem eu pudesse dizer: "Esta pessoa tá comigo pro que der e vier". Como o confinamento faz com que tudo ganhe proporções muito grandes dentro da nossa cabeça, o tempo todo eu me perguntava por que as coisas eram assim, se o problema era comigo, se eu era chata mesmo, e a forma que eu encontrei de superar isso foi me apegando a tudo que eu já tinha construído do lado de fora. Eu tinha amigas e amigos incríveis, que me conheciam de verdade e me amavam, e lembrar dessas relações concretas era o que me mantinha sã e me dava força. Eu entendia que, se precisasse ir sozinha, eu ia. Ainda assim, era muito dolorido, especialmente porque, no reality show, a casa vira o seu mundo e é como se nessa realidade paralela nada do que está do lado de fora importasse.

Mesmo tendo a "Comunidade Hippie" como um grupo, volta e meia ficava claro que não estávamos assim tão fechados uns com os outros. Sendo oito pessoas, não teria por que eu ficar sem dupla na hora de fazer as provas, certo? Era só nos dividirmos, mas, ainda assim, isso acontecia. Na hora de definir quem ia para o VIP, também era comum deixarem pessoas do grupo de fora para incluir algumas que não faziam parte dele. Não existia um consenso de verdade entre nós e eu sabia que viraria alvo de parte do grupo antes de outras pessoas da casa. Uma situação que me marcou foi quando, para a ativação de uma marca, pediram que nos dividíssemos em grupos de quatro pessoas e, em questão de segundos, eu fui mais uma vez deixada de lado. Quando eu me tornei monstro no programa – uma espécie de castigo dada por aquele que ganha a prova do anjo e que envolve fantasias, danças e pouco tempo de sono –, a cisão do grupo ficou bem clara. A minha chateação não veio por conta do castigo em si – afinal era algo que fazia parte do jogo –, mas porque, ao recebê-lo de pessoas que faziam parte da "Comunidade Hippie", a mensagem passada para mim era: "Você não é bem-vinda nesse grupo". Foi como se um balde de água fria caísse na minha cabeça, mas, como eu já havia feito em vários momentos da vida, passei uma noite inteira chorando e renasci no dia seguinte, ainda mais forte para seguir.

Apesar de tudo, a tristeza do monstro me trouxe coisas boas também. A Manu e a Rafa já sentiam um pouco a minha exclusão do grupo por causa da proximidade com o Babu, e as duas tinham uma boa relação com ele também. O senso de justiça delas era muito forte e, vendo o que tinha acontecido, elas se aproximaram ainda mais de mim, me fazendo companhia enquanto eu ficava sentada do lado de fora da casa como parte do castigo. Na hora, eu não dei muita atenção ao fato de que minhas outras amigas não tinham ido me fazer companhia, mas elas viram a situação mais claramente e, por isso, mesmo tendo o costume de dormir cedo, as duas e a Gabizinha – com todo seu alto-astral – passaram a madrugada conversando comigo. Conforme aconteceram a quebra do grupo e essa movimentação, eu acabei encontrando nelas três pessoas que gostavam de mim de verdade, e foi muito bom, depois de tanto tempo, não me sentir mais tão sozinha.

Com a situação do monstro, eu comecei a ganhar mais visibilidade no jogo e, àquela altura, já sabia que era hora de mudar meu posicionamento lá dentro. Como disse, eu passei boa parte do programa sendo uma jogadora observadora. Eu me colocava em relação às coisas que considerava importantes, e quem convivia mais comigo via esse meu lado com clareza. Não hesitava na hora de me comprometer no "jogo da discórdia" nem na hora de votar, mas escolhia muito bem que brigas comprar, e isso foi dando certo por um bom tempo. Eu enxergava o jogo e, quando as pessoas me incomodavam, às vezes sabia que era melhor deixar que elas se eliminassem sozinhas. Confiava na minha estratégia, mas sabia que, por ser mais quieta e não ter ganhado nenhuma prova no começo, muita gente lá dentro me via como uma participante fraca, um alvo fácil, mais um peão daquele tabuleiro, e eu queria mostrar minha força. Eu sabia que isso aconteceria quando tivéssemos de encarar uma prova de resistência. Então, a partir do momento em que meu machucado sarou, eu torcia toda semana para que essa hora chegasse. Além de mostrar do que eu era capaz, queria me tornar líder para aparecer mais, para ter de indicar alguém ao paredão e me comprometer, ganhando mais destaque aos olhos da casa e do público. Quando, na nona semana de programa, a prova de resistência chegou, foi hora de virar o jogo: comecei a colocar para fora a rainha do tabuleiro que habita dentro de mim. Afinal, dona Yara não me deu o nome de Regina à toa. Eu estava pronta para dar o xeque-mate em todos os que duvidaram de mim, como fiz em vários momentos da vida.

CAPÍTULO 12

Vitória histórica

A prova consistia basicamente em ficar agarrada a um tubo de plástico que girava em torno de um eixo, como em um carrossel, e não cair. Quando eu entendi que era isso, que só o que eu precisava fazer era não perder o equilíbrio e aguentar mais que todos os meus concorrentes, tive certeza de que aquela liderança era minha. Às vezes isso acontece lá dentro, você sente que as suas habilidades lhe dão muita chance ou que realmente não tem como e só resta dar o seu máximo para cumprir o protocolo. Sabendo que aquele podia ser o meu momento no jogo, fiz o que é mais importante em uma prova de resistência: trabalhei meu psicológico. Eu sabia que uma prova como aquela se ganhava na mente. Assim, foquei muito duas coisas: primeiro, meu pai. Eu pensava no quanto ele sofreu por conta do câncer, no quanto ele teve de lidar com a dor, e pedia a ele que me desse força naquele momento. Segundo, em tudo de bom que a liderança me traria, como a festa com tema escolhido por mim e a possibilidade de ver fotos da minha família.

Fiquei tão imersa e concentrada nos meus pensamentos que mal senti o corpo reclamar. Em nenhum momento, durante as vinte e seis horas de prova, eu tive fome ou vontade de ir ao banheiro. Às vezes ficava incomodada porque era como se o meu braço, agarrado ao cilindro de plástico, estivesse assando, mas dor no corpo só fui ter no dia seguinte, mesmo com as minhas pernas inchando a ponto de quase dobrar de tamanho. Na reta final, o sono começou a bater, e o que eu fazia para me manter acordada era cantar as músicas da Mocidade Alegre. Como eu precisava me concentrar para me lembrar das letras, minha mente ficava ativa enquanto eu passava pelos enredos de quase cinquenta anos de escola de samba. No geral, eu me sentia bem, tinha descansado bastante no dia anterior e me alimentado direito, e a partir de um certo ponto comecei a falar para as pessoas que eu só sairia de lá desmaiada, que descer e falar "não aguento mais" não era uma possibilidade.

Eu olhava para os meus adversários e sabia que alguns com certeza eram menos resistentes do que eu, mas também que outros eram muito bons. Nós éramos, no geral, um grupo que não desistia fácil. Esperei, concentrada em mim, e fui vendo-os sair aos poucos, fosse porque não aguentavam mais ou porque perdiam o equilíbrio, de modo que foi tudo dando certo. Sobramos só eu e a Mari, que tinha uma resistência física ótima, mas me mantive confiante de que ia ganhar a liderança, isso esteve na minha cabeça o tempo inteiro.

O lugar da prova era todo fechado, mas tinha uma frestinha de luz pela qual era possível ver o céu, foi por lá que nós percebemos que a noite de quinta-feira virou manhã de sexta e, depois do que pareceu uma eternidade, noite de novo. Nesse final de dia, comecei a sofrer um pouco com o frio, porque o ar-condicionado já era forte e a temperatura ficou ainda mais gelada graças a uma chuva intensa que caiu do lado de fora. Quando já estávamos lá havia vinte e quatro horas, o Tiago começou a falar com a gente direto do programa ao vivo. Eu me sentia tão confusa, não fazia ideia do horário e do que estava acontecendo. Quando ele disse: "Conforme combinado com o público...", eu fiquei com muito medo de que ele anunciasse que, entre nós duas, uma seria líder e a outra iria direto para o paredão. Já havia acontecido isso outra vez com a segunda colocada de uma prova, então nós sempre esperávamos pelo pior. Se fosse esse o recado, acho que eu e a Mari, que aguentamos vinte e seis horas, teríamos ficado mais vinte e seis. Eu ainda não tinha ido ao paredão e temia essa possibilidade, então não sairia por nada. No fim, acho que eles não queriam que a prova se estendesse muito, então o recado foi que nós duas estávamos imunes, portanto o que disputávamos a partir daquele momento eram apenas os poderes e privilégios da liderança.

Quando ele disse isso, senti um conforto muito grande e coragem para me mexer um pouco mais. Eu estava havia horas travada na mesma posição, com medo de perder o equilíbrio e cair. Então, menos preocupada, consegui soltar um braço de cada vez e tirar o tênis que estava me machucando. Comecei a pensar na liderança e cheguei à conclusão de que, se eu estivesse disputando com uma pessoa muito próxima a mim, até consideraria negociar a prova, mas com a Mari a situação era outra. Nós não apenas não éramos amigas como uma das minhas principais opções de voto era a Flay, participante mais próxima dela. Partiu da Mari a tentativa de negociar e eu deixei claro muitas vezes que, por mim, íamos as duas até o nosso limite. Eu não ficaria com a consciência tranquila se não desse o meu máximo ali. Ela sugeriu que dividíssemos a liderança de alguma forma, compartilhando uma com a outra certos privilégios, como estar no VIP, assistir ao cinema e usar o quarto, mas isso também não me deixava confortável porque eu tinha outras prioridades lá dentro: ela não estava entre as minhas e eu não estava entre as dela. Falei que não me dispunha a negociar nem o VIP e que, no máximo, me comprometia a levá-la ao cinema do líder se ganhasse a prova porque já tinha a ouvido dizer que era uma das coisas de que mais gostava lá dentro. Ela insistia que não fazia sentido a gente ficar lá se matando, mas eu fui inflexível e deixei claro que não tinha o que fazer porque as nossas lideranças seriam muito diferentes, já que nossos objetivos e afinidades não eram os mesmos. Após vinte e seis horas de prova, mais ou menos duas horas depois de o Tiago dizer que estávamos as duas imunes, ela disse que ia sair. Eu perguntei: "Tem certeza?". Ela respondeu que sim e desceu.

Eu fiquei muito alegre porque, depois de passar boa parte do programa esperando por esse momento e de sentir que eu tinha chance, realmente venci a prova de resistência. Comemorei, chorei, gritei "mãe", como sempre, gritei "Denis" e logo percebi o quanto a minha perna estava inchada. Voltei para a casa exausta, doida para tomar banho e me deitar, mas celebrei com as minhas amigas e já avisei que a minha liderança não ia ter muito drama. Na hora de escolher quem ficaria no VIP comigo, por exemplo, usei critérios bem específicos porque, apesar de não ser prioridade de ninguém, eu tinha várias afinidades lá dentro. Como já disse algumas vezes, eu não esqueço o que as pessoas fazem de bom para mim, então escolhi primeiro a Gabi, que lá no começo do jogo foi a primeira pessoa a me colocar no VIP depois de duas semanas na xepa. A segunda escolha foi a Marcela, porque eu ainda não enxergava bem os problemas da nossa amizade nesse ponto e, durante a prova, como ficamos agarradas ao mesmo cilindro, ela me deu muita força. Quando eu sentia frio, por exemplo, ela passava a mão no meu braço para me aquecer e, considerando como os sentimentos ficam intensos dentro do reality show, todo pequeno cuidado contava muito. Por fim, escolhi a Gizelly porque ela já estava na xepa havia muito tempo, mais do que a Manu e a Rafa. Se pudesse levar cinco pessoas, teria incluído as duas, mas, como sabia que não seria o caso, disse que as chamaria para o cinema, junto com a Mari. Fui mal interpretada lá dentro e aqui fora por acharem que eu deveria ter escolhido outras pessoas, mas as minhas razões foram muito objetivas e todas as meninas entenderam.

Conquistar essa liderança foi muito importante para mim, porque foi como se várias partes da minha vida tivessem se unido ali: o equilíbrio que eu adquiri depois de anos dançando, a resistência de passar horas sem dormir, comer e ir ao banheiro por causa da medicina, e a espiritualidade, pela forma como eu me senti conectada ao meu pai. Foi também a hora de mostrar minha força na casa, o momento pelo qual eu vinha esperando, e por isso fiquei tão irritada quando, logo depois da vitória, me senti subestimada.

De volta à casa, conversei com as minhas amigas, comi e fui dormir. No dia seguinte, descobri que estava rolando um burburinho segundo o qual a Mari teria dito que entregou a prova para mim, que nós duas estávamos cansadas e ela havia ficado com dó porque sabia que eu queria muito ver a minha família. Fui tirar satisfação e há quem diga que eu caí na pilha da fofoca, que exagerei e fui soberba, mas aquilo pegou dentro de mim em um lugar muito profundo. Diante de tudo o que eu passei na vida, de todos os perrengues que eu enfrentei e superei sozinha, era inadmissível que ela passasse a impressão de que eu ganhei a prova por uma boa ação dela. Eu não podia deixar, de maneira alguma, que tirassem de mim justamente o mérito da prova de resistência que eu tanto quis ganhar. Eu me senti subestimada e isso me corroeu, tocou em uma Thelma que não aguentava mais ser chamada de coitada, porque a vida inteira teve de provar que não era. Falei na frente da Mari e de todo mundo que não era verdade que ela tinha saído da prova para me beneficiar e que eu não precisava de caridade. Como nunca precisei. Minhas palavras carregavam dores de coisas pelas quais eu tinha passado ao longo da vida e que ninguém ali imaginava. Não foi a primeira nem a última vez que vi uma vitória minha sendo desmerecida e eu não aceitava mais passar por isso. Nós duas conversamos e ficou tudo bem, mas achei que toda essa situação contribuiu para o que eu vinha buscando: a oportunidade de me colocar mais no jogo.

Como eu amava as festas do BBB, o privilégio de ter uma em minha homenagem, como acontecia com quem era líder, foi incrível também. Na hora de dizer o que eu queria para esse momento, pedi pouco: um vestido cheio de brilho, músicas da Mocidade Alegre e costela com molho *barbecue*. Eu tinha uma relação de muito respeito com a produção, então não apenas não reclamava de nada, como outras pessoas faziam quando não gostavam de uma roupa ou tomavam punição, por exemplo, mas ficava receosa de pedir demais. Era como lá atrás, quando o meu sentimento de gratidão por estar em certos espaços fazia com que eu evitasse contestar qualquer coisa. Além disso, reconhecia o trabalho enorme que existia por trás daquelas paredes e isso contribuía para que eu aceitasse tudo de bom grado. Adorei o que eles propuseram, e a festa, que teve o tema "Barracão da Thelminha", foi lindíssima! Nem todo mundo na casa gostava de samba, mas eu aproveitei muito e achei o máximo mostrar a Mocidade Alegre para o público, especialmente por saber que tinha mais gente, do lado de fora, celebrando junto comigo.

Graças à liderança, eu pude usufruir dos privilégios do quarto do líder, e a melhor parte de todas foi que vi fotos da minha família. No confinamento, as pessoas perdem, aos poucos, todo tipo de memória. Às vezes, em uma roda de conversa, por exemplo, ninguém consegue lembrar certo trecho de uma música, o nome de um ator, de um livro ou de um filme, é um apagão completo e angustiante, já que do lado de fora estamos acostumados a pesquisar qualquer dúvida no celular e lá não existe essa possibilidade. Se esse tipo de esquecimento já era difícil, o desespero ganhou outra proporção quando eu passei a não me lembrar com clareza da fisionomia dos meus familiares. Como a gente não podia levar foto nenhuma para dentro da casa, chegou um ponto em que, quando eu pensava na minha mãe, no Denis e no Chico, via o rosto deles como um rascunho. Não conseguia me lembrar com detalhes dos traços das pessoas que eu mais amava. É por isso que, quando os participantes veem fotos da família no quarto do líder ou o vídeo no presente do anjo, é uma choradeira enorme. Olhar para aqueles rostos traz um conforto raro e muito necessário.

Como líder, indiquei a Flay ao paredão. Acho que o que mais me incomodava era a impressão de que ela rotulava o tempo todo quem era forte e quem era fraco no jogo, me colocando no segundo grupo e se aproximando de quem ela imaginava estar no primeiro. Nossos perfis eram completamente diferentes, eu mais séria e ela, explosiva, e desde o primeiro dia percebemos que seria difícil nos aproximarmos. Ela se incomodava com a forma como eu falava, eu tinha problemas com algumas atitudes dela e, com o passar das semanas, fomos para lados opostos do jogo. Por muito tempo eu vi que ela era querida dentro da casa, então, como parte da minha estratégia, não falava muito sobre nossos problemas. Sabia que, se fizesse isso, poderia me tornar alvo de várias pessoas. Com o jogo mais adiantado, tanto eu quanto ela acabamos colocando para fora nossos incômodos.

Depois que a indiquei ao paredão, houve um "jogo da discórdia" em que eu falei que algumas pessoas da casa agiam por conveniência, e dei como exemplo o fato de que, quando brigamos com os meninos lá no começo por conta do machismo, ela foi uma das primeiras a querer confrontá-los e fazer um escândalo, mas no dia seguinte já estava bem com eles de novo. Eu falei tudo o que eu achava sobre ela agir por conveniência, se aproximando de quem parecia estar bem no jogo. Até mencionei o fato de que, quando eu virei líder, ela veio se oferecer antes de uma festa para me ajudar com a maquiagem, ou seja, atitude que até então ela nunca havia tido comigo, já que a gente não se dava bem. Ela disse que me achava uma "planta" e que, se eu fosse para o paredão, sairia. Eu falei: "Tá bom, então você volta desse paredão, ganha o líder, me coloca e a gente vê se eu saio ou não. Se eu for planta mesmo, vou sair".

A Flay voltou do paredão e, duas semanas depois, ganhou a liderança e me indicou. Fez um discurso dizendo que, se eu achava que nunca iria para o paredão, estava enganada. Eu deixei claro que não tinha essa expectativa e que a minha estratégia era me comprometer mais para o final do jogo, exatamente como eu estava fazendo. Meu plano era ir para o paredão só nas últimas semanas, quando o público já me conhecesse melhor. Àquela altura do programa, eu já tinha participado de discussões, já tinha me divertido nas festas, já tinha ganhado uma prova de resistência. Já tinha uma imagem mais consolidada do lado de fora e, se as pessoas gostassem de mim, me manteriam lá.

Ainda assim, é claro que não foi fácil. Eu sabia que ela ia me indicar e passei o dia todo angustiada enquanto aguardava o programa ao vivo. Estar no paredão causava uma sensação horrível. A lembrança de estar sendo julgada pelo público vinte e quatro horas por dia vinha com força e, principalmente na primeira vez, o meu maior medo era ser rejeitada. Eu não conseguia visualizar quantas pessoas estavam torcendo por mim e votando aqui fora; a impressão que eu tinha era de que só o Denis, minhas primas, amigas e o pessoal da Mocidade Alegre organizariam mutirão para eliminar os outros participantes e me deixar na casa. Nem com a minha mãe podia contar, já que ela não usava internet. Não me passava pela cabeça, por exemplo, que houvesse pessoas famosas torcendo por mim. Eu tinha certeza de que elas faziam campanha pelos participantes que eram pessoas públicas e que já conheciam do lado de fora.

Também me chateava estar no paredão com duas pessoas de quem eu gostava: o Babu e a Gabi. Eu até imaginava que estivesse numa situação favorável porque, sendo amiga da Gabi, achava que a torcida dela votaria para o Babu sair e, sendo amiga do Babu, que os apoiadores dele votariam na Gabi. Mas paredão não tem jeito: 10%

de mim conseguiam se apegar a essa lógica e 90% tinham certeza de que eu seria eliminada. Passei alguns dias angustiada e, quando chegou a hora, me sentei na sala e esperei para ouvir o resultado. O Tiago avisou que quem sairia era a Gabi e a sensação de voltar do paredão foi maravilhosa. Senti o medo da rejeição ir embora e fiquei aliviada. Claro que as pessoas podiam não gostar de mim e tirar outra pessoa só por gostar dela menos ainda, mas o sentimento naquele momento era de aprovação. Eu queria gritar, mas sempre ficava um clima de despedida e poderia ser desrespeitoso com quem estava saindo. Fui para o quarto e gritei lá, dei uns bons berros, tirando todo o medo que estava entalado dentro de mim.

Em seguida, tive de me trocar para participar da prova do líder, já que, na reta final do programa, várias coisas aconteciam nos mesmos dias. A minha adrenalina estava tão alta e eu me sentia tão eufórica por ter voltado do paredão que logo imaginei que não me sairia muito bem. Quando vi que era um jogo de arremesso, em que deveríamos atirar sapos mirando casinhas com diferentes pontuações, pensei: *Bom, é óbvio que eu vou me sair mal*, afinal nunca tive esse tipo de habilidade. Eu tentava sempre ser uma das últimas a jogar nessas provas, porque, como tinha muito medo de pagar mico em rede nacional, queria ver os outros fazendo antes de mim, mas nesse dia a ordem foi definida por sorteio e eu era a terceira. Observei os movimentos da Rafa, que foi a primeira, e da Marcela, a segunda, mas nenhuma das duas arremessou bem. Então, quando chegou a minha vez, eu não tinha a menor ideia do que fazer. Na hora de jogar, estava com o coração acelerado e meu corpo inteiro tremia, até comentei com o Tiago que uma prova daquelas depois de voltar de um paredão me colocava em uma situação difícil. Enquanto falava com ele, arremessei. Sem estratégia, sem mirar em número nenhum, só me esforçando ao máximo para não passar vergonha. Quando vi, tinha acertado uma pontuação alta, então mantive o embalo e joguei o segundo – eram dois por vez –, conseguindo uma pontuação alta de novo. Eu só conseguia pensar que algum espírito tinha me ajudado ali, porque não era eu que tinha arremessado aqueles sapos. Meus pontos viraram o objetivo a ser batido e eu fui vendo um por um ser eliminado, até que ganhei.

Aí a felicidade foi de final de Copa do Mundo. Eu me joguei no chão, gritei, deixei meu peito aparecer sem querer pela segunda vez em rede nacional. Era uma sensação surreal! Tantas vezes na minha vida eu já tinha estado entre altos e baixos, saindo do fundo do poço direto para o topo, e isso estava acontecendo lá também: eu fui da pior situação para se estar na casa, o paredão, para a melhor, sendo líder pela segunda vez.

Voltamos para a sala para montar o paredão da semana, eu indiquei a Flay novamente e falei: "Planta não sai do jogo", já que era isso que ela tinha dito que aconteceria comigo. Ela respondeu me chamando de soberba e a gente entrou em um looping de discussões, mirando sempre uma na outra. O Tiago até disse mais para a frente que faltou estratégia da nossa parte, porque havia pessoas que nos ameaçavam mais na casa, mas focamos muito esse atrito e não enxergamos outras possibilidades. Nessa semana, a Marcela saiu e a Flay ficou mais uma vez, de modo que eu comecei a me perguntar se as pessoas realmente gostavam tanto dela e, assim, não gostavam de mim, mas só depois fui descobrir que, enquanto nós duas brigávamos, o público estava muito mais interessado em tirar outros participantes da casa.

O jogo começou a ganhar uma velocidade maior e, quando vi, lá estava eu no paredão novamente, dessa vez com a Flay e o Babu. Na noite da nossa indicação, teve festa e eu conversei com a Flay. Estávamos as duas um pouco bêbadas e, apesar de o papo ter sido rápido, falamos honestamente sobre como nos sentíamos uma em relação à outra. Compartilhamos algumas histórias de momentos difíceis das nossas vidas e ela até contou que já tinha sofrido racismo. A conversa fez com que tivéssemos mais empatia uma pela outra e eu sinto que ali finalmente nos entendemos. Ficamos, as duas, com a consciência mais tranquila. Nesse paredão, eu me senti bem confusa, sem saber se a torcida do Babu ia se juntar à minha ou à dela, porque eles vinham se aproximando na casa. Além disso, eu tinha medo de que o público estivesse me achando soberba, como ela havia dito, porque no confinamento a gente se apega a cada coisinha e tudo parece motivo para a eliminação. Por fim, ela saiu. Foi preciso estarmos as duas juntas para que isso acontecesse.

Com as voltas do paredão e a saída de uma pessoa que eu tinha indicado duas vezes, comecei a confiar mais em mim mesma, ainda que sempre mantendo os pés no chão. À essa altura, eu, a Rafa e a Manu, cada vez mais próximas, já tínhamos conversado sobre o fato de que faríamos o possível para ir as três juntas para a final. A melhor forma de garantir isso era ganharmos as próximas provas de liderança, porque assim não corríamos o risco de estar as três no mesmo paredão, e foi mais ou menos o que aconteceu. Eu tinha acabado de ser líder, a prova seguinte foi vencida pela Manu e a outra, pela Rafa.

Como eu mencionei antes, no BBB você também joga com a produção, que sempre encontra formas de mexer nas dinâmicas para atrapalhar os planos e estratégias dos participantes. Na semana de liderança da Manu, a votação para definir quem iria ao paredão foi diferente, e eu, o Babu e a Rafa tivemos de votar entre nós e eu vivi um dos momentos mais difíceis do jogo quando votei nele. O Babu e eu tínhamos um carinho muito grande um pelo outro e conseguíamos conversar sobre nossa vida de um jeito que não era possível com todo mundo na casa. Como tínhamos vivências parecidas, as nossas falas muitas vezes se conectavam. Desde que o vi no jogo pela primeira vez, sabia da importância de nos aproximarmos e nos fortalecermos sendo as únicas pessoas negras da casa. Mas a gente acabou indo para lados diferentes no decorrer do programa e, principalmente no começo do jogo, ele se aproximou de pessoas de quem eu não gostava. Isso nunca interferiu na nossa amizade; sempre que ele fazia algo com que não concordava, eu apontava e a gente conversava a respeito, mas, em relação ao jogo, seguimos caminhos distintos. A minha situação com a Rafa era diferente. Eu também me conectei com ela desde o começo e, a partir dali, nós estivemos do mesmo lado o tempo inteiro, sem nunca passar por qualquer desentendimento. Nossas ideias "batiam" e existia muita troca entre nós duas. Então, apesar de saber da importância da pauta racial, não só para o público, mas para mim, eu precisei ser coerente com tudo o que eu tinha vivido lá dentro e votei no Babu, mesmo sofrendo muito.

Fui chamada aqui fora de falsa, de traidora, de mucama e até de chaveirinho de branca, como se realmente, numa casa com duas pessoas negras, eu tivesse opções na hora de fazer amizade. Descobri depois que foi a fase em que eu mais fui atacada, recebendo muitas mensagens de ódio nas redes sociais. Foram poucas as pessoas que tiveram a coragem de botar a cara a tapa e perguntar: calma aí, uma mulher negra sofre diferentes opressões ao longo da vida, e o que pesa mais? É a cor da pele ou o fato de ser mulher? Porque são duas opressões que ela viveu a vida inteira. Então, aqui ela vota na Rafa, que é amiga, ou vota no Babu, que é irmão do ponto de vista racial? Mesmo sabendo que ele teve posicionamentos com os quais ela não concordou, e a Rafa não?

O Babu voltou desse paredão, outras pessoas foram saindo e o jogo foi se afunilando, de modo que tudo passava cada vez mais rápido. De repente, faltava mais ou menos uma semana para o programa acabar e nós entramos em clima de confraternização. Conversávamos sobre tudo o que já tínhamos vivido lá dentro, sobre todas as pessoas que tinham passado pela casa, e nos sentíamos muito felizes por ainda estar no jogo, com vontade de viver pela última vez cada experiência que o BBB podia proporcionar. Veio mais um paredão, em que eu votei na Manu em parte porque ela iria de qualquer forma, pela quantidade de votos que já tinha recebido, mas também porque não queria repetir o voto no Babu e reforçar algo que tinha doído tanto em mim e nele. A Mari saiu e ficamos eu, Rafa, Manu e Babu, por um tempo imersos naquele clima de confraternização e nostalgia, mas logo arrebatados por uma fase de muito tédio.

Para quem assiste ao programa, é impossível imaginar como o tédio lá dentro pode ser enlouquecedor. Com os cortes e a edição, a impressão é de que acontece muita coisa em um dia, mas a realidade é que, dentro daquela casa, parece que o tempo não passa. Sabe como aqui fora a gente sente que o dia precisa ter mais de vinte e quatro horas para dar tempo de fazer tudo? Então, lá dentro era o contrário, vinte e quatro horas pareciam quarenta e oito porque a gente não tinha nada para fazer. Se já era assim normalmente, nessa reta final, então, o tédio assumiu outra proporção. A gente não tinha mais que pensar no jogo porque, àquela altura, a não ser que algo muito absurdo acontecesse, o público já tinha seus favoritos definidos. Nós acordávamos, fazíamos o raio X – passagem diária pelo confessionário, na qual falávamos sobre como estavam as coisas –, conversávamos um pouco e aí a vontade era dormir o dia inteiro. Ao mesmo tempo, batia um peso na consciência porque ainda estávamos dentro de um reality show e precisávamos nos mostrar para o público. Não tínhamos mais assunto direito, porque parecia que, depois de quase três meses, já havíamos conversado sobre tudo o que era possível; não tínhamos ninguém de quem falar mal, porque as pessoas de quem não gostávamos já tinham ido embora; não tínhamos um livro para ler, já que não nos haviam autorizado a levar. Eventualmente inventávamos algum jogo, como resta um com feijão. O dia se prolongava, a noite parecia não chegar nunca e, quando chegava, também não passava. Acabamos tendo, cada um, nossos momentos de energia mais baixa.

O maior alívio, e isso desde sempre, eram as festas. Duas vezes por semana, era maravilhoso ter um evento especial para quebrar a rotina da casa. Tudo que era diferente nos deixava muito empolgados: as roupas, o cenário, as comidas, as *lives* de artistas. Isso não só nas festas, mas nas ativações das marcas também. No confinamento, era como se nossa idade mental baixasse consideravelmente, de modo que qualquer mudança e estímulo novo fazia com que ficássemos extremamente animados e nos comportássemos como crianças. Eu dei muita risada assistindo, já aqui fora, às imagens da última festa, em que estávamos eu, Rafa, Manu e Babu. A decoração tinha vários bonequinhos nossos e a produção preparou alguns compilados de vídeos com os melhores momentos do BBB que fizeram a gente morrer de rir, como crianças que tinham descoberto um brinquedo novo. Essa festa foi maravilhosa também porque, além da decoração, dos vídeos, das comidas e das *lives*, nós pudemos fazer coisas que não haviam sido permitidas antes, como pular na piscina de roupa. Chegou um ponto em que estavam tão generosos que, sempre que falávamos no microfone "Ai, gosto tanto de tal música", eles a colocavam. Usaram as *playlists* que nós quatro criamos antes de entrar no programa e a gente cantou tudo, dançou tudo, comeu tudo, esperou o sol raiar e, segundo o Tiago, ficou até oito da manhã em pé como bons inimigos do fim. A produção havia dito que, diferentemente das outras festas, que tinham horário para acabar, essa duraria o quanto aguentássemos. Como eu não aceitava ir para a cama enquanto não fosse obrigada, dormi na pista de dança mesmo. Eu via que o programa estava acabando e, a essa altura, tinha três sensações principais: a primeira era de "graças a Deus! Porque eu não aguento mais sentir saudades da minha família e não saber o que está acontecendo lá fora"; a segunda era o tédio já mencionado; e a terceira era o medo de ficar em quarto lugar, ou seja, de ter nadado e nadado para morrer na praia.

A última prova do programa foi um *quiz* com perguntas sobre a edição. Eu imaginava que algo assim pudesse acontecer e por isso me preparei, pesquisando bastante sobre a história do BBB antes de entrar e também observando e memorizando, lá dentro, diversos detalhes da casa. Contei quantos anjos havia no quarto, quantas borboletas na sala e, quando vi que a prova seria mesmo desse tipo, fiquei muito confiante. No fim, perdi por não lembrar a cor do chapéu de um boneco e, apesar de estar feliz pela vitória da Manu, fiquei muito frustrada e até chorei no programa ao vivo, decepcionada por ter perdido uma prova que eu senti que era para mim. Fomos para o paredão eu, a Rafa e o Babu, e eu fiquei muito angustiada. Tentava imaginar como as torcidas se posicionariam, mas não conseguia chegar a nenhuma conclusão. Comecei a bater bastante na tecla de que eu era a única pessoa inscrita, anônima, que ainda estava ali, já que os outros três eram famosos, convidados. Um filme passava pela minha cabeça e era surreal perceber que, daquelas nove pessoas que entraram do meu lado do muro, só eu havia sobrado. Eu me sentia muito grata por estar vivendo a última semana do programa e não conseguia nem imaginar como seria a sensação de sair e assistir a um capítulo que fosse do BBB do lado de fora, de perder qualquer momento. Eu me sentia muito feliz por tudo que estava vivendo e queria viver mais ainda, queria estar no último almoço, aproveitar os mimos dados aos finalistas, curtir o clima de despedida e usar meu vestido azul, cheio de brilhos, na final.

Quando o Tiago disse que, entre as histórias que se desenrolaram naquele BBB, a escolhida pelo público tinha sido a das meninas, e que quem estava na final éramos a Manu, a Rafa e eu, fui tomada por uma felicidade enorme! Um vídeo da minha mãe até viralizou na época. Nele, ela está assistindo ao anúncio das finalistas com um terço na mão e, depois de ouvir os nomes da Manu e da

Rafa, pergunta: "E a Thelma?". Quando o Tiago fala meu nome, por último, ela explode de emoção, ri, chora e diz que sempre confiou em mim. Mesmo só tendo visto por vídeo, é a imagem mais impactante que eu tenho desse momento.

Fiquei triste com a saída do Babu, que já tinha passado por dez paredões e voltado, mas muito alegre por estar na final com minhas duas amigas. A partir daí, o clima foi só de celebração e gratidão. Transmitiram para a gente a *live* da Ivete Sangalo e liberaram uma quantidade de espumante que eu nunca tinha visto na vida.

No final, eu quebrei a cara em relação àquele preconceito que eu tinha com amizades de reality show. Eu fiz amigas, sim, e amigas de verdade. No confinamento, as emoções são muito intensas. Quando você fica triste, é muito mais do que ficaria aqui fora e, quando se sente feliz, a proporção também é outra. Os altos e baixos são constantes, quase como se não existisse emoção mediana, e o dia a dia parece uma montanha-russa. É em razão desses momentos tão intensos que as amizades vão nascendo com a rapidez e a força que eu tanto questionava. O que eu percebi vivendo o BBB foi que, assim como fortes laços de amizade podem ser criados ao longo de anos, eles podem surgir de forma breve também, dependendo da intensidade das experiências que você compartilha. Em três meses lá dentro, passei por situações com a Manu e a Rafa que nem em uma vida inteira viveria com outras pessoas aqui fora, e por isso saí de lá com a sensação de que éramos amigas desde sempre.

Um dia, deitada com a Manu no Quarto Céu, falei a ela que eu às vezes esqueço o que as pessoas fazem de mal para mim, mas nunca esqueço o que fazem de bom. E foi com essas pessoas, as que foram boas para mim, que eu fiz questão de construir amizades. Eu, a Manu e a Rafa éramos muito diferentes, e ainda somos, mas o confinamento também nos ensinou a passar por cima disso, porque, em meio a emoções tão intensas, o mais importante é ter com quem conversar, chorar e quem abraçar. A relação que ficou, mesmo depois do fim do reality, foi de uma cumplicidade enorme, de querer tê-las para sempre na minha vida porque só elas viveram aquilo junto comigo. A gente brinca que um dia vamos nos sentar com nossos filhos e falar: "A mamãe morou com essas duas tias por noventa e oito dias e a gente passou por isso, isso e aquilo". Só a gente sabe como foi aquela experiência grandiosa, e por isso tem uma relação tão forte de parceria e gratidão.

*

Eu não conseguia prever o que aconteceria na final, mas já me sentia mais tranquila, porque pelo menos não sairia com as mãos abanando. Desde que comecei o processo de seleção do BBB, meu foco era passar por cada etapa de uma vez. No começo, queria que meu vídeo fosse aceito de novo, como em 2018, e consegui. Depois, torcia para ser aprovada em cada fase e, conforme fui chegando mais longe, houve um ponto em que pensei: *Bom, agora eu preciso entrar*, e lá fui eu. Quando entrei, meu foco era não sair na primeira semana, porque seria frustrante demais. Meu grupo ganhou imunidade e, por fim, esse risco eu nem corri. Dali para a frente, me concentrei em sobreviver semana a semana, mas, conforme a final foi se aproximando, eu queria mesmo era vencer. Fui tomada por uma garra enorme e, se alguns meses antes meu desejo era pelo menos entrar, a partir daquele momento eu precisava ganhar.

No último dia, o tempo voltou a não passar e parecia de novo que eu estava no quarto do hotel, onde fiquei confinada antes do programa, esperando a produção ir me buscar e ouvindo "Dá tempo de fazer mais um xixi, tá?", só para demorarem mais uma eternidade. O programa ao vivo começou e nós assistimos com o público a todas as lembranças da edição. Então, o Tiago anunciou que a Manu tinha ficado em terceiro lugar. A campeã seria a Rafa ou eu. Eu não conseguia nem assimilar o significado daquilo. Logo fomos chamadas para o lado de fora da casa e ele fez um discurso que contemplou de forma perfeita a minha história, dentro e fora do programa.

"Agora vamos falar dos inscritos, representados aqui pela Thelminha. Aliás, Thelminha, representar é o que você faz de mais bonito. Quando caiu o muro e vocês viram o que estava do outro lado, muitos dos inscritos falaram: 'Ferrou, não vai dar'. A Thelma, não. A Thelma foi a primeira a bater no peito e falar: 'Não, gente, não tem esse papo, não, eu não tenho medo de nenhum deles'. Sabe por que a

Thelma foi esse ícone? Porque ela tá acostumada, desde sempre. Na profissão dela e, não é meu lugar de fala, mas na cor da pele, como ela contou pra gente. A Thelma estava sempre contra a estatística, estava tudo contra a Thelma. E ela sabe jogar assim, é assim que ela joga melhor, é assim que ela brilha, que ela samba na cara da sociedade. No programa, a Thelma operou os adversários sem anestesia, enfrentou até os amigos mais próximos, questionou lealdade, teve o voto mais difícil da temporada, que foi o voto no Babu, que poderia fazer você até perder a final, mas você teve coragem, você sabia o que você tinha de fazer. Que mulher corajosa, Thelma! Muito obrigado por essa temporada maravilhosa. Temporada histórica, é sim [...]. A gente falou de assuntos muito importantes aqui dentro, assuntos sérios, e foi bonito porque esse elenco estava muito equipado para falar desses assuntos. A gente conseguiu falar com leveza e com inteligência de assuntos muito difíceis. E aí veio o confinamento, não o de vocês, o nosso. Vocês vão encontrar um mundo muito diferente, meninas, do que vocês deixaram. O BBB ocupou um espaço na vida das pessoas que a gente jamais imaginou que ia ocupar. Porque, sem futebol, o BBB virou a competição. As pessoas gritaram nas janelas e varandas torcendo por vocês e pelo nosso elenco em um bate e volta, em uma prova do líder. Sem festa, a festa era a festa do BBB. E aqui fora, sem abraço e sem beijo, era quando a gente olhava vocês se abraçando e se beijando que a gente sabia que tudo ia ficar bem. A gente olhava e falava: 'Puxa, como a nossa vida era boa, como era legal antes, mas vai ficar tudo bem'. E uma temporada histórica como essa não podia terminar sem uma vitória histórica. Então, o BBB 20 só pode ser seu, ele tem de ser seu, Thelma!"

✳

Durante a vida inteira, as pessoas duvidaram de mim. Desde que eu era apenas um bebê que achavam que não ia "vingar" até mais velha, quando ouvi da professora de balé que deveria tentar uma faculdade mais fácil, e de outras vestibulandas que não entraria na medicina sem ter frequentado uma boa escola. Em todas as vezes nas quais os professores da residência questionaram minha capacidade ou os médicos no hospital perguntaram quem eu era. Mesmo na minha primeira tentativa de entrar no reality show, quando contei aos meus amigos e não senti muita fé vindo deles. Eu sempre precisei confrontar os questionamentos e provar que eu era capaz.

No BBB, isso também aconteceu. Não só dentro da casa, onde eu fui tachada como fraca pelos adversários diversas vezes, mas fora também. Até o dia da final, as pessoas não acreditavam na minha vitória. Os comentaristas das redes sociais ficavam entre a Manu e a Rafa. Exceto Babu, que disse que só aceitava perder para mim, nenhum participante da edição saiu e falou que eu ia ganhar. Eu fui desacreditada o tempo inteiro. Ainda assim, mostrei mais uma vez do que eu era capaz e venci o Big Brother Brasil 20.

CAPÍTULO 13

O poder da representatividade

Realizada no dia 27 de abril de 2020, a final do Big Brother Brasil, como já falei, se juntou à formatura e ao casamento na lista de grandes noites da minha vida. A partir daquele momento, tudo mudou.

 O primeiro choque foi sentido assim que desligaram as câmeras, quando o Tiago colocou a máscara e veio falar com a gente, se mantendo distante e explicando que não poderia nos abraçar. As pessoas da produção também entraram na casa todas com máscara e álcool em gel na mão, algumas poucas chegando mais perto para tirar nossos microfones. Para quem tinha começado o BBB antes da pandemia de covid-19, parecia que de repente estávamos entrando em um filme de ficção científica. Lembro que a Manu se sentou perplexa, e eu me senti confusa, porque a felicidade enorme que estava dentro de mim se misturou à preocupação. A gente sabia que a pandemia estava acontecendo, porque fomos avisadas dentro do programa, mas era a primeira vez que a enxergávamos de fato. Até então, tínhamos apenas suposições. Quando nos contaram da situação, o Brasil registrava no total algumas centenas de casos e nenhuma morte, e eu me lembro de que o que mais me impressionou foi saber que até o futebol e os voos tinham sido cancelados. Mas depois da notícia, considerando que no BBB ficávamos completamente desligados do mundo, logo deixamos de pensar a respeito. Eu evitava pensar muito no tema porque ficava preocupada demais com a minha família. Além disso, como médica, sempre acreditei na ciência e tinha esperança de que, ao sair, a situação já estivesse controlada. Volta e meia algo fazia a gente se lembrar do que estava acontecendo, como uma publicidade, por exemplo, que falava sobre receber delivery sem encontrar o entregador. Com base nessas informações, especulávamos, alguns pensando de forma mais positiva e outros de forma mais negativa, mas sem imaginar a realidade.

Também não fazíamos ideia da proporção que o programa tinha tomado no Brasil. A produção nos explicou mais ou menos logo que saímos, mas só fomos sentir de verdade com o passar dos dias. Assim que deixamos a casa, fomos levadas pela Globo em um carrinho de golfe e as pessoas que estavam por ali – não muitas, por conta da pandemia – começaram a nos aplaudir, gravar vídeos e tirar fotos. Foi uma recepção muito carinhosa. Logo passamos por uma série de entrevistas, e foi nelas que eu vi e falei pela primeira vez com a minha mãe, minhas primas, minha sogra e o Denis. Eu me senti aliviada por ver que estavam todos bem e chorei muito, emocionada. Sabia que o Denis estava me esperando no hotel e fiquei louca para ir logo encontrá-lo. Quando saímos da Globo, vimos que havia várias pessoas na rua gritando nossos nomes, e alguns carros chegaram até a nos seguir. Eu me perguntava o que estava acontecendo e começava a entender ali o tamanho do BBB 20. Se lá atrás, enquanto estava no carro indo para o programa, eu questionava se as pessoas na rua já sabiam quem eu era, nesse momento não restavam dúvidas.

Cheguei ao hotel, encontrei o Denis e dei um abraço bem apertado nele. Ele estava muito magro. Subimos para o quarto e eu falei: "Vamos sentar e conversar que eu quero te contar tudo", como se ele não tivesse me assistido vinte e quatro horas por dia na TV. É que eu queria falar do meu ponto de vista, do que eu estava pensando em cada momento, do porquê de certas escolhas. Claro que era impossível explicar tudo em algumas horas, tanto que durante meses, depois da minha vitória, maratonamos o programa, assistindo a cada um dos 98 capítulos. Ele, por outro lado, disse afobado e até um pouco emocionado: "Não, não é você que tem de me contar o que aconteceu lá dentro, sou eu que tenho de contar o que aconteceu aqui fora, porque você não tem a menor noção". Passamos horas conversando e uma das primeiras coisas que ele fez questão de fazer foi me apresentar à equipe que tinha ajudado a cuidar das minhas redes sociais.

Eu sabia que essa era uma parte muito importante da disputa, mas não fazia ideia de como encontrar pessoas que não só trabalhassem na área, mas que soubessem fazer tudo o que era necessário para administrar a conta de um participante de reality show, como organizar mutirão de votos. Então, antes de ir para o programa, falei para o Denis buscar essas pessoas e usar parte do dinheiro do empréstimo para pagá-las. Logo no começo, ele achou que fosse dar conta de cuidar de tudo sozinho, mas, vendo que os posts estavam amadores, a Gabi Hebling, do BBB 19, entrou em contato com ele e indicou uma pessoa que poderia ajudar. Era um garoto de 18 anos, que chamou mais duas meninas, de vinte e poucos, e deu tão certo que as duas trabalham comigo até hoje. Fui descobrir depois que esses profissionais, além de jovens, em geral são fãs que logo no começo montam torcidas organizadas, os *fandoms*, e passam o programa se dedicando a apoiar o participante. É como se uma comunidade se erguesse ao seu redor. Além dos mutirões de votos, eles criam grupos de WhatsApp que misturam conhecidos e pessoas que você nunca viu na vida com o objetivo de fazer tudo o que é necessário para ajudar você. Eu tinha quatro grupos: o dos anestesistas, o dos passistas, o dos sambistas e o dos "thelmers".

Hoje em dia, qualquer reality show depende muito da internet. Existe um jogo lá dentro e um jogo aqui fora, porque o posicionamento das pessoas que administram as contas tem um peso muito grande. No meu caso, o trabalho foi árduo, além de tudo, por causa do racismo que existe dentro das redes sociais, ou seja, pelo fato de que também nesses espaços pessoas negras têm menos visibilidade que as brancas. O Denis contou que minhas páginas demoraram muito para ganhar seguidores e que eu só cheguei a números altos nas semanas finais, sendo a última participante a receber os selos de verificação.

Quando o Denis começou a falar sobre as pessoas que cuidaram das minhas redes, ele disse: "Existem três pessoas que eu chamo de 'Turminha faz-tudo', porque eles fizeram de tudo por você". Então, ele se sentou na cama e começou a chorar de emoção. Eles se falavam o dia inteiro, faziam plantões de doze horas acompanhando tudo o que acontecia no programa, saíam pedindo ajuda aos famosos e foram muito atacados. Especialmente no episódio do meu voto no Babu, se lá dentro já foi difícil, aqui fora os três foram metralhados e sofreram muito. No paredão em que estávamos eu, Rafa e Babu, a crise também foi enorme. Eu já tinha me colocado lá dentro, quando votei no Babu e não na Rafa, mas eles lidaram com uma pressão gigantesca na hora de se posicionar nas redes, porque as pessoas diziam que a minha torcida e a do Babu tinham de se unir para tirar a Rafa. Precisaram montar um grupo de contingência para discutir a situação com mais gente, demoraram para assumir um lado e, no fim, tiveram o mesmo ato de coragem que eu tive dentro casa quando se manifestaram pela eliminação do Babu. É engraçado que até hoje, volta e meia, eles comentam coisas que viveram enquanto eu estava lá dentro e eu me sinto como se tivesse ficado três meses dormindo, porque não faço ideia do que estão falando. Eles passaram por muita coisa juntos, de modo intenso, e desenvolveram uma relação de amizade também.

Nessa mesma madrugada, o Denis surgiu com uma lista de pessoas às quais eu precisava agradecer porque haviam me ajudado de alguma forma. Por quase um mês, toda hora ele se sentava, pegava o celular e falava: "Manda mensagem pra fulano e sicrano". Como eu estava há muito tempo sem celular, também não pensei em entrar nas redes sociais e agradecer ao público; foi ele quem me lembrou nos primeiros momentos, até eu me acostumar à nova realidade.

Eu tinha deixado do lado de fora um marido – um homem mais quieto, mais tímido – e encontrei uma pessoa transformada, comunicativa, que tinha resolvido tudo que fora necessário enquanto eu estava confinada. O Denis cresceu e evoluiu muito para dar conta da máquina que precisou administrar, e eu tenho a sensação de que foi como se ele precisasse sair da própria vida por três meses para assim aflorar. Foi um processo desafiador, e eu vi isso na forma como ele chorou me contando. Ao longo dos nossos onze anos de relacionamento, ele derramou lágrimas na minha frente pouquíssimas vezes, e essa foi uma delas. Para além de todas as responsabilidades e novas funções já difíceis que o Denis precisou assumir, ele teve de lidar com o sofrimento de ver a pessoa que ele ama ser julgada e atacada na internet.

Antes de entrar no BBB eu sabia que, quando saísse, independentemente do momento, tinha de aproveitar o *buzz* gerado pelo programa para conseguir contratos de publicidade. Uma grande referência de ex-participante para mim era a Gleici Damasceno, campeã do BBB 18, e por isso resolvi investigar qual era a agência que a representava. Descobri a Mynd8 e falei para o Denis que, se estivesse dando tudo certo no BBB, era para ele tentar contato com eles enquanto eu ainda estava lá dentro. Ele mandou um e-mail logo que eu entrei no programa e não demonstraram muito interesse de cara. Mais do meio para o final, as meninas que estavam trabalhando nas redes sociais pediram que ele fosse atrás da agência de novo, aproveitando que meu nome estava em alta, e quando ele falou com a Fátima Pissarra, dona da agência, ela ficou muito feliz porque todo mundo lá dentro já estava falando em me agenciar. Como eu deixei uma procuração, o Denis assinou tudo com eles e, quando eu saí, quem me deu a notícia foi a própria Preta Gil, sócia da agência, ao vivo no bate-papo BBB 20, logo depois da final. Fiquei muito feliz por ver que mais um objetivo havia sido conquistado e também surpresa, novamente, ao me dar conta de que meu marido tinha resolvido tantas coisas sozinho.

Lá pelas cinco da manhã, o Denis dormiu – vencido pelo cansaço, porque já estava acordado havia algumas noites – e eu comecei a mexer no celular. Então, me deparei com uma quantidade absurda de mensagens, porque todas as pessoas que eu conhecia tinham vindo falar comigo, e dei muita risada quando vi que, ao longo do programa, minhas amigas ficavam me mandando avisos. Elas começavam com: "Olha, eu sei que você não vai ver isso agora, mas...", e seguiam com uma lista de tudo o que eu não estava enxergando lá dentro. Acho que eu demorei um mês para responder a todo mundo e logo perdi o controle de novo porque, para cada mensagem que eu respondia, várias novas chegavam.

Nessa noite eu não dormi, virei a madrugada na internet vendo coisas a meu respeito. Nessas vinte e quatro horas, todo mundo estava falando de mim, minha foto bateu um milhão de curtidas em vinte minutos, quebrando um recorde da Beyoncé, pessoas que eu admirei a vida inteira, como a Taís Araujo, estavam falando a meu respeito, e até a Viola Davis retuitou um post sobre mim. Mas eu estava completamente "fora da casinha" e não conseguia entender muito bem o que tudo aquilo significava. Em um primeiro momento, a minha maior preocupação era entender como tinham ficado as coisas que eu deixei do lado de fora, antes de ir para o programa. Eu queria saber como meus chefes reagiram à minha entrada, como foi a repercussão entre os meus amigos, a comunidade médica e o pessoal do Carnaval. O Denis dizia que todo mundo tinha torcido por mim e me apoiado, mas ainda assim eu sentia a necessidade de ir aos grupos de WhatsApp ver o que tinham falado. Estava preocupada também com a questão da pauta racial e com toda a briga que o meu voto no Babu havia gerado na militância negra, até porque o Denis logo contou que foi um dos momentos mais difíceis para ele aqui fora. Pesquisando sobre o assunto, fui parar em um vídeo da Solange Bichara, presidente da Mocidade Alegre. Nós não éramos próximas, eu era só uma integrante da escola de samba, como muitas outras, e foi incrível vê-la se posicionando a meu favor. A Mocidade se mobilizou muito pela minha torcida e o voto no Babu causou uma crise no meio do samba, ambiente frequentado em grande parte por pessoas negras. A Solange é uma mulher que sempre me transmitiu muita força e eu fiquei completamente vidrada assistindo à entrevista dela, ansiosa para ouvir tudo o que ela tinha a dizer. Nesse momento, fui entendendo um pouco melhor o cenário do lado de fora, todo o impacto que aquele voto teve no movimento negro e o quanto eu fui atacada por uma parte do próprio movimento.

Mais do que isso, continuei a descobrir que todo o programa, para além dessa situação, tivera uma repercussão absurda. Como o Tiago bem colocou no seu discurso, praticamente tudo na televisão parou, da novela ao futebol, e a única coisa que sobrou acontecendo em tempo real foi o BBB, de modo que uma quantidade enorme de pessoas começou a assistir ao programa. Eu torcia para que fosse uma edição de sucesso, é claro, mas não imaginava que ela pudesse bater recordes de audiência como aconteceu. Foi muito curioso ver o quanto as pessoas se apegaram à narrativa, o quanto elas queriam saber o que ia acontecer, quais seriam os desfechos, como se estivessem vendo uma novela mesmo. Enquanto eu, lá dentro, estava só vivendo. Quando depois maratonei todos os episódios, admito que adorei assistir e fui muito entretida pelos acontecimentos.

No dia seguinte, quando amanheceu, conversei por um bom tempo com a minha mãe por telefone e comecei a me arrumar para as entrevistas do dia. Vi no jornal que passava na televisão do hotel cenas de cemitérios com várias covas abertas. Tive um primeiro choque ao pensar: *Tem tanta gente morrendo assim?*, mas, como era tudo muito corrido, logo estava a caminho da Globo envolvida com fotos e entrevistas. Vários veículos de imprensa vieram falar comigo e uma coincidência muito legal aconteceu. Em 2019, eu fui ao Rock in Rio e me arrumei toda porque queria tirar fotos bem bonitas para colocar no Instagram, caso a produção do BBB olhasse. Logo que eu cheguei ao festival, um jornalista do *Extra* pediu para tirar fotos e fez algumas perguntas sobre a minha roupa, que saíram em uma notinha pequena, me deixando muito orgulhosa. Depois do BBB, o mesmo repórter veio me entrevistar para uma matéria de capa, e foi maravilhoso ver a volta que a minha vida estava dando. Tudo o que acontecia me causava um turbilhão de emoções. Um dia era a Preta Gil conversando comigo em um programa; no outro, eram a Taís Araújo e o Lázaro Ramos; depois, a Iza – só pessoas que eu admirava falando meu nome e eu me perguntava como era possível que elas me conhecessem. Depois de passar o dia inteiro na Globo, eu não dormi durante mais uma noite, porque fiquei vendo coisas na internet, até que meu corpo apagou pela manhã e eu finalmente descansei.

Quando falaram que iam marcar meu voo para São Paulo, fiquei um pouco triste de já ir embora. À noite saímos do hotel, com o Fantástico acompanhando a minha volta para casa, e no aeroporto eu comecei a sentir com mais força as mudanças causadas pela pandemia. As sinalizações indicando em quais bancos se sentar, as pessoas distanciadas na fila. Mais uma vez era como se estivesse em um filme de ficção científica. Eu via que todos já estavam adaptados e eu não sabia bem como agir. Queria tomar água, por exemplo, e ficava na dúvida se podia fazer isso, porque precisaria tirar a máscara. Não entendia qual era o protocolo. Chegando ao Aeroporto de Guarulhos, o baque veio de verdade. Foi completamente surreal ver vazio o aeroporto internacional, que estava lotado quando eu fui para o Rio de Janeiro a caminho do BBB. No caminho para casa, perguntei várias coisas ao Denis e ao motorista do aplicativo: o que estava aberto, o que estava fechado, o que eu deveria fazer se precisasse ir ao mercado. Eu parecia uma criança.

Era madrugada de quarta para quinta-feira, e eu não avisei minha mãe que estava chegando porque sempre gostei de fazer surpresa. Ela sabia que eu ia voltar, mas não quando. Então, quando toquei a campainha, não atendeu de jeito nenhum. A gente ligava, batia na porta e ela, com medo de que fosse um ladrão, começou a gritar: "Quem tá aí?". Quando eu disse que era eu, ela abriu e demos um abraço muito forte e muito longo. Assim que nos separamos, eu fiquei assustada porque parecia que ela tinha acabado de sair de uma guerra, muito magra e com olheiras profundas. Ela pedia pelo amor de Deus para que eu nunca mais fizesse aquilo porque ela tinha sofrido demais. Acho que os fatores que mais pesaram foram a saudade, me ver chorando pela televisão e saber que tinha gente falando mal de mim. Ainda que ela só acompanhasse pela TV e o Denis filtrasse bastante as informações que chegavam, ela acabava sabendo de algumas coisas e, como outras pessoas próximas a mim, sofria por não ter como defender dos ataques alguém que ela amava e conhecia de verdade. Eu me sentei com a minha mãe no sofá, apavorada porque ela parecia realmente em estado de choque, e conversamos por bastante tempo até ela se acalmar. Reencontrei também meu cachorro, o Chico, que só entendeu quem eu era de verdade depois que tirei a máscara.

No dia seguinte, minha mãe disse que estava com um mal-estar, provavelmente causado pela emoção, e eu, médica, virei para ela e perguntei: "Mas quais são os sintomas da covid?". Ela começou a me explicar e eu logo percebi que precisava ir atrás de mais informações para entender de fato o que estava acontecendo. Até hoje é surreal para mim não ter vivido o momento em que a doença começou a se espalhar e a quarentena teve início, tanto que perguntava a eles toda hora como tinha sido. O Denis conta que estava tão imerso no BBB, e já trancado em casa por conta disso, que foi a mãe dele que explicou a situação. Minha mãe também dá alguns relatos, mas para mim é impossível imaginar como foi essa transição. Conforme entendi melhor a doença e tudo o que vinha acontecendo, percebi que, como médica, poderia usar a minha visibilidade para informar as pessoas. Convidei a Ana, aquela minha amiga infectologista que foi prounista como eu e que cuidou do meu pai, para fazer uma *live* falando sobre o tema, e até hoje venho produzindo conteúdos que têm como propósito esclarecer e orientar as pessoas a respeito de questões médicas nesse cenário de pandemia.

As pessoas sempre questionam se eu deixei de ser médica, e eu posso afirmar com toda a certeza que não. Uma semana depois de sair do BBB, minha sogra foi até a minha casa porque, desde que eu havia entrado no programa, o braço esquerdo dela começou a inchar. Na época, ela não tinha convênio médico e queria que eu desse uma olhada. Logo vi que havia algo estranho ali e, então, descobrimos uma ferida no seio. Menos de quinze dias depois da minha saída do programa, eu, como médica, diagnostiquei o câncer de mama da minha sogra. Sempre a orientei sobre a importância dos exames preventivos, mas, talvez por falta de hábito, e também por receio de frequentar ambientes médicos, ela foi adiando a consulta, o que levou a um diagnóstico mais tardio. Minha sogra é como uma segunda mãe para mim, de modo que, logo depois da minha vitória, quando as pessoas imaginavam que eu estava completamente feliz e comemorando, eu me vi na verdade lidando com esse choque. Corremos para cuidar dela e fazer todo o tratamento, e hoje ela está bem, e nós estamos aliviados por não ser um câncer agressivo. Acontece que isso me fez ficar com muito medo da pandemia. O Denis começou a levá-la semanalmente ao hospital, e de repente estávamos com minha mãe idosa, que tem diabetes, e a mãe dele em pleno tratamento de câncer. Eu temia atuar no hospital e de repente pegar covid-19 e passar para uma delas. Esse foi o primeiro motivo que me fez questionar a volta imediata à profissão. O segundo foi que, com a redução do número de cirurgias eletivas, meus colegas estavam fazendo um rodízio na escala porque não havia necessidade de tanto pessoal – tendo de deixar de trabalhar, deixavam também de receber. Por causa desses fatores, decidi postergar meu retorno.

Além disso, passei a ter outros compromissos de trabalho. Com o fim do programa, as coisas começaram a fluir muito rápido e de repente tudo superava as minhas expectativas. Se antes eu sonhava em ser garota-propaganda de uma marca de produtos capilares, de repente tinha quatro empresas me querendo nessa posição. Se eu ficava impressionada com as marcas que patrocinavam a Gleici, logo elas começaram a me procurar também. Se eu queria usar meu papel de médica para informar as pessoas sobre a covid-19, fui convidada pela Prefeitura de São Paulo para participar de uma campanha sobre o tema. Em seguida, comecei a falar sobre o mesmo assunto no É de Casa, programa da Globo exibido aos sábados de manhã, e, conforme enxergaram a minha versatilidade, o que era para ser um quadro de dez episódios virou uma participação fixa no "Bem-estar", seu segmento de saúde. Eu acho que tive muita sorte por me alinhar às pessoas certas, desde as meninas que começaram a cuidar das minhas redes lá no começo (e que ainda estão na equipe) até a agência na qual entrei. Assim, as oportunidades surgiram de todos os lados e eu fui construindo a minha imagem. Achei que esse momento pós-programa pudesse ser prejudicado pela pandemia, já que eventos, festas e viagens estavam suspensos, mas ainda assim os convites não pararam de chegar. Um dia, trabalhando com o Denis de madrugada, até virei para ele e falei: "Se a gente já tá desse jeito no meio de uma pandemia, imagina se ainda tivesse evento? Eu não ia aguentar de tanto cansaço".

De repente eu me vi ocupando lugares para os quais, até então, participantes do programa não costumavam ser chamados. Fui a primeira ex-BBB a ter uma capa na revista de moda *Harper's Bazaar*, por exemplo. Mal sabia o tamanho disso e, quando recebi o convite, só pensava: *Mas como vou fazer esse ensaio na pandemia?* Explicaram que a equipe era reduzida e que certos protocolos estavam sendo adotados, então eu fui para o *shooting*. Acho que a minha ficha só caiu de verdade quando vi as marcas que eu estava usando, de Louis Vuitton a Dior; virei para o *stylist* e disse: "Nossa, essa arara aí vale o preço de um carro, né?", ao que ele respondeu: "Acho que um pouquinho mais". A assessora de imprensa me explicou que eu estava em um lugar aonde muitas modelos e atrizes sonhavam chegar e, com a repercussão quando as fotos saíram, entendi aos poucos o que tinha alcançado. Foi sempre assim, eu fui aprendendo conforme vivia.

Quando me deram a oportunidade de apresentar programas, eu fui; de fazer propagandas para TV, fui também, encarando os novos desafios. Em um momento muito emocionante, cheguei a passar em quatro comerciais seguidos na televisão, e só eu sei o quanto isso é significativo e como é gratificante que o público reconheça a importância da minha presença nesses espaços. Além da *Harper's Bazaar*, fui capa de muitas outras revistas, e foi inevitável lembrar de quando, ainda nova, fazia testes de modelo e ouvia que não era fotogênica, que era melhor desistir porque não daria certo para mim. Ao me enxergar anos depois nas bancas, senti que estava dando uma resposta a essas pessoas. Cheguei a ser considerada "Mulher do Ano" pela revista *Marie Claire*, e muita gente questionou o que eu tinha feito para merecer o título. Pois eu explico: a representatividade que a minha história carrega fez nascer dentro de mim uma ativista que pode incentivar várias meninas parecidas comigo a mudar as estruturas da sociedade em que vivemos.

Recebi também um prêmio no MTV Miaw junto com a Taís Araújo (de quem sou muito fã e com quem já tive conversas e trocas muito especiais), o Prêmio de Cultura Miguel Arcanjo, com o Babu, entre muitos outros prêmios da internet. Meus fãs, não satisfeitos em me dar a vitória do BBB, sempre se engajam ao máximo para que eu vença tudo aquilo a que estou concorrendo, e é muito gratificante receber esse apoio.

Ao sair do BBB, eu esperava colher bons frutos. Sonhava, no mínimo, que o meu canal no YouTube passasse de duzentos seguidores. O que eu não imaginava era que ele não só cresceria mil vezes como também se tornaria um canal profissional, com uma equipe cuidando de cada detalhe e que proporcionaria inclusive o nascimento do meu primeiro programa: o Triangulando, projeto do Rafa Dias, que agregou ao meu currículo a possibilidade de entrevistar muitas personalidades. A médica "exibida" que antes gravava para o YouTube com vergonha da reação das pessoas assistindo aos seus vídeos aflorou o desejo de ser uma grande comunicadora. Enfim, tudo foi muito além, de um jeito que ainda hoje venho tentando entender. De repente, as pessoas me conheciam e me colocavam em um lugar muito alto. Isso fez com que, nos espaços de trabalho, eu não precisasse mais me preocupar em impor respeito. Aquela necessidade de ser séria para mostrar que eu podia, sim, ocupar certos espaços desapareceu. Minha armadura se desmontou e eu comecei a lidar com o contrário, já que às vezes as pessoas chegam cheias de dedos para falar comigo e eu preciso mostrar que isso não é necessário, que eu sou "gente como a gente". Apesar de ter conquistado o que eu sonhava e mais um pouco, sou a mesma pessoa, uma mulher que nunca vai se esquecer das suas raízes.

Em relação às marcas, busco me aproximar daquelas que não apenas se preocupam com sua imagem, e para cuidar disso fazem campanhas publicitárias, mas que também lutam contra o racismo estrutural internamente, assumindo compromissos antirracistas. Já deixei, inclusive, de assinar contratos com empresas cujos valores se chocam com os meus. Tudo isso também fui aprendendo na prática. Meu lado perfeccionista me deixou errar pouco: eu sempre fiz de tudo para acertar o máximo possível, e cresci muito nesse período tão intenso. Fui tomando noção da responsabilidade que eu carrego publicamente e da influência que as minhas atitudes têm.

Uma grande realização que faz parte de tudo o que aconteceu desde então é poder trabalhar com o Denis. Depois de cuidar de tanta coisa enquanto eu estava lá dentro, ele continuou sendo uma espécie de empresário para mim, ao mesmo tempo que é responsável pela captação de fotos, áudios e vídeos. Quando uma foto minha, tirada por ele, saiu no Instagram da Fenty Beauty, linha de cosméticos da Rihanna, foi como a consagração de um sonho: ver algo tão incrível acontecendo como resultado do trabalho que realizamos juntos. Nessa dupla que a gente forma, ele é a razão e eu sou a emoção, então volta e meia ele me puxa para a realidade e me ajuda muito na hora de tomar decisões. Claro que, às vezes, a gente, que não brigava nunca por causa de relacionamento, acaba se desentendendo por trabalho, mas estamos conseguindo separar uma coisa da outra e aproveitar o momento. São vinte e quatro horas por dia juntos, virando madrugadas quando preciso, mas nós dois nos encontramos no que fazemos agora e estamos muito felizes assim. É mais um objetivo que eu tinha antes do BBB e que foi realizado.

    Eu me tornei uma pessoa pública muito rápido, e, quando uma transformação dessas acontece, você se torna muito vulnerável do ponto de vista da saúde mental. Por um bom tempo, em todas as minhas aparições públicas, como *lives*, surgiam comentários me chamando de macaca, de chaveirinho de branco, de mucama, de preta vendida. Era muito difícil, mas eu logo percebi que o melhor caminho para lidar com essas situações era correr atrás dos meus direitos, não só para que servisse de exemplo para aqueles que cometiam esses atos, mas também para validar a minha dor e a dor das pessoas que se identificam comigo. A internet está cheia de gente que gosta e que não gosta de você também, e eu precisei de um tempo para entender que ninguém agrada todo mundo e que é assim mesmo. Mais de um ano depois da minha vitória, eu ainda lido constantemente com pessoas que desmerecem o que eu faço, que me ofendem – inclusive fisicamente –, que subestimam minha capacidade e destilam ódio e injúrias raciais. Quando, após um ano de isolamento, eu busquei uma forma segura de passar a comemoração de Ano-Novo com algumas amigas indo para uma ilha, sofri um cancelamento enorme na internet, até com viés político por trás. Eu não estava preparada para aquilo, e mais uma vez mostrei que sou forte e que não tenho medo de me posicionar, de modo que fui lá e me defendi. É como se fosse só eu por mim mesma, agarrada aos meus princípios e não aceitando que tentem me descredibilizar. Quiseram desmerecer todo o meu trabalho por conta disso e eu me defendi. Eu me orgulho de não abaixar a cabeça e vou continuar agindo dessa forma, mesmo tendo de lidar com os impactos disso na saúde mental – e isso não é um preço baixo.

    Talvez um dos aspectos mais difíceis da presença nas redes sociais seja a comparação. Eu, acompanhando pessoas famosas, nunca fui de comparar o engajamento, o número de seguidores e curtidas de uma com a outra, mas tem muita gente que faz isso e fica levantando esse tópico constantemente. Por causa disso, houve um momento em que eu tive muito medo de como seria se tudo o que eu estava vivendo acabasse; cheguei a olhar para o celular e me impressionar ao ver o número de seguidores caindo. Tive de passar por um processo longo de amadurecimento, e por muita terapia, para entender que está tudo bem e que o mais importante é que eu faça algo que tenha sentido para mim. Eu gosto muito de usar minhas redes sociais para falar sobre assuntos médicos, por exemplo, entre outros temas mais sérios que não necessariamente atraem público. Desde que tenha relevância e significado, eu sei que estou no caminho certo.

Para além do que diz respeito à saúde mental, tive de cuidar da minha saúde física nesse período pós-BBB também. Passei por uma pequena cirurgia para corrigir as cicatrizes dos abcessos que tive no programa, e passei a colecionar novas. Ao participar do Criança Esperança em 2020, estava tão feliz e emocionada que pisei em falso e caí com a testa no chão. Se a cicatriz do bumbum marcou um processo de autoconhecimento e valorização do meu corpo, essa eu levo como a marca de uma conquista, de um momento no qual eu participava de um projeto social e que foi muito importante para mim. São marcas que agora carrego no corpo e que me trazem orgulho.

Também tive covid-19, depois de me contaminar fazendo pequenas viagens a trabalho. O Denis e eu testamos positivo e ficamos quinze dias em casa, isolados. Nossas mães não pegaram e nós não precisamos ir ao hospital. Ainda assim, tive falta de ar, dor de garganta, mal-estar e muito medo. Foram duas semanas que passei temerosa e um aprendizado de que se cuidar nunca é demais. Além dessas questões todas, a pandemia me fez adiar o sonho da maternidade, portanto congelei meus óvulos, por já ter 35 anos de idade.

Esse mais de um ano após a vitória no BBB, ao mesmo tempo que foi transformador e cheio de experiências importantes, não teve só alegrias. Eu continuei apanhando e aprendendo, afinal na vida a gente nunca deixa de aprender. Tive de lidar com uma decepção e dor de cabeça muito grandes, por exemplo, ao descobrir que uma das meninas que trabalhava nas minhas redes sociais desde o BBB, e que continuou na equipe depois, parte daquela "Turminha faz-tudo" que tanto emocionou o Denis, mentia a identidade dela e tentou me dar um golpe grande. Muitas vezes, especialmente quando a gente conquista algo, as pessoas que olham de fora têm a sensação de que estamos sempre bem e felizes, quando na verdade passamos por problemas que os outros nem imaginam.

Acho importante contar também que tive de lidar com uma dor muito grande ao descobrir que, em 30 de maio de 2021, o Victor, filho do meu pai que me considerava irmã, faleceu. Logo que saí do BBB, eu o ajudei financeiramente, mas infelizmente ele não conseguiu, como eu, escapar das estatísticas. Foi mais uma vítima de todo um contexto social que envolvia a ausência do pai e problemas com álcool e drogas. Perdeu a vida para elas e de forma muito triste, quase sendo enterrado como indigente depois de ser encontrado na rua. Eu tenho a sensação de que, mesmo não tendo sido criado pelo meu pai, as histórias dos dois se aproximaram de alguma forma. Meu pai foi boêmio a vida inteira e só arcou com as consequências disso já mais velho. O Victor, infelizmente, morreu muito cedo, aos 29 anos. Eu não sei direito como é um amor de irmã. Mas eu sei que, mesmo não tendo sido criada com ele, mesmo não tendo experimentado esse tipo de laço, senti uma dor muito grande pela sua partida. O luto veio e foi muito intenso.

Também não posso falar sobre o meu último ano sem mencionar o momento, em janeiro de 2021, no qual comecei a ver as imagens e notícias a respeito da crise de oxigênio em Manaus. Ao ver as pessoas morrendo por asfixia, senti meu coração apertar e decidi que precisava fazer algo. Eu que, como anestesista, sempre lidei com a necessidade de oferecer suporte de oxigênio para pacientes, logo me coloquei no lugar dos profissionais e fui solidária à situação. Tenho muito orgulho de dizer que, com outras pessoas muito especiais, anônimas e famosas, formamos uma força-tarefa chamada "Respira, Amazonas" e conseguimos comprar e enviar para o estado diversos cilindros de oxigênio que ajudaram na crise. Eu digo que nesse momento nascia meu lado ativista. Sempre fui preocupada com pautas sociais e fazia o que estava dentro do meu alcance para ajudar os que precisavam e mudar situações, mas nesse período eu percebi que era possível usar minha imagem e visibilidade para coisas muito maiores. Diante de situações que me causam tristeza e revolta, hoje eu tenho a oportunidade de falar com muita gente de uma vez. Sempre vai ter quem concorde comigo de cara e quem não aceite minha opinião de jeito nenhum, mas também aqueles que, mesmo discordando em princípio, podem estar abertos a entender outro ponto de vista. Ter esses canais de comunicação é muito poderoso e carrega uma grande responsabilidade, por isso hoje eu sei que não posso me omitir.

A situação em Manaus fez com que eu sentisse também a necessidade de voltar a atuar como médica de alguma forma. Eu não via isso exatamente como uma ajuda, mas, sendo a medicina minha profissão, como uma espécie de obrigação. Por isso, fui atuar na linha de frente por dez dias. O que mais me impressionou nesse período foi ver como a pandemia tomava uma proporção cada vez pior, de modo que a doença se mostrava mais grave e acometia pacientes mais jovens. Foi muito difícil estar naquele ambiente, eu vi muitas pessoas morrerem e, do ponto de vista médico, tive de atuar de forma bastante intensa. Percebi que a minha formação tinha sido ótima, já que, mesmo depois de um ano parada, consegui contribuir. A força dos profissionais da linha de frente também me marcou profundamente. Eu precisei ser forte para atuar durante dez dias e sei que isso foi só uma gota d'água em um oceano se comparado ao quanto aqueles profissionais vêm fazendo há mais de um ano. A troca de energia com eles foi muito boa, como se eu tivesse saído de São Paulo para levar resiliência e eles tivessem me passado o mesmo em troca.

Eu fui para lá de forma anônima, sem a intenção de que a minha ida viralizasse. Mas logo pediram para tirar foto comigo e o assunto acabou indo para a internet. Algumas pessoas chegaram a me acusar de ter ido para furar a fila da vacina, quando na realidade eu ainda estou, enquanto escrevo este livro, esperando para ser vacinada pela minha faixa etária, porque sei que não estou atuando como médica todos os dias e jamais tiraria o lugar de um profissional da linha de frente. Tive de confiar na minha própria consciência de que estava fazendo a coisa certa.

O embate entre ser médica e pessoa pública também aconteceu quando, depois de uma paciente em estado muito grave ir a óbito, eu tive de dar a notícia ao marido dela. Quando me apresentei a ele dizendo "Eu sou a doutora Thelma", ele respondeu: "Eu sei, eu sou seu fã". Informei o que havia acontecido e foi muito doloroso para mim porque, pela primeira vez, eu ocupava ao mesmo tempo o lugar de médica e de figura pública, e fiquei muito tempo pensando no que aquele homem poderia sentir toda vez que me visse na televisão, na mídia ou em qualquer outra situação.

Hoje, quando me perguntam se eu quero voltar a atuar na medicina, afirmo com clareza que sim. A ida para Manaus fez com que nascesse em mim o desejo de criar ou apoiar uma ONG. Esse é o projeto que quero desenvolver depois da pandemia e que vai cada vez mais me levar de volta para a atuação como médica em campo. Enquanto isso, tento usar minha imagem e visibilidade para orientar as pessoas através da televisão e das redes sociais, da melhor forma possível.

Acredito que muitas das oportunidades que o reality show trouxe para a minha vida ao longo desse ano só foram possíveis graças a uma mudança na imagem do programa aqui fora. Por muito tempo, ser ex-BBB era visto como sinônimo de futilidade. O reality era tido como um espaço que selecionava os participantes pelo corpo, sempre seguindo um certo padrão de beleza. Atualmente, vivemos um momento em que as pessoas estão muito politizadas e querem falar sobre pautas sociais. Nós, lá dentro, como parte também da sociedade, debatemos esses temas e estimulamos o público a pensar sobre eles. Eu fico muito feliz por ter participado dessa edição porque acho que ela contribuiu para acabar com o estereótipo de futilidade atrelado ao BBB e levou para um outro lugar o papel do reality show.

Quando saí do programa e descobri que eu tinha virado um símbolo de representatividade, tive medo de ter esse holofote apontado para mim e não saber falar sobre certas temáticas com propriedade. Eu sou muito perfeccionista e por isso sentia que, para abordar temas como machismo e racismo, precisaria ler antes dezenas de livros sobre o assunto. O que acabei entendendo foi que, se eu tinha passado anos e anos da minha vida estudando medicina, era óbvio que eu não ia falar sobre essas questões como alguém que pesquisa e realiza produções acadêmicas essenciais para o desenvolvimento das discussões. Ainda assim, eu tenho muito a contribuir abordando as minhas vivências, as minhas dores, as minhas cicatrizes e principalmente a minha capacidade de superação. A minha existência é uma resistência. Tudo o que eu vivi como mulher negra são experiências com as quais as pessoas podem se identificar. Ou, na verdade, já se identificaram.

Antes de entrar no programa, me disseram que história de vida não ganhava reality show. Quando me tornei campeã do Big Brother Brasil 20, li e ouvi em muitos lugares que a minha vitória era importante justamente por causa da representatividade. Diziam que as pessoas tinham se conectado com a minha história e que era transformador que meninas negras me olhassem e se enxergassem em mim. Eu achava emocionante ver crianças torcendo e comemorando o fato de que fui campeã, mas só depois de alguns meses aqui fora fui capaz de entender de verdade o que a tal representatividade significava.

Era uma tarde de julho quando me sentei no camarim improvisado do meu apartamento para gravar uma matéria do É de Casa. Estávamos fazendo uma série sobre o impacto da pandemia em diferentes profissões e, nesse dia, a entrevistada era a maquiadora Rebeca Albertine dos Santos, que estava começando no ramo quando veio a quarentena. Rebeca ia me ensinar uma maquiagem a distância, enquanto contava um pouco da sua história, mas fez muito mais do que isso. Ela era uma garota soteropolitana, de 22 anos, com uma energia que atravessava as telinhas e os quase 2 mil quilômetros entre nós. Conforme começamos a conversar, ela me contou que, antes da pandemia, chegou a conciliar três empregos e uma faculdade de psicologia, dormindo três horas por noite e oferecendo serviços de maquiagem a trinta reais. Ela disse que era minha fã e que ver onde eu tinha chegado era importante para ela e para outras garotas. Era algo que eu já tinha ouvido, mas que naquele momento me tocou de forma diferente: apesar de tantas pessoas se enxergarem em mim, pela primeira vez fui eu quem me enxerguei em alguém.

Foi impossível não pensar nas minhas curtas noites de sono, na busca por fontes de renda durante a faculdade, e que aquela determinação que eu via no olhar dela era a mesma que tantas vezes me impediu de desistir. Rebeca falou muito também sobre sua mãe, sobre o papel fundamental que ela tem em apoiar seus sonhos. Eu, então, fiz questão de contar sobre a minha. Desligamos a chamada e a emoção tomou conta de mim. Enquanto as lágrimas escorriam, eu revisitei toda a minha história.

Como a Rebeca, tenho muitos fãs que se identificam comigo e que se tornaram uma parte importante da minha vida. Com o tempo, pude me aproximar mais deles e descobri que, em cada uma dessas pessoas que me admira, existe um pedacinho de mim. Há sempre uma intersecção, algo em comum que cria entre nós essa conexão, seja porque é um universitário que passa perrengue, uma pessoa que foi adotada ou alguém que sonha especificamente em entrar no BBB e ganhar. Um fã que luta contra problemas financeiros, uma pessoa da comunidade LGBTQIAP+ que, por sofrer preconceito, entende as minhas dores, ou uma menina preta que quer vencer na vida – não por sorte, mas porque esse é um direito dela. O direito de ter acesso à educação, de vencer todos os empecilhos que a sociedade insiste em colocar e de realizar seus sonhos. Eles se fortalecem em mim e eu também me inspiro neles. Desejo que cada um vença seus próprios desafios.

*

A vida é feita de altos e baixos e, mesmo me sentindo hoje uma grande vencedora, mesmo já tendo superado tanto, eu continuo encontrando pedras no caminho e sei que vou me deparar com muitas ainda. O que eu aprendi é, primeiramente, que não podemos desistir. Depois, que não devemos nunca nos contentar com um sonho apenas. A minha trajetória foi guiada pelos meus sonhos e pela crença de que eu podia realizá-los. Ao terminar este livro, eu já consigo enumerar outros tantos projetos que quero colocar em prática, desejos que estão dentro de mim e que eu farei de tudo para realizar. A vida é uma só e o meu lema para passar por ela é "querer, poder e vencer".

AGRADECIMENTOS

Eu nunca imaginei colocar a minha história em um livro, mas a vida é assim mesmo, feita de várias coisas que a gente nem imagina. Agradeço à minha família, que foi a base para que tudo isso acontecesse.

À minha querida mãe, por quem meu amor é imensurável, um laço eterno.

Em memória dos meus avós, do meu pai e de todos da minha família que já não estão mais presentes no mundo carnal.

Ao meu querido companheiro, Denis, agradeço todos os dias pelo nosso encontro de almas. Quero encontrá-lo em muitas outras vidas.

Aos meus futuros filhos, toda a trajetória que me trouxe até aqui servirá de base para vocês também. Que vivam em um mundo melhor e cresçam transformando seus sonhos em realidade.

E agradeço a você, leitor, por se interessar por mim e pela minha história.

**Acreditamos
nos livros**

Este livro foi composto em Fairfield LT Std e
impresso pela Gráfica Santa Marta para a
Editora Planeta do Brasil em novembro de 2021.